개혁주의란 무엇인가?

존 레이스
오창윤 옮김

생명의 샘

개혁주의란 무엇인가?

2006년 9월 20일 재판 3쇄 발행
2014년 11월 10일 1쇄 개정판 발행
지은이 존 레이스(John. H. Leith)
옮긴이 오창윤
발행처 도서출판 생명의 샘
등록일 1992년 3월 5일 제22-657호
등록주소 서울시 송파구 백제고분로 27길 12(삼전동)
전 화 (02) 2203-2739
팩 스 (02) 2203-2738
이메일 ccm2you@gmail.com
홈페이지 www.ccm2u.com

■ 파본은 교환해 드립니다.
■ 이 출판물은 저작권법에 의해 보호를 받는 저작물이므로 무단전재와 무단복제를 금합니다.

개혁주의란 무엇인가?

존 레이스

오창윤 옮김

머리말

　나 자신의 삶의 틀을 형성해 주고 자양분을 공급해 준 유산에 대하여 감사한 마음을 늘 지니고 있던 필자는, 20세기의 마지막 4반세기를 살아가야 할 사람들에게 개혁주의 전통이 힘과 영감을 제시해 줄 수 있을 것이라는 확신이 생겨 이 책을 쓰게 되었다. 뿌리가 없어 천박하고 진부한 삶이 되어 버린 이 시대에, 오랜 세월에 걸쳐 검증되어 내려온 인류의 지혜를 담고 있는 전통들은 삶의 깊이와 안목을 제시해 준다. 그러나 전통들이 그러한 깊이를 드러내 보일 수 있는 경우는 그 전통들에 대해 감사하는 마음과 비판적인 판단이 잘 조화를 이루고 있을 때뿐이다. 어떤 전통이든지 그 한 가지만으로는 기독교 신앙의 의미를 모두 다 밝혀줄 수는 없으며, 모든 전통은 그 어느 것이나 잘못된 출발점이나 그릇된 판단을 부분적으로 지니고 있으며, 그것만이 최선이라는 독선을 지니고 있다. 기독교인들로 하여금 신앙을 가지고 진실하고 능력있는 삶을 살아갈 수 있게 해 준 몇 가지 생활방식 가운데 하나가 바로 개혁주의의 전통이다. 지금 우리가 살고 있는 이 엄청나고 무서운 시대에서 기독교인으로 살고자 하는 현대인들에게 이 전통은 많은 것을 제시해 줄 것이다. 그러나 그것을 잘 보존하고 있는 경우에만 그러하다.

역사를 살펴 보면, 감사와 비판이 균형을 이룬다는 것은 결코 쉬운 일이 아니라는 것을 쉽사리 알 수 있다. 감사는 과거에 대한 향수에 빠지기 쉽고 비판은 자칫하면 경멸로 이어진다. 2차대전 이전에 살았던 기독교인들은 과거에 대하여 매우 많은 것을 알고 있었다. 적어도 미국의 장로교회에 대해서는 이 말이 적용된다. 현재와 미래가 제기하는 여러 가지 새로운 요구사항에 대해서 개방성을 지닐 필요가 있었다. 그러나 지나치게 독특하고 변화무쌍한 성격을 지니고 있는 고도의 다원화되고 세속화된 현재는 미래에 대하여 신경을 쓸 겨를이 없다. 역사는 이미 현대인의 주요관심사가 아니며, 미래에 대한 개방성은 화제거리가 될 수 없다.

그러나 전통이라는 지침이 없이, 열려 있는 미래를 대한다는 것은 매우 두려운 모험이므로 많은 사람들이, 심지어는 대학 캠퍼스에서조차 점성술, 복술, 샤마니즘, 마술 등과 같은 이상한 전통들을 부활시킴으로써 그에 대처하려 하고 있다. 그러므로 그 가치를 인정함과 아울러 비판적인 자세를 가지고 기독교인들이 이해할 수 있는 범위 내에서 개혁주의 전통을 포괄적으로 제시할 필요가 있다.

이 책이 신학에 입문한 학생들에게 도움이 되기를 바란다. 뿐만 아니라, 20세기의 개혁주의 신자가 되기 위해 자기 자신이 서 있는 전통의 풍요로움을 알고자 하는 개교회 지도자들에게도 가치있게 여겨졌으면 하는 바람이 있다. 이 책은 개혁주의 전통에 대한 입문서로 씌어진 것이지 개혁주의 교회사나 개혁주의 신앙과 실천에 대해 포괄적으로 기술하려 한 것은 아니다. 이 책은 많은 책, 특히 존 맥네일(John T. McNeill)의 「칼빈주의의 역사와 성격」(*The History and Character of Calvinism*)과 같은 저서들로부터 도움을 받았다.

개혁주의의 전통은 명확하게 정의내릴 수 있는 성질의 것이 아니다. 이 책에서는 그것을 16세기 스위스와 스트라스부르그에 뿌리를 둔 프로테스탄트의 한 유형으로 폭넓게 이해하고 있다. 이 전통은 16세기 칼빈의 「기독교 강요」(*Instituetes of the Christian Religion*)와 20세기 칼 바르트의 「교회교의학」(*Church Dogmatics*)이라는 권위있는 저서 속에 신학적으로 잘 정립되어 있다. 이 전통의 모든 측면들이 그다지 완전하게 진술되지는 못했다. 어떤 한 신조, 기도서 혹은 정치형태도 그것을 전형적인 개혁주의라고 정의할 수 있는 것은 아무 것도 없다. 이 책이 개혁주의의 전통을 낱낱이 다 소개하고 있다고 주장할 수는 없을지라도, 신빙성있는 진술이라고 할 수는 있다. 이 전통의 지류가 아니라 본류에 속하는 신학, 기도서 및 정치형태를 다루고 있는 1차적 자료들을 기초해서 연구하기 위해 세심한 주의를 기울였다. 그러므로 비록 많은 것들이 빠졌을지라도, 이 책에서 밝힌 것들은 어느 것이나 진정한 개혁주의에 속한 것이라고 확신할 수 있다. 또한 이 책은 영어권 세계의 장로교, 특히 미국의 전통에 초점을 맞추고 있다. 그러므로 이 책이 미국의 장로교에 더욱 도움이 되기를 바라는 마음이 간절하다. 그러나 유감스럽게도 이렇게 초점을 맞추다 보니, 이 전통에 대해 동등한 권리를 가진 다른 나라 교회들을 공정하게 다루지 못한 아쉬움이 남아 있다.

이 책이 조금이라도 가치를 지니게 된다면, 그것은 많은 사람들의 공헌 때문이다. 여러 스승, 동료, 학생, 기관들이 모두 이 일에 도움을 주었다. 얼스킨 대학(Erskine College)과 콜럼비아 신학교(Columbia Theological Seminary)는 필자의 초기 신학훈련에 큰 역할을 담당했다. 예일 대학교(Yale University)에 재직하고 있는 필자의 은사인 알버트 오틀러(Albert C. Outler) 교수와 롤랑 베인톤(Roland H. Bainton) 교수께 깊은 사의를 표하는 바이다. 필자의 동료 마티아즈 리시(Mathias Rissi), 제임스 메이즈(James Mays), 존 브라이트(John Bright), 찰스 스웨지(Charles Swezey), 폴 레만(Paul Lehmann) 그리고 톰프슨(E. T. Thompson) 등 여러 분들이 특별한 측면에서 도움을 주었다. 펜실베니아 대학교(University of Pennsylvania)의 롤랑 프라이어(Roland M. Frye) 교수는 친절한 대화들을 통해서 개혁주의의 전통과 문화에 대한 이해의 폭을 넓혀 주었을 뿐 아니라 내용을 다룬 부분들을 검토해 주었다. 에딘버러 대학교(University of Edinburgh)와 뉴 대학(New College)의 알렉 체인(Alec C. Cheyne) 교수는 우정어린 말로 필자에게 개혁주의의 전통에 대한 지식을 더하여 주었으며 원고의 많은 부분에 대해서도 유익한 제안을 해 주었다. 웨스턴 신학교(Western Theological Seminary)의 학장 존 헤셀링크(John Hesselink)는 칼 바르트와 에밀 브루너의 사진을 제공해 주었을 뿐 아니라, 화란의 개혁주의 전통에 관해서도 유익한 도움말을 해 주었다. 프레드 스테어(Fred R. Stair, Jr.)가 학장으로 있는 버지니아의 유니온 신학교(Union Theological Seminary)는 없어서는 안될 연구비를 지원해 주었을 뿐 아니라 그 밖의 많은 도움을 주었다. 닐리 맥카터(Neely D. McCarter) 교수 부장은 적절할 때마다 격려해 주었다. 유니온 신학교 도서관에 특별히 감사를 표하는 바이며, 특히 존 트로티(John Trotti) 사서와 마르타 에이콕(Martha Aycock) 참고열람실 사서에게 사의를 표한다. 텍사스의 고등종교연구재단(The Advanced Religious Studies Foundation)의 지원이 없었다면, 이 연구는 불가능했을 것이다. 고맙게도 뉴 대학과 에딘버러 대학교는 내게 1974년의 안식년 휴가 기간 동안 압덴 하우스(Abden House)에서 지낼 수 있도록 배려해 주었을 뿐 아니라, 객원 교수로서의 여러가지 특전을 베풀어 주었다. 에딘버러 대학교의 존 맥킨타이어(John McIntyre) 교수와 뉴 대학의 쇼우(D. W. D. Shaw) 교수는 개혁주의와 장로교 전통의 유서 깊은 중심지이며 매력적인 에딘버러에서 주인으로서의 친절을 베풀어 주었다. 개혁주의 세계연맹(The World Alliance of Reformed Churches)의 신학분과 간사인 리치몬드 스미스(Richimond Smith)는 회원으로 가입한 교회들에 관한 자료를 제공해 주었을 뿐 아니라, 제네바에 있는 그의 사무실에서 따뜻하게 대해 주었다. 존 낙스 출판사(John Knox Press)의 편집자인 리치몬드 레이(Richimond Ray)가 보여 준 신학적 관심과 열정은 이 연구의 시작단계부터 중요한 역할을 해 주었다. 이 책의 첫번째 원고는 메어리 헤른돈(Mary D. Herndon) 연구원이 타자해 주었으며, 존 낙스 출판사에 전달된 원고는 필자의 아내인 앤 화이트 레이스(Ann White Leith)가 편집을 하고 타자해 주었다. 존 낙스 출판사인 죠안 크로포드(Joan Crawford)는 이 원고를 충실히 검토하는 수고를 해 주었다.

전통은 무엇보다도 살아있는 공동체에서 습득되는 것이지 책에서 배우는 것이 아니다. 그러므로 1948~1959년 사이에 필자가 담임한 앨러바마 주(Alabama), 오번(Auburn)의 제일 장로교회(The First Presbyterian Church)의 회중에게 이 책을 바치는 것이 합당하다고 사려된다. 이러한 헌정에는 또한 필자가 세례를 받고 21세가 될 때까지 예배를 드린 그린빌 장로교회(Greenville Presbyterian Church)와 필자가 말씀사역을 담당했던 죠지아 주(Georgia), 린데일(Lindale)의 실버 크릭 장로교회(Silver Creek Presbyterian Church),

스프링 힐(Spring Hill)에서 주일 오후에 모였다가(1943년) 나중에 스프링 힐 장로교회가 된 회중들, 그리고 테네시 주(Tennessee), 네쉬빌(Nashville)의 제이 장로교회(The Second Presbyterian Church)도 빼놓을 수 없다.

이 신판은 최근에 발표된 몇 가지 논문 그리고 서평가들과 친구들(Ford Lewis Battles, James I. McCord, John Kromiminga, Howard Hageman, John Hesselink, Edward Dowey, David Willis 등을 포함한)의 제안을 검토해 볼 때, 개정·증보의 여지가 있음이 사실이다. 그러나 일단 책이 인쇄되고 난 후에 그것을 수정하는 것은 쉬운 일이 아니다. 그러므로 인쇄된 책은 수록된 그대로 남아 있을 수밖에 없다. 이 책의 경우에, 5, 6년 전에 기록된 것에 대하여 필자는 아직도 확신을 가지고 있다.

필자는 이 책이 교회생활 전반, 교회학교, 직원의 훈련뿐 아니라, 대학과 신학교 등 학문의 전당에서도 사용되고 있다는 사실에 고마움을 느끼며 또한 격려를 받고 있다.

1980년 11월
존 레이스

차 례

INTRODUCTION

머리말   5

제1장 신앙의 전승   19
  1. 참된 전통과 여러 전통들   20
    (1) 살아있는 전통   20
    (2) 인간이 만든 전통   20
    (3) 성령의 사역으로서의 전통   21
    (4) 참된 전통으로서의 예수 그리스도   22
    (5) 여러 전통들   24
  2. 세속화·다원화된 사회   31
  3. 열려진 전통   40

제2장 개혁주의 교회들   49
  1. 기원   42
  2. 스위스의 종교개혁   43
  3. 유럽   48
  4. 영국   53
  5. 미국과 캐나다   57
  6. 오스트레일리아·뉴질랜드·남아프리카   66
  7. 개혁주의 전통과 신생교회들   67
  8. 에큐메니칼 운동   71

제3장 개혁주의 전통의 정신   95
  1. 하나님의 위엄과 그에 대한 찬양   78
  2. 우상숭배에 대한 논박   83

3. 역사 속에서의 신적 목적들의 성취	84
4. 거룩한 삶으로서의 윤리	90
5. 하나님에 대한 봉사로서의 정신생활	92
6. 말씀선포	95
7. 교회조직과 목회사역	98
8. 훈련된 삶	100
9. 단순성	102
제4장 신학과 개혁주의 전통	**133**
1. 신학이란 무엇인가?	110
2. 개혁주의 신학의 특성	116
(1) 거룩한 보편적 교회의 신학	116
(2) 하나님 중심의 신학	118
(3) 성서의 신학	121
(4) 예정론	125
(5) 창조주와 피조물 사이의 구분	131
(6) 실천적 학문으로서의 신학	133
(7) 지혜로서의 신학	135
3. 개혁주의 신학의 발전	137
(1) 신학적 변화의 성격	137
(2) 고전적 개혁주의 신학, 1517-1564	141
(3) 프로테스탄트 스콜라주의, 1564-1755	143
(4) 계몽주의 및 19세기의 위기, 1775-1918	147
(5) 새로운 종교개혁의 신학, 1918-1955	152
(6) 신학적 혼돈과 실험의 시대, 1955년 이후	154

4. 대표적인 신학자들　　　　　　　　　　　　　　219
    (1) 존 칼빈(1509-1564)　　　　　　　　　　155
    (2) 윌리암 에임즈(1576-1633)　　　　　　　156
    (3) 프란시스 튜레틴(1623-1687)　　　　　　157
    (4) 찰스 하지(1797-1878)　　　　　　　　　158
    (5) 윌리암 아담스 브라운(1865-1943)　　　 160
    (6) 칼 바르트(1886-1968)　　　　　　　　　162
    (7) 라인홀드 니버(1892-1971)와 리챠드 니버(1894-1962) 163
  5. 개혁주의 신앙고백들　　　　　　　　　　　　164

제5장 교회정치와 개혁주의 전통　　　　　　　169
  1. 교회정치의 중요성　　　　　　　　　　　　　169
  2. 교회정치의 복음에의 종속성　　　　　　　　173
  3. 유일하고 거룩하며 보편적이고 사도적인 교회　175
  4. 개혁주의 교회정치　　　　　　　　　　　　　180
  5. 칼빈의 교회정치　　　　　　　　　　　　　　181
  6. 장로교회　　　　　　　　　　　　　　　　　184
  7. 감독교회　　　　　　　　　　　　　　　　　197
  8. 회중교회　　　　　　　　　　　　　　　　　202

제6장 예배와 개혁주의 전통　　　　　　　　　207
  1. 존 칼빈과 칼 바르트의 예배관　　　　　　　210
  2. 개혁주의 예배의식들　　　　　　　　　　　　218
  3. 1545년의 칼빈의 예배의식　　　　　　　　　219
  4. 파렐의 예배의식　　　　　　　　　　　　　　229

5. 웨스트민스터 예배규칙서   231
  6. 미국의 관행   235

제7장 문화와 개혁주의 전통   241
  1. 시각예술   247
  2. 문학   252
  3. 건축   255
  4. 음악   260
  5. 정치질서   262
  6. 경제질서   270
  7. 학문   273

제8장 전망   277
  1. 하나님의 자유   280
  2. 하나님의 임재와 능력의 실재성   282
  3. 하나님의 말씀으로서의 성서   284
  4. 말씀되고 기록된 말씀에 대한 강조   285
  5. 기독교 공동체의 비젼   287
  6. 훈련의 가능성   289
  7. 단순의 생활   290

〈부록〉A: 대표적인 개혁주의 조직신학서들   385
  B: 개혁주의 학자들이 저술한 대표적인 성서연구서들
  C: 16, 17세기의 대표적인 개혁주의 신앙고백들
  D: 대표적인 개혁주의 신학서들
  E: 개혁주의 교회정치에 관한 저술들
  F: 16, 17세기의 대표적인 개혁주의 예배의식서 및 예배규칙서

INTRODUCTION TO THE REFORMED TRADITION

1
신앙의 전승

1
신앙의 전승

전통과 신앙은 서로 결합되어 있어 불가분의 관계에 놓여 있다. 이 둘은 상호간에 서로 필요하며 또 기독교 공동체의 삶에서 없어서는 안될 것들이다. 하나님 자신의 계시 속에서, 특히 예수 그리스도 안에서, 그리고 오순절에 성령이 강림한 사건에서 절정을 이룬 역사의 단편 속에서 이뤄지고 밝혀진 바와 같이, 복음은 "우리 인간을 위한, 그리고 우리의 구원을 위한"[1] 하나님의 의지이다. 전통이란, 이러한 복음을 신자로부터 신자에게로, 공동체로부터 공동체에게로, 한 세대로부터 다음 세대로 권위있게 넘겨주는 것을 말한다. 그러므로 전통이란 용어는 두 가지 용법을 지니고 있다. 그것은 넘겨주는 행위를 지칭할 수도 있고, 넘겨지는 내용을 말할 수도 있다. 신약성서는 "성도에게 단번에 주신 믿음"(유 1:3)을 이야기하고 있다. 이러한 넘겨줌은 근본적으로는 하나님이 "우리의 실존에 동참하시고 구원을 이루기 위하여"[2] 예수 그리스도를 내어준 것이다(롬 8:31-

---

[1] Philip Schaff, *The Creeds of Christendom, with a History and Critical Notes*, 3 vols., 6th ed.(Grand Rapids: Baker House, 1969), copyright 1877 by Harper & Brothers, copyright 1905, 1919 David S. Schaff . Reprinted by arrangement with Harper & Row, 1:28.

[2] Albert C. Outler, *The Christian Tradition and the Unity We Seek*(New York: Oxford University Press, 1957), p. 110. Used by permission.

32). 이차적으로 볼 때 그것은 모든 후세대의 사람들에게 이러한 복음을 권위있게 넘겨주는 인간의 행위를 말한다. 이런 이차적인 신앙의 전달, 즉 권위있고 생명력있게 복음을 넘겨주는 행위는 기독교 공동체의 생활에 있어서 절대로 필요한 것이다. 에밀 브루너(Emil Brunner)는 이것을 다음과 같이 잘 말하고 있다.

> 전통에는 필연적으로 예수 그리스도에 관한 역사적 사실들 속에 나타난 하나님의 유일한 계시가 포함되어 있다. 구원의 드러냄을 포함하고 있는 이 유일한 역사적 사건은 그 후세대들이 구원의 은혜에 동참할 수 있도록 반드시 전승되어야 한다. 그러므로 전통(paradosis, traditio)은 복음의 본질 그 자체에 속하는 것이다. 복음을 선포하는 것은 언제나 반드시 인간 구원을 위하여 발생했던 사건에 대한 설명을 전하는 것을 의미한다. 전통이 없이는 복음도 존재하지 않는다.[3]

1. 참된 전통과 여러 전통들

(1) 살아있는 전통

신앙을 전승하는 것은 언제나 살아있고 성장하는 실체를 전달하는 것이지, 비인격적인 내용을 전달하는 것이 아니다. 물론 신앙을 전승하는 일에는 비인격적인 내용들이 많이 포함되기도 한다. 그런

---

3) Emil Brunner, *The Misunderstanding of the Church*, trans. Harold Knight(Philadelphia: Westminster Press, 1953), p. 35.

것들 가운데 중요한 것으로는 건물, 성찬기, 조직체계, 문헌, 기본자산 등을 들 수 있으며, 심지어는 성서까지도 그러한 것에 속한다. 아들이 아버지의 은행구좌를 물려받는 것과 같이 새로운 세대의 기독교인들은 건물과 기본자산뿐만 아니라, 은혜의 방편의 축적물까지 물려받을 수 있다. 그러나 아버지가 은행구좌를 물려주는 것처럼 용기를 물려줄 수 없듯이, 신앙 그 자체는 비인격적 내용들과 같이 물려줄 수 없는 것이다. 건물은 개축되어야 하며, 제도도 개선되어야 하고 문헌은 확대되어야 한다. 기독교 공동체는 살아있는 공동체이므로, 그 공동체의 생명은 살아있게 전승되어야 한다. 즉 전통은 언제나 생명력을 지니고 그 시대와 미래에 대하여 열려 있어야 되지 결코 고정되어 있어서는 안 된다.

　기계적인 방법으로 전승될 수 있는 대상으로서의 성서는, 살아있는 전통에 대한 이러한 강조와는 상충되어 보인다. 그러므로 성서는 어떤 특정한 시간과 장소에서 있었던 전통의 응집물, 즉 그것을 기록한 것이라는 사실을 여기서 반드시 염두에 두어야 한다. 성서는 "우리 인간을 위한, 그리고 우리의 구원을 위해" 예수 그리스도 안에서 드러난 하나님의 계시와 사역에 대한 원초적인 증거이며 해석이다. 이러한 의미에서 성서는 하나님의 백성들을 존재하도록 해놓은 하나님의 계시와 사역에 대한 원초적 목격자이며 신자인 선지자들과 사도들에 의하여 쓰여진 기록으로서 교회의 축소된 기록이다. 성서의 영감은 이러한 원초적 증거와 해석에 대한 신적 영감이며, 또 그것은 오늘날 성서 속에서 하나님의 말씀을 들음으로 인한 성령의 영감이다. 예수 그리스도를 내다보고 또 돌이켜 본 증거로서의 성서는 삶의 경계선을 설정하며 모든 기독교의 신학과 생활을 위한 유일한 권위이다. 그러나 그것은 기계적인 방법으로 전승되거나 비인격적인 방법으로는 이해될 수 없다. 그것은 오직 살아있는 교회의 전통 안에서, 살아있는 성령의 영감 아래서 그리고 살아있는, 즉 신앙으로 응답하는 사람들에 의해서만 읽히고 들리게 된다.

프로테스탄트는 언제나 성서에 높은 가치를 부여하고 있기 때문에 성서 그 자체에 대해 살아있는 전통이 지니는 중요성을 모호하게 만들어 버렸다. 그러므로 성서는 살아있는 기독교 공동체와 전통 속에서 기록되었다는 사실을 강조할 필요가 있다. 그리고 이것이 적절히 이해되었을 때 성서는 바로 그 살아있는 공동체와 전통 속에서 읽히고 들리게 된다. 만약 이러한 기독교 공동체에 관한 지식이 하나도 남지 않도록 그 모든 흔적을 말살시키는 무시무시한 파괴를 상상해 본다면, 살아있는 전통의 의미가 분명하게 될 것이다. 한 걸음 더 나아가서, 만약 어떤 사람이 폐허가 된 서구의 어떤 도시를 배회하다가 성서가 담긴 채 닫혀 있는 상자에 걸려 넘어졌다고 가정해 볼 때, 살아있는 공동체도 없고 해석자도 없이 성서만으로 새로운 기독교 공동체를 이룩할 수 있겠는가. 이러한 경우에 그 가능성은 매우 희박하거나 전혀 없을 것이다.[4]

개인적으로 소화되어야 할 어떤 신앙이나 관점의 전승에서뿐 아니라 삶의 많은 영역에서도 살아있는 전통은 중요하다. 에밀 브리어(Émile Bréhier)는 유명한 그의 「철학사」에서 이렇게 말한다;

---

4) Norman Pittenger, *The Word Incarnate: A Study of the Doctrine of the Person of Christ*(New York: Harper & Row, 1959), pp. 57-58.

철학사상은, 공학 분야의 발명처럼 한 번 밝혀지고 나면 그대로 계속 존재하게 되는 불변하는 실체가 아니다. 철학사상은 끊임없는 물음 속에 놓여 있으며, 고정시킬 경우 배척을 당한다는 공식처럼 항상 잊힐 위험에 직면해 있다. 정신적인 생활은 부단한 행위 속에서만 존재하는 것이지, 이미 획득되었다고 생각되는 진리를 소유하는 데 있지 않다.[5]

이것은 과거에 뿌리를 박고 있으나 미래에 대하여 열려 있는, 살아있는 전통이 신앙적 헌신, 생활방식, 우주와 그 의미에 대한 관점 등을 전승하는 것에 대하여 갖는 의미를 정확히 말해 주고 있다. 살아있는 전통이란 인간의 본성, 공동의 신앙 및 생활양식 등의 전승에 있어서 필요불가결한 것이다. 교회는 그러한 이야기를 전하고 또 그 듣는 사람들을 살아있는 공동체에 초청함으로써 수세기 동안 존속해 왔다.

(2) 인간이 만든 전통

전승의 행위, 즉 복음을 전달하는 행위는 살아있는 행위이기도 하며 또한 인간의 행위 바로 그것이기도 하다. 한 지방의 관습과 복음을 혼동하고, 좁은 편견을 신성시하는 것은 모두 이러한 전통에 속한다. 이러한 전통에는 잘못된 출발점들과 전환점들이 가득 차 있다. 그러나 가장 어두웠던 시대에도 예수 그리스도는 소개되었고, 또한 성령의 능력으로 인해 교회는 계속 존속하고 있다. 뿐만 아니

---

5) Émile Bréhier, *The History of Philosophy:Vol. I: The Hellenic Age*, trans, Joseph Thomas(Chicago: University of Chicago Press, 1963), ⓒ 1963 by The University of Chicago, 1:32.

라 교회의 전통들은 성서에 의해 입증된 원초적 전통에 비추어서 스스로 정화, 개혁, 재조정하는 놀라운 능력을 보여 주었다.

(3) 성령의 사역으로서의 전통

신앙을 전승하는 것은, 살아있는 행위와 인간의 행위 그것만은 아니다. 그것은 또한 성령의 사역이기도 하다. 알버트 오틀러(Albert Outler)는 예리한 통찰력을 가지고 이것을 다음과 같이 명확하게 말한다.

> 이러한 신적 '전통' 혹은 파라도시스(paradosis)는 인간 역사 속에서의 신적 행위이다. 그것은 예수가 십자가에 달렸던 최후의 순간에 그의 제자들에게 '넘겨준' 성령의 행위에 의해($παρεξωκεν\ το\ πνευμα$, 요 13:30) 역사 과정 속에서 새롭게 되어 오늘날의 것이 되었다. 성령은—내 이름으로 아버지에 의해 보내진(요 14:25)—"전승하는"(actus tradendi) 행위에 의하여 전통(traditum)의 원초적 행위를 재창조하고 있다. 그러므로 예수 그리스도의 전통은 그 이후의 삶 속에서와 오늘날 복음증거에 대한 응답에 기초한 신앙에 있어서 살아있는 힘이 된다. 한 사람이 소유한 예수 그리스도—공간적으로 멀리 떨어져 있고 시간적으로 이미 오래 전에 존재했었던—에 관한 지식을 예수 그리스도를 믿는 살아있는 신앙—"나의 주, 나의 하나님"—으로 바꾸어 놓는 것이 바로 이러한 전승의 행위이다.[6]

---

6) Outler, *The Christian Tradition*, p. 111.

인간적 현상으로서의 신앙의 전승을 성령의 사역과 단순하게 동일시해서는 안 된다. 실제로, 전통 속에 나타난 성령의 사역을 인식하는 것은 궁극적으로는 신앙의 행위이다. 일부는 좋고 일부는 나쁘며, 어떤 것은 좋지도 않고 나쁘지도 않은 잡다한 전승의 구조 속에 교회와 성령의 실체가 존재하고 있다. 교회가 처했던 가장 암울했던 시기에도 이것이 교회의 신앙고백이었다. 만약 무오설이 프로테스탄트에게 어떤 의미를 지닌다면, 바로 이런 점에서일 것이다. 프로테스탄트들은 어떤 인간이나 어떤 제도가 모든 측면에서 오류가 하나도 없을 만큼 지혜롭다거나 선하다고는 믿지 않는다. 프로테스탄트들은 하나님의 섭리와 긍휼로 인해 기독교 공동체가 결정적이고 치명적인 오류를 범하지 않도록 보호받고 있다고 믿을 수 있고 또 실제로 그렇게 믿고 있다.

(4) 참된 전통으로서의 예수 그리스도

예수 그리스도는 바로 진정한 전통이며, 그리고 하나님이 "우리 인간을 위하여 그리고 우리의 구원을 위하여" 예수 그리스도 안에서 행하신 일을 전승하는 인간의 행위는 항상 그리스도께 종속되는 것이다. 프로테스탄트들과 개혁주의 공동체는 이러한 종속성을 교회생활에 있어서 성서를 통하여 말씀하시는 성령에게로 돌렸던 최고의 권위로 표현해 왔다. 초기의 개혁자들은 성서를 인간이 만든 모든 전통 위에 올려 놓았다. 인간이 만든 전통이 제 위치를 이탈하는 데 대하여 그들이 항상 항거하였다는 사실은 그러한 전통이 아무런 의미를 지니지 못한다는 것을 시사해 주는 듯하다. 오직 성서만

이 프로테스탄트의 종교가 되었거나 그렇게 여겨졌다. 그러나 성서는 결코 홀로 존재한 것은 아니었다. 칼빈 자신이 성서에 최고의 권위를 부여하기는 하였으나 그는 언제나 성서를 여러 전통의 관점에서 읽고 들었다. 그는 자신의 예배의식서를 고대 교회의 관행에 따라 고쳤으며, 고대 교회에서 발전되어 온 정치형태에 따라 교회정치를 수행해 나갔다. 「기독교 강요」를 쓸 때에, 칼빈은 사도신경의 체계에 맞추었을 뿐 아니라 자기보다 앞서 있었던 무수히 많은 해석자들과 신학자들의 도움을 받아 성서를 연구하였고 신학 작품을 저술하였다. 칼빈은 성서나 교회, 혹은 교회의 전통들이 아니라, 예수 그리스도 안에서 자기 백성들을 찾아오신 하나님을 섬겼던 것이다.

프로테스탄트들은 과거의 모든 기독교 역사를 무시할 수 있거나 또는 자기보다 앞서 살았던 이들의 도움이나 방해없이 성서를 읽을 수 있다는 유혹을 항상 받아 왔다. 그러나 사실, 교회의 전통에 비추어 성서읽기를 거부한 사람들은 항상 그들 자신이 속해 있는 역사와 문화의 전통에 비추어서 성서를 읽어 왔다. 20세기의 위대한 개혁주의 신학자인 칼 바르트(Karl Barth)는 이렇게 말한다.

> 사실, 교부들이나 전통들의 도움을 받지 않고 성서에 직접 호소한다고 제 아무리 호들갑을 떤다 할지라도 그 시대가 가지고 있는, 특히 그가 좋게 생각하고 있는 종교적 이념이 지닌 정신과 철학을 수용하지 않고서 자신의 반전통주의(反傳統主義)를 통해서 혹은 그것을 극복하여 성서 그리고 오직 성서만이 신빙성있게 말하도록 자신의 가르침에서 실

제로 허용하는 성서연구가는 결코 존재한 적이 없었다.[7]

바르트는 계속해서 로마 가톨릭과 개혁주의 신학은 그 교회의 교부들과 그 교회의 교사들을 가지고 있으나, 이러한 신앙의 교부 혹은 교사들은 분명히 성서의 권위에 종속된다고 말한다. 초대교회의 아타나시우스(Athanasius)와 어거스틴(Augustine)은 프로테스탄트들에게나 로마 가톨릭 양자 모두에게 교회의 교사였다. 바르트는 토마스(Thomas), 안셀름(Anselm), 보나벤투라(Bonaventura) 등의 중세 신학자들에게도 자리를 마련해 준다. 교회의 어떤 교부의 권위는 대단한 것이지만, 그것이 다른 교부의 제자들에게는 상대적일 뿐이다. 교사들 가운데 그 일부만이 "교회의 교사" 혹은 "교회 교부"가 될 수 있다.

> 어떤 특정한 시간과 공간 속에서 활동했던 교회의 증인들은, 그들이 교회가 의지할 수 있고 또 그래야만 하는 교부라는 이유 때문에 또는 그들이 견지한 신학노선이 옳다는 의미에서 교회의 모든 구성원들에게 모범이 되고 자극이 되는 것은 아니다. 루터와 칼빈이 행사했던 바와 같은 그런 교회의 실제적 지침이란 드물다.[8]

그러나 루터나 칼빈의 경우에서조차도, 성서와 예수 그리스도는 "교회의 교사"의 기능을 수행하고 있다. "교회의 교사"를 맹목적으

---

7) Karl Barth, *Church Dogmatics*, A vols(Edinburgh: T. & T. Clark, 1936-69), 1,2: 609. Used by permission.
8) *Ibid*, 613.

로 숭배함으로써 교회를 참으로 교회답게 만드는 일, 즉 하나님을 예배하는 일에서 벗어나서는 안 된다. 바르트는, "물론, 나는 개혁주의의 전통 속에 있다. 그러나 나는 칼빈이 그랬던 바와 같이 교회와 세상에는 오직 한 분의 주님만이 계심을 믿는다. 그러므로 나는 그리스도께 순복하려는 것이지 칼빈에게 순복하려는 것은 아니다."[9]고 주장하였다. 프랑스 개혁교회의 탁월한 지도자인 알브렛(Jeanne Albret, 1528-1572)이 그녀의 조카인 아르마냑(d'Armagnac) 추기경에게 "나는 베자, 칼빈 및 그밖의 다른 사람들을 추종하고 있다. 그러나 그것은 오직 그들이 성서에 따르는 한에서만 그러할 뿐이다."[10]고 말했을 때, 그녀는 참다운 개혁주의자의 면모를 보여 준 것이다.

(5) 여러 전통들

처음부터 기독교는 다양한 전통들을 소유하고 있었다. 신약성서에서는 어떤 한 가지도 획일적인 전승의 행위는 없다. 베드로가 복음을 전해 주는 방법은, 요한이나 바울이 복음을 전승하는 방법과는 다른 양상으로 나타난다. 고대의 가톨릭 교회는 분명 합치되는 의견을 갖고 있었다. 그러나 그것이 유대적 기독교, 네스토리우스주의자들, 단성론자들, 몬타누스주의자들 그리고 도나투스주의자들 등의 여러 종파들이 보여 주었던 그런 다양성을 배제한 것은 아니다. 이와 같이 소규모로 서로 분리되어 있는 전통들 가운데 일부는 오늘날

---

9) Quoted by Jacques de Senarclens in "Karl Barth and the Reformed Tradition." *Reformed World*, 30, 206 from interview in Réalité(February 1963), p. 25.
10) Quoted by Roland H. Bainton in *Women of the Reformation: In France and England*(Minneapolis: Augsburg Publishing House, 1973), p. 61.

까지 콥트 교회, 시리아 교회, 아르메니아 교회, 네스토리우스 교회 등으로 존속하고 있으며, 이들은 미국 내에서도 작은 공동체를 형성하고 있다.

초기부터 기독교는 크게 동방교회와 서방교회로 나뉘었으며, 이러한 구분은 1054년까지 공식적으로 분명하게 이뤄지고 있었다. 각 나라마다 독자적으로 교회를 가지고 있었던 동방교회는 오랜 기간 동안 서구 유럽의 기독교인들에게 생소하고 낯선 것으로 인식되었다. 서구 기독교인들이 동방교회의 생소한 기독교적 관습들을 이해하고 올바로 평가하기 시작한 것은 최근의 일이다. 서방교회 자체도 16세기에 들어서면서 로마 가톨릭과 프로테스탄트로 크게 나뉘어졌다. 프로테스탄트는 또한 매우 빠른 속도로 분리되어 나갔다. 프로테스탄트 교회가 분리된 이유는 지리적 여건과 또한 강력한 민족국가의 출현 때문이었다. 또 다른 부분적 이유로는, 기독교 공동체들에게 성서해석의 방법을 규정해 주는 힘을 가진 어떤 권위나 제도를 받아들이기 보다는 차라리 분리의 위험을 받아들이겠다는 프로테스탄트의 신념을 들 수 있다. 성서를 통하여 말씀하시는 성령을 궁극적인 권위로 받아들이고 모든 신자들이 하나님 앞에서 제사장으로서 자신의 신앙에 대하여 책임을 져야 한다는 사실을 강조한 것이 프로테스탄트의 장점이자 또한 분리의 원인이 되었다.

모든 개별적인 기독교의 전통들은 참된 전통, 즉 모든 기독교 공동체의 선언 속에서 그 공동체의 주가 되신다고 언명하고 있는 예수 그리스도 안에 드러난 하나님의 계시에 종속된다. 뿐만 아니라, 지엽적이고 부분적인 시각 밖에는 갖지 못하는 각각의 전통들은 유일하고 거룩하고 보편적이며 사도적인 교회의 충만함으로부터 정당하게 분리될 수는 없다. 그 충만함은 어떤 개별적인 전통도 충분히 이뤄나갈 수 없기 때문이다. 그러한 교회가 바로 초교파적 보편 교회이다. 그러므로 개혁주의 공동체와 전통은 항상 기독교 공동체라는 보다 큰 울타리와, 예수 그리스도 안에 나타난 하나님의 은혜를 다양한 방법으로 담고 있고 다른 전통들의 울타리에 비추어서 이해해야 한다. 개혁주의의 전통은 하늘과 땅을 창조하시고 예수 그리스도 안에서 결정적이고 확정적인 방법으로 자기 백성을 찾아오신 하나님을 믿는 모든 사람들과 더불어 공동의 신앙과 공동의 전통을 함께 나누어 갖고 있다. 사도신경, 니케아 신조, 칼케돈 신조 등은 이러한 보편적인 기독교의 전통을 표현하고 있는 중요한 신학적 진술이다. 개혁주의 공동체와 전통 역시 프로테스탄트 공동체의 일부에 지나지 않는다. 그러므로 그것 역시 다른 프로테스탄트들과 마찬가지로 1520년 마틴 루터가 그의 위대한 저서 속에서 말한 다음과 같은 기본적 주장들을 공유하고 있다. (1) 성서를 통하여 말씀하시는 성령의 궁극적 권위, (2) 믿음을 통한 은혜로 말미암는 칭의, (3) 모든 신자의 제사장 됨, (4) 공동생활의 신성함, (5) 기독교적 신앙과 관행에서 모든 마술적 요소를 철저히 배격함.[11] 이러한 강조점들은 프로테스탄트 기독교에게 독특한 성격과 양식을 갖게 하였다. 개혁주의 공동체는 프로테스탄트 공동체 내에 있는 루터 교회, 성공회 및 다른 비교적 급진적인 프로테스탄트들(예를 들면, 메노나이트파)과는 차

---

11) Martin Luther's "Treatise on Good Works," "To the Christian Nobility of the German Nation," "The Babylonian Captivity of the Church," "The Freedom of a Christian."

이가 있다. 개혁주의 전통이 지니고 있는 특성들은 이 책에서 밝혀지게 될 것이다. 그러나 개혁주의 전통은 신학자들, 문화들, 역사들 그리고 기독교를 믿는 이웃과 믿지 않는 이웃들과의 경험 등으로 말미암아 다양한 양상을 보이고 있기 때문에 그 작업이 그리 단순하지는 않다.

그러므로 개혁주의(그리고 장로교)에 속하는 기독교인들은 스스로를 (1) 기독교인, (2) 프로테스탄트, (3) 개혁교회의 신자, (4) 특정한 국가적 배경 속의 특정 종파에 속한다고 생각할 수 있다. 여기에 밝힌 이러한 순서는 중요한 것이다. 특정한 상황에서는 어떤 하나의 신분이 다른 상황에서 나타났던 것보다 더 중요한 것으로 대두될 수 있다. 기독교인이라는 신분은 가장 포괄적일 뿐 아니라 가장 중요하다는 것을 분명히 밝혀야 한다. 예수 그리스도가 모든 전통들의 주님이시며, 또한 기독교 신앙의 가장 기본적인 것들의 주님이심을 인식하는 것이 신앙에서 제일 주요한 항목이다. 참된 전통(예수 그리스도 및 그에게서 계시된 하나님의 구원의 복음)과 다른 여러 전통들은 분명하게 구분되어야 하며, 이러한 구분을 모호하게 하여 서로 침해하는 일은 없어야 할 것이다.

2. 세속화 · 다원화된 사회

초기의 기독교 공동체는 기존 사회질서가 흔들릴 때마다 관원의 제재를 받던 정치적인 면에서는 전혀 의미를 지니지 못한 작은 집단으로 시작되었다. 그러나 3세기에 이르렀을 때는 이미 로마제국의 존립을 위협하는 존재로 인식되었다. 로마라고 하는 합리적 질서를 갖춘 사회 속에 사는 것을 삶의 의미로 생각했던 로마인들에게 있어서 신앙의 근간이 되는 것은 황제숭배였다.[12] 기독교인들은 예수 그리스도만이 주님이시라는 확신을 갖고 있었으므로 국가를 최고의 권위로 내세우며 그 국가체제에 의해 구원을 받는다는 전제주의자들의 주장에 대해 위협적인 존재였다. 그러므로 로마는 기독교 공동체를 매우 심각한 눈으로 지켜보다가 3세기에 들어서면서부터는 잔혹한 박해를 가함으로써 기독교 공동체를 멸절시키려 하였다. 그러나 콘스탄틴(Constantine) 대제가 기독교로 개종하게 되자, 기독교 공동체는 공적으로 인정되어 황제의 후원을 받게 되었다. 데오도시우스(Theodosius) 황제가 즉위하고 난 이후 로마제국은 공적으로 기독교 국가가 되었다. 그리하여 기독교 왕국(Christendom) 즉 모든 구성원이 공식적으로 기독교인으로 구성되는 공동체가 탄생되었으며,[13] 각 지방의 회중들은 교구 교회가 되었다. 교구는 지리적 여건에 따라 구분되었다. 즉 한 지방에 하나씩 교구 교회가 있었으며 교회는 그 지역에 거주하는 모든 사람들을 책임지게 되었다. 다시 말하자면, 한 지역에 거주하는 모든 사람들은 공식적으로 그 교구 교회의 교인이 되었다. 그러므로 13세기의 중세 유럽은 하나의 기독교 사회였다. 그러나 이것은 그 사회 구성원이 모두 기독교인이었음을

---

12) Charles N. Cochrane, *Christianity and Classical Culture: A Study of Thought and Action from Augustus to Augustine*(New York: Oxford University Press, 1957), pp. 235 ff., 402, 456 ff.

13) Cf. Martin E. Marty, *Second Chance for American Protestants*(New York: Harper & Row, 1963), pp. 13-54.

의미하는 것이 아니라 그 사회가 공적인 관계와 조직에 있어서 상징적으로 기독교적이었음을 의미한다.

프로테스탄트 종교개혁의 주된 흐름은 기독교 왕국이나 교구 교회라는 이념을 거부하지는 않았다. 1세기 후에 웨스트민스터 종교회의에서와 마찬가지로, 칼빈은 교구제도는 지역 회중들을 위해서는 최상의 제도라고 생각했다. 칼빈은, 기독교 왕국이란 하나의 환상에 불과한 것이라는 사실을 알고 있었다. 그러나 그는 그러한 이념을 거부하지 않고 대단한 열정을 가지고 그것을 실현시키기 위해, 즉 적어도 제네바 만큼은 하나의 교회와 공동체를 만들려고 노력하였다.

기독교 왕국과 교구 교회는 세 가지 동향에 의하여 폐기되었다. 그 첫 번째가 13세기 이후에 계속되고 있는 사회의 세속화이다. 이 동향은 삶의 많은 영역을 교회와 신학자들의 지배영역으로부터 점차 멀어지게 만들었다. 이미 12세기에 들어서면서 서구의 많은 국가들은 공식적으로 세속화되었으며, 과학교육·의료행위 등과 같은 인간 활동분야의 대부분이 자율적으로 움직이고 있었다. 즉 개별적인 활동분야 자체 내에서 생겨난 원리들과 규정들에 의해 규제되고 있었다.[14] 두 번째의 동향은 17, 18세기에 프로테스탄트 진영이 분리되고 교회생활이 종파에 따라 양상을 달리하게 된 것이다.[15] 세 번째 동향은 종교의 자유가 진전된 것이다.[16] 종파적 양상과 종교의 자유

---

14) Franklin Le Van Baumer, *Religion and the Rise of Scepticism*(New York: Harcourt, Brace & World, Inc., 1960).
15) Cf. Winthrop S. Hudson, "Denominationalism as a Basis for Ecumenicity: A Seventeenth Century Conception," *Church History*(March 1955), pp. 32-50.
16) W. K. Jordan, *The Development of Religious Toleration in England*(Cambridge: Harvard

가 결합된 것은, 하나의 공동체 즉 하나의 교회라는 개념이 이미 과거의 것이 되었음을 의미했다. 미국에 정착과 개척자들의 도전은, 자발적으로 세워진 교회들이 자유롭고 세속화된 사회에서 발전하는 데에 최적의 조건을 제공하였다. 사회학자들은 이러한 유형의 사회를 일컬어 다원화된 사회, 즉 같은 공동체 내에서 매우 다양한 종교적 관습과 생활양식을 허용하는 사회라고 일컫는다.

세속화되고 다원화된 사회는 느린 속도로 출현하였으며, 각 문화권마다 나타난 그 시기가 다르다. 미국 남부 지방에서는, 기독교 왕국은 아니라 할지라도 프로테스탄트 왕국(Protestantdom)이 제2차 대전 이전에 존재하였으며 지역에 따라서는 그 후에도 확실히 존재하였다. 이러한 사회는 비록 기독교적 공공법률은 갖고 있지 않았다 할지라도 그 내용에 있어서는 기독교적이었다. 많은 제재 규약들이 음양으로 기독교 생활양식으로 생각되는 것들을 떠받치고 있었다. 뿐만 아니라, 젊은 세대들이 그들의 부모, 조부모, 친척들과 더불어 동일한 공동체 내에서 양육되었다. 공동체는 부모의 신앙을 자녀에게 물려주는 일을 도왔다. 그러나 오늘날에는 공동체가 그러한 도움을 주지 못하고 있다. 자유롭고 다원화되며 세속적이고 유동적이고 산업화된 도시사회 속에서 기독교 공동체는 점차 (사람들에게 기독교인이 될 수 있도록 아무런 법적·심리적·사회적 압력도 줄 수 없는) 자의적인 사회로 바뀌어 가고 있다.

이러한 동향으로 말미암아 사람들은 5세기 이래로 서구의 많은 곳

University Press, 1932-40). Roland Bainton, *The Travail of Religious Liberty: Nine Biographical Studies* (Philadelphia: Westminster Press, 1951).

에서 기독교인이 되느냐 마느냐를 선택할 수 있었던 것보다 더 많은 자유를 갖게 되었다. 부모에게서 자녀에게로, 한 세대에서 다음 세대로 신앙을 전승하는데 있어서 공동체가 주는 도움과 제재는 이제 아무런 구속력을 갖지 못하게 되었다. 구체제가 붕괴되고 사회의 유동성이 커지고 대중 매체가 설득력을 지니게 되자, 사람들은 이제 이전에는 결코 볼 수 없었던 정도로 자기들의 전통을 선택할 수 있는 자유를 갖게 되었다. 이러한 자유는 인류가 발전할 수 있는 가능성을 가속화시키고 있다. 이러한 측면은 감사하게 받아들여야 한다. 그러나 결정을 내리는 데 있어서 인간이 책임질 수 있는 능력을 지나치게 과대평가할 수도 있다. 그러므로 이러한 새로운 자유에 대하여 두려운 마음을 가지고 적절한 반응을 보여야 할 것이다. 왜냐하면 그러한 자유에 결부되어 있는 결단은 사람들이나 교회나 사회 체제에 치명적인 것이 될 수 있기 때문이다.

다원화되고 세속화된 사회가 지니고 있는 자유는, 때로는 보다 강압적인 사회가 보여 줄 수 없는 그런 방법으로 교회로 하여금 그 본연의 모습을 찾을 수 있도록 그 가능성을 제시하기도 한다. 이것은 이전에는 볼 수 없었던 새로운 기회이다. 그러나 이 새로운 사회는 교회에게 새로운 책임을 부여한다. 프로테스탄트 왕국에 있어서 신앙은 공동체에 속해 있는 수많은 전문가들에 의해 가르쳐졌다. 하나님께 드리는 정기적인 예배는 공동체의 관습에 의해 뒷받침되었다. 비교적 기독교적인 생활양식, 즉 적어도 기독교적인 생활양식이라고 생각되는 것은 공동체의 여러 가지 제재에 의해 유지되었다. 그러나 이제는 상황이 바뀌었다. 자유롭고 다원화되어 세속적이고 유동적인 사회는 청년, 결혼한 젊은 부부, 노인들에게 그들의 삶을 형성하고 유지함에 있어서 인류 역사가 존재했던 그 어떤 사회에서보다도 더 많은 것을 기대하고 있다. 그러므로 기독교 신앙과 생활을 전승할 새로운 방법을 발견해야만 한다. 교회는, 젊은 세대들이 성장하면서 삶의 지표를 형성하느라 각고의 노력을 하고 있을 때 그들에게 실제적인 정신적 지주를 제시하는 방법을 새롭게 배우지 않으면 안 된다. 교회는 기독교 가정을 파괴하는 사회의 여러 가지 힘에 대항하여 그것을 보호하고 양육하는 방법을 배워야 한다. 오래된 옛 경구를 빌어 표현하자면, 교회는 우리가 처해 있는 시대에 있어서, 이제까지 어떤 "기독교" 혹은 "프로테스탄트" 사회가 그렇게 되어 본 적이 없는 유례없는 방법으로 신실한 사람들의 "어머니"가 되어야 한다.

자기 자신의 전통을 선택할 수 있는 자유와 방편을 제시받고 있는 사회에 살고 있는 사람들에게, 이제 기독교 공동체의 신앙과 삶은 권위있게 전승되고 넘겨져야 할 것이다. 이러한 사회에 살고 있는 많은 사람들은 전혀 전통을 갖고 있지 않을 것이다. 뿐만 아니라 생소한 전통이나, 개인과 사회에 대하여 파괴적인 성격을 지닌 전통으로 인해 피해를 받고 있는 사람도 있을 것이다. 그러므로 오늘날의 교회는 여러 가지 전통의 성격, 신앙을 전승함에 따르는 여러 가지 문제와 자유롭고 다원화되고 세속적이고 유동적인 사회 속에서의 생활방식을 비판적으로 검토하여 인식하지 않으면 안 된다.

다원화되고 세속화된 사회는 전통이나 유산들에 대한 자유를 제공하는 한편, 그와 아울러 기독교의 복음을 전파하거나 기독교를 초청할 수 있는 기회도 제공한다. 기독교인이 된다는 것은 아브라함,

이삭, 야곱, 이사야, 예레미야, 아모스, 바울, 베드로, 요한 등과 더불어 어거스틴, 칼빈, 바르트를 자신의 신앙의 조상으로 모시는 것이다. 한 사람의 삶에 대한 이야기는 생물학적 유산이라는 관점에서뿐 아니라, 어느 정도 자유롭게 선택할 수 있는 전통과 유산이라는 관점에서도 전달된다.[17] 유전학적인 계보와는 달리 영적인 계보는 변화를 겪을 수 있다. 생물학적인 관점에서 북유럽의 원주민을 조상으로 하는 수많은 개혁주의 기독교인들이 아프리카인 어거스틴과 고대 셈족이었던 바울과 아브라함을 그들의 신앙적 조상으로 삼고 있으며, 제네바와 예루살렘을 그들 선조들의 도시로 삼고 있다. 하나님의 백성이란 언제나 혈연에 기초하여 형성된 사회가 아니라 역사적 경험에 기초해서 이룩되어 온 사회이다. 이것을 존 브라이트(John Bright)가 잘 말해 주고 있다.

> 그러므로 한 민족으로서의 이스라엘의 존재는 궁극적으로는 이스라엘의 핵심을 이루었던 인물들에 의해 전승되어 내려온 어떤 공동 경험의 기억 속에서 존재한다. 비록 우리가 성경에 기록된 세부적 사항들을 하나하나 확인할 수는 없으나 그것이 역사적인 사건에 기초하고 있다는 것은 의심의 여지가 없다. 히브리 노예들이 놀라운 방법으로 이집트로부터(모세의 영도하에) 탈출하였다는 것과 그들이 얻은 구원은, 모세가 그들에게 말해 준 "새로운" 하나님 여호와의 자비로운 간섭에 의한 것으로 해석하였다는 것에 대하여 이의를 제기할 근거가 없다. 뿐만 아니

---

17) H. Richard Niebuhr, *The Meaning of Revelation*(New York: The Macmillan Company, 1946). pp. 43 ff. Copyright, 1941, by the Macmillan Company Used with permission.

라 바로 이네들이 그 후 시내반도로 이동하여 그곳에서 여호와의 백성이 되겠다고 언약을 맺은 사실에 대해서도 이의를 제기할 수 있는 객관적인 근거는 하나도 없다. 이러한 언약과 더불어 그 전에는 유례가 없는 새로운 사회, 즉 혈연에 기초한 것이 아닌 역사적 경험과 도덕적 결단에 기초한 새로운 사회가 생겨났다.[18]

한 사람이 새로운 공동체의 일원이 될 때는 언제나 그 공동체의 역사가 그 개인의 역사와 유산이 된다. 리챠드 니버(H. Richard Niebuhr)는 이것을 다음과 같이 매우 간명하게 말해 준다.

> 그러므로 미국 이주자들이, 청교도들과 1776년의 신대륙 이주자들을 자기의 조상이라고 부를 수 있게 되고 또 남북전쟁의 비극을 어느 정도 자신의 아픔으로 받아들일 수 있게 될 때에야 비로소 그들은 진정한 미국 사회의 일원이 되는 것이다. 다 함께 기억하고 공감할 수 있는 내용이 결여되어 있는 곳, 즉 공동의 과거 역사를 공유하지 못하는 곳에서는 실질적인 공동체가 존재할 수 없다. 공동체가 형성되려면 같이 기억하고 공감할 수 있는 것들이 있어야 한다. 이 때문에 현대 국가들이 역사교육을 강조하고 있는 것이다. 그러나 그와 같은 지엽적인 유산의 도움으로는 부분적인 과거 역사만을 습득하고 제한된 공동체만을 형성할 수 있을 뿐이다. 기독교인들에게 있어서 -그들이 히브리인이든 그리스인이든, 노예든 자유인이든, 서구인이든 아프리카인이든, 미주 사람이

---

[18] From A HISTORY OF ISRAEL. by John Bright. ⓒ MCMLIX, W. L. Jenkins, ⓒ MCMLXXII, The Westminster Press. Used by permission. p. 146.

든 아시아인이든, 중세 사람이든 현대인이든 관계없이-계시의 순간이란 과거에 발생한 것으로서 그들이 공동으로 기억할 수 있는 그 어떤 것만은 아니다. 그 순간이란 모든 인류 집단이 지니고 있는 과거의 역사를 그들 자신의 것으로 만드는 경우를 말한다. 어떤 민족에 속하는가에 관계없이 모든 기독교인은 예수 그리스도로 말미암아 히브리인들을 자신의 조상으로 인정한다. 그들이 영국인이든, 미국인이든, 이태리인이든, 독일인이든, 그들은 아브라함의 충성, 모세의 영웅적 지도력, 예언자들의 경고와 위로라고 하는 유산들을 그들의 삶 속에 받아들인다. 유랑하며 나그네처럼 지내던 하나님의 백성들에게 일어난 모든 일들이 그들 자신의 과거의 일부가 된다. 그러나 예수 그리스도는 유대인들과 우리 자신이 저지른 죄악으로 인해 고통을 당한 유대인인 것만은 아니다. 그는 또한 로마라는 세계 공동체의 일원이었으므로, 그로 말미암아 로마의 과거 역사가 우리 자신의 것이 된다. 로마 제국의 역사를 통하여 그의 삶과 죽음을 이해해야 하는데, 그 역사는 곧 우리 자신이 속한 제국의 역사이다. 그뿐 아니라, 그는 자신으로 말미암아 인류 전체의 역사를 우리의 역사로 되게 하는 분이다. 이제 우리에게 낯선 것이라곤 없다. 빛을 얻고자 경주했던 모든 투쟁과 노력, 모든 민족이 경험한 모든 방황, 세계 도처에 있는 수많은 사람들이 범한 모든 죄악이 예수로 말미암아 우리 자신의 과거가 된다. 그리스도로 말미암아 우리는 전 세계로 확대되고 있는 하나님의 제국으로 이주해 온 이주민이 되며, 이 제국이 지닌 역사, 즉 모든 시간과 장소에서 일어났던 전 인류의 역사를 우리 자신의 역사로 기억하는 것을 배운다.[19]

---

19) H. Richard Niebuhr, *The Meaning of Revelation*, pp. 115-116.

기독교 왕국 혹은 프로테스탄트 왕국에 속했던 과거의 사회에서는 기독교 공동체의 전통과 유산이 당연한 것으로 받아들여질 수 있었다. 그러나 지금은 상황이 그렇지 않다. 세속화되고 다원화된 문화 속에서 기독교 공동체로의 통합이라는 의미로서의 복음주의는 이제 전통과 유산, 그리고 그 보존에 보다 세심한 주의를 기울여야 할 것이다.

3. 열려 있는 전통

일상적인 언어에 있어서 전통이란 말은 "좋은" 말이 아니다. 많은 사람들에게 있어서 이 말은 구식이고 시대에 뒤떨어진 엄격하고 융통성 없는 혹은 과거 지향적인 것으로 받아들여진다. 이 말이 여러 가지 부정적인 의미를 지니게 된 데에는 여러 가지 이유가 있다. 그 부정적인 의미들은, 전통이란 일정한 시간이 지나고 나면 생명력을 잃게 된다는 사실에서 유래되었다. 전통이란, 일단 생명력을 잃고 나면 그것을 계속 고수하는 사람들에 의해 법칙과 같은 방법으로 반복될 뿐이다. 전통들이 생명력을 상실하고 고착화되면 폐기되어진다. 혹은 그렇지 않을 경우엔 그것은 계속해서 거기에 맞춰 살려는 사람들에게 무거운 짐이 된다. 전통의 부정적인 의미는, 과거는 좋아 보이나 미래에 대해서는 아무런 가능성을 발견하지 못하는 전통주의자들로 말미암아 생겨나기도 한다.

전통이란 말 자체는 좋은 말일 뿐 아니라, 실제로 없어서는 안될 말이다. 인간이 동물과 구별되는 것은 문화적 유산, 즉 전통을 세워

나가는 능력 때문이다. 동물에게는 문화와 전통이 없다. 전통으로 인하여 사람들은 순간이란 폭군의 손아귀에서 벗어날 수 있으며 어느 정도 시간을 초월할 수 있다. 전통을 소유하지 못한 사람은 바람에 날리는 갈대와 같으며 미래에 대한 안목을 갖지 못한다. 전통을 통하여 사람들은 과거의 경험에 비추어 열린 마음으로 미래에 적절하게 대처하며 살아갈 수 있다. 사실, 역사적으로 보아도 전통에 호소하는 것은 미래의 변화, 심지어는 혁명에 대해서까지도 개방적으로 대처하는 방법 가운데 하나였다.[20]

이미 앞에서 언급한 바와 같이, 전통이란 인간의 행위이다. 교회에 있어서, 전통들은 잘못되어 왔으며, 이 '잘못됨'이 계속되어 성급하게 고착되었다. 현대의 근본주의와 몇 가지 유형의 자유주의는 19세기에 있었던 보수주의적 전통과 자유주의적 전통이 고착된 것임을 보여 주고 있다. 기독교의 전통은 언제나 자유주의적 요소와 보수주의적 요소로 구성되어 있다. 문제가 발생하는 것은, 전통을 구성하고 있는 자유주의적 요소와 보수주의적 요소 그 자체 때문이 아니다. 문제는 특정한 시간과 특정한 장소의 전통을 고착시킴으로써, 그 후세대들이 다른 시간과 다른 장소에서도 이미 고착된 것을 반복할 수밖에 없을 때 발생한다. 자유주의적인 것이든, 보수주의적인 것이든, 그런 전통이란 이미 생명력을 지니고 있는 것이 아니라, 죽

---

[20] 익숙해져 있는 삶의 방식들과 그 예증들 및 타락한 양상들의 배후에 있는 큰 원리들에 대한 일반적인 기억을 탐구하는 것은 매우 근본적이고도 뜻깊은 일이 될 수가 있다. H. Richard Niebuhr, *The Meaning of Revelation*, pp. 5-6. Cf. Michael Hill, *The Religion Order*(New York: Crane, Russak & Co., Inc, 1973), pp.85ff. 장로교의 신학적 변화를 주장하는 학자들은 이따금씩 칼빈에게 호소했다. 예배의식의 변화를 주장하는 학자들은 또한 전통에 호소했다. 전통이 반드시 어떤 변화를 지지하는 것은 아니다. 그러나 그 시대의 독재권력에 대항하여 열려진 미래를 꿈꾸는 일에 있어서의 그 유용성은 충분히 증명되어 왔다.

어 있는 것이며 오직 무의미한 반복일 뿐이다.

전통은 또한 그 자체의 내적 원리에 따라서 스스로를 고립시켜 생명력을 유지하는 방법을 갖고 있다. 이와 같은 전통의 내면화 작업은 적대감을 보이는 사회에서 스스로를 보호하는 한 가지 방법일 경우도 있다. 몇 가지 전통들이 계몽주의적 문화와 20세기의 전체주의 사회에서 이런 전략을 취했었다. 이러한 방법으로 경건주의적 기독교가 통제불가능한 사회와 19세기의 지적 격변기에서 스스로를 보호하였다. 그러나 한 전통이 너무 지나치게 내면화되는 것은 비록 그것이 필요할 경우라도 그 전통의 활력을 침식시킨다. 전통은 그 자체의 내적 원리에 의해서뿐 아니라 전체 사회와의 대화를 가지면서 유지될 때 가장 큰 힘을 지니게 된다.

그렇다고 해서 전통들을 포기하는 것은, 생명력을 잃었거나 성숙해 보지도 않고 사멸된 전통 혹은 스스로에게만 기초하여 발전하는 전통이 지니고 있는 문제에 대한 올바른 대처방법이 아니다. 오늘날 많은 교회에서 이러한 모습들을 쉽사리 볼 수 있다. 1955년 이래로[21] 새로운 것을 추구하는 열정과 스스로를 원형이라 자처하는 자기도취적 즐거움 때문에 신학과 신자들이 수난을 당하고 있다.[22] 그것은 호기심이 가져 온 결과였다. 불과 10년 사이에, 한 사람이 시민권리운동, 세속화신학, 희망의 신학, 흑인신학, 정치신학, 여성해방운동, 놀이의 신학 등을 모두 경험할 수 있었다. 그뿐 아니라, 예수 운동(Jesus movement)도 있었다. 일부 사람들은 어느 하나에 정착하지

---

21) 1955년은 Karl Barth가 관련되어 있던 신학들이 그 탁월한 영향력을 잃게 되고, 수많은 새로운 신학적 관심사들이 출현하게 된 해로 보는 것이 좋다.
22) Schubert Ogden이 버지니아의 유니온 신학교에서 행한 강연.

못하고 한 운동에서 다른 운동으로 전전긍긍하였다. 이런 모든 운동들은 교회에 활력을 불어넣는 긍정적인 기여를 하였으며 또 모든 사람들의 주목을 받을 만하였다. 그러나 이런 운동들과 어떤 특정주제를 강조하는 신학들이 그 지지자들의 주의력과 활력을 그것에만 집중시킴으로써 폭넓은 안목을 잃어버리고 비판적으로 자기비판 능력을 상실하게 되었을 때, 그것은 건설적인 업적을 남기지 못하게 되었다. 1960년대에 있었던 대부분의 신학적 사회적 열광주의에 대하여 가할 수 있는 두 가지의 기본적인 비판으로는, 선대로부터 물려받은 것에 대한 감사하는 마음의 결여와, 자기비판능력의 결여를 들 수 있다. 새로운 예배형식이나 경험에 따른 목회나 경영체제에 따라 향방없이 방황하는 뿌리없는 교인들에 대해서도 같은 말을 할 수 있다.

한 전통이 지닌 커다란 자산은, 현재라는 순간에 대한 시각을 제시해 주는 축적된 지혜의 풍부한 자료를 공급한다는 것이다. 이 지혜는 한두 번이 아니라, 오랫동안 생생한 삶의 현장에서 검토되고 입증된 것이다. 살아있는 전통이 지닌 지혜와 안정성은 어떤 새로운 바람이 불어오더라도 그쪽으로 흔들림 없이 현재의 것이나 새로운 것 모두와 더불어 대화를 하거나 논쟁을 벌일 수 있게 해 준다. 전통은 여러 정신들을 시험할 수 있는 기준을 제공해 준다. 뿐만 아니라, 전통들은 그냥 두면 잊혀 버릴 과거의 경험에서 얻은 자료들을 그것이 꼭 필요할 때 사용할 수 있도록 보존해 준다. 기독교 전통의 많은 구성 요소들은 사라져 없어지는 듯해 보이지만, 그것들은 "죽은 자들 가운데서 부활할" 수 있는 놀라운 능력을 지니고 있다. 슐라이에르마허(Schleiermacher)의 신학은 1930년대에 "죽었으나" 1950년대에는 생명력을 되찾았다. 전통은 성급하게 생명력을 잃은 것으로 간주되어 버려지나, 새로운 상황에서는 빛을 던져줌으로써 기독교의 경험이 갖고 있는 수많은 귀중한 요소들을 "구제"해 준다. 그러므로 전통들은 기독교 공동체에게 시각과 아울러 깊이를 제공해 준다.

과거를 지나치게 사랑하는 것, 현대의 삶의 법칙으로서 죽은 전통을 반복하는 것, 변화를 거부하는 것 등은 분명히 파괴적인 생활 자세이다. 그러나 변화 그 자체가 반드시 좋은 것만은 아니다. 미래는 불가피한 진보의 길에 그 문이 저절로 열리는 것은 아니다. 과거의 지혜는 시대에 뒤떨어진 것이 아니다. 왜냐하면 그것은 실제 인간의 삶 속에서 씨름하면서 남겨진 결정체이기 때문이다. 자유주의의 정신이 모든 전통을 부정하려고 하는 유혹은 미래와 대화할 수 있는 위대한 자원을 교회로부터 탈취하려는 무비판적인 것이다. 전통, 특히 우리가 지니고 있는 전통을 검토하는 것은 보다 더 생산적인 것이다. 모든 전통들은 계속해서 비판적으로 검토되어야 하며, 자기개혁을 할 수 있도록 열려 있어야 한다. 그것들은 그 자체의 내적 원리에 의해서뿐 아니라, 다른 전통, 운동 그리고 사건들과 더불어 대화하고, 심지어는 논쟁과 대결을 통해서도 생명력을 유지하고 발전시켜 나가야 한다. 에큐메니칼 운동이 이룩한 커다란 업적 가운데 하나는 신학작업을 보편화시킨 것이다. 훌륭한 신학자들은 전체 교회의 신학이라는 울타리 속에서 자신의 신학적 전통을 읽어 나간다. 교회는 교회를 사랑하는 사람들뿐 아니라, 예컨대 우리 시대의 마르크스주의자들처럼 교회를 부인하는 자들로부터도 배워야 한다.

살아있고 열려 있는 교회의 전통은 자유주의적 요소와 보수주의적 요소를 다 함께 지니고 있다. 그 전통은 과거의 지혜를 생명력 있게 받아들여 왔으며 미래에 대하여도 열려 있다. 교회의 살아있는 전통은 오늘날 신앙공동체와 그 공동체가 본래 가지고 있었던 사건, 증언, 해석들을 연결해 주는 필수적인 고리이다. 교리사들은 이것을 잘 밝혀 주고 있다. 전통주의는 살아있는 사람의 죽은 전통이다. 이 때문에 전통은 교회에 활력을 제공해 주는 원동력이 되지만, 전통주의는 교회를 죽음으로 몰고가는 지름길이다.

예수 그리스도 안에서의 하나님의 인간 구원은 매우 다양하게 전승되어 왔다. 어떤 방법은 좋고 어떤 것은 나빴으며 어떤 방법은 좋지도 나쁘지도 않았다. 그러므로 모든 세대는 역사 혹은 전통들을 검토하여 오늘날 예수 그리스도 안에서 신앙과 순종의 생명에 이르게 하는 하나님의 은혜로운 행위를 얼마나 분명하게 나타내고 있는가를 살펴 보아야 한다. 그러므로 모든 전통들은 감사하는 마음과 비판적인 안목을 가지고 이어받아야 한다.

개혁주의의 전통은, 그것을 유일한 기독교의 전통이라고 주장하지 않는다. 그것은 유일하고 거룩하고 보편적이며 사도적인 교회가 지속되어 오면서 모든 각 세대에게 그 신앙과 생명을 전승해 내려온 방법 가운데 하나라고 주장한다. 그것은 특별한 장점과 아울러 약점 및 문제점을 지니고 있는 기독교 공동체의 진정한 유형들 가운데 하나라고 주장한다. 그것은 하나님의 백성이 되는 것으로 만족하려 한다. 이러한 주장에 근거하여 이 전통은 수용과 비판을 요구하고 있다.

INTRODUCTION TO THE REFORMED TRADITION

2
개혁주의 교회들

2
개혁주의 교회들

1560년에 발표된 스코틀랜드 신앙고백(The Scots Confession)은, 교회가 아담과 더불어 시작되었다고 선언함으로써 프로테스탄트 개혁자들이 새로운 사업에 관여하였다는 생각을 일축하였다.[23] 성공회, 개혁주의 혹은 루터교, 그 어디에 속해 있든지 교회의 기원을 16세기로 보는 프로테스탄트는 없다. 어떤 루터교 신자는 자신이 속한 교회가 루터 이전에는 어느 곳에 있었느냐는 질문을 받고, 세간에 떠도는 일반적인 수사법에 따라 세수하기 전에는 당신의 얼굴이 어디 있었느냐고 반문함으로써 그 답변을 대신하였다.[24] 프로테스탄트의 종교개혁은 하나의 개혁이지 새로운 시작은 아니었다.

프로테스탄트라는 말이 현대인에게는 소극적인 의미를 지닌 것으로 생각되나 본래의 의미는 적극적인 것이었다. 제2차 스파이어 국회(the Second Diet of Spires, 1529)에서는, 제1차 스파이어 국회(1526) 때 쯔빙글리교도들과 루터교도들에게 부여된 자유를 새로운 회의가 번복할 수 없다고 주장하는 "항의서"(protestation)가 제출되

---

23) Schaf, *Creeds of Chrestendom*, The Scotch Confession of 1560, Article 5, 3:442-443.
24) *Ibid*, 1:358(note).

었다. 이 항의서는 적극적인 측면이 강조되었는데, 그 내용은 다음과 같다.

"목사는 거룩한 복음을 거룩한 교회가 인정하는 문서들의 해석에 따라 선포해야 한다. 이 말은 참되고 거룩한 교회란 어떤 것인가 하는 문제를 야기한다. 이 점에 관해서는 조그마한 견해 차이도 있을 수 없다. 하나님의 말씀을 제쳐 놓고는 진정한 설교나 교리가 있을 수 없다고 우리는 단언한다. 하나님의 명령에 의하면, 다른 교리가 선포되어서는 안 된다. 거룩하고 신적인 성서의 모든 본문은 다른 본문에 의해 밝혀지고 해명되어야 한다. 이 성서는 모든 점에 있어서 기독교인들에게 필요한 것이다. 성서는 그 자체의 빛으로 완전히 밝혀지며 어두움도 밝혀 준다. 하나님의 은혜와 도움으로 우리는 하나님의 말씀, 즉 신구약 성서에 담겨 있는 거룩한 복음만을 지키도록 결정지어져 있다. 이 말씀만이 선포되어야 하며 이에 위배되는 것이 선포되어서는 안 된다. 이것만이 유일한 진리이다. 이것은 기독교의 모든 교리와 행위에 대한 확실한 규칙이다. 이것은 결코 우리를 저버리거나 기만할 수 없다. 이러한 기초 위에 집을 짓고 거하는 사람은 누구나 지옥으로 통하는 모든 문들과 싸워 이길 것이다. 그러나 이에 맞서 만들어 놓은 인간의 부가물이나 헛된 것에 불과한 모든 것들은 하나님의 면전에서 반드시 뒤엎어질 것이다."[25]

종교개혁은 무엇보다도 기독교의 복음을 적극적으로 선포한 것이

---

25) R. Newton Flew and Rupert E. Davies, eds,. *The Catholicity of Protestantism*(London: Lutterworth Press, 1950), pp. 13-14.

었다. 그것은 결코 소극적으로 반대의견에 의존한 것이 아니었다. 왜냐하면 그것은 무엇보다도 중대한 선언을 한다는 의미의 항의였기 때문이다. 종교개혁이 지니는 이러한 적극적 성격은, 일반적으로 볼 때 스위스의 종교개혁에서 두드러지게 나타났다.

1. 기원

루터의 종교개혁은 마틴 루터의 개인적인 투쟁에서 비롯되었다. 그는 의로우신 하나님 앞에서 죄 많은 인간이 어떻게 설 수 있는가 하는 문제로 인해 괴로워하였다.[26] 루터는 그 이전 시대의 어느 누구보다도 하나님의 거룩함과 인간의 죄악성을 깊이 인식하고 있었다. 그는 수도원이나 고해실에서 행하는 자신의 어떠한 노력으로도 결코 하나님께 그를 책임있는 존재로 만들 수 없다는 것을 알고 있었다. 그에게 있어서 하나님의 은혜와 죄사함은 결코 노력으로 얻어지는 것이 아니라, 값없이 주어지는 것이라는 복음적 경험이 결정적이었다. 그에게 있어서, 면죄부 판매와 이것을 위해 지어진 "헌금통에 동전이 떨어지는 소리가 날 때 연옥에 있는 영혼이 그곳을 벗어난다"는 노래는 하나님을 모독하는 것이었다. 1517년 10월 31일에 내건 95개 조항의 반박문은 교회 내에서 행해지고 있던 부패한 관행을 폭넓게 다루고 있기는 하나, 그 중심내용은 죄를 사하는 하나님의

---

26) Roland H. Bainton, *Here I Stand: A Life of Martin Luther*(New York: Abingdon–Cokesbury Press, 1950).

사랑을 선포하는 것이었다. "교회의 참된 보물은 하나님의 영광과 은혜를 말하는 가장 거룩한 복음이다"(반박문 62). 1520년에 루터가 쓴 위대한 저술들도 마찬가지로 그의 복음적 경험의 의미를 상세히 설명하고 있다. 하나님의 은혜에 대한 루터의 경험은 결코 특이하거나 기이한 것이 아니었다. 행위로 의롭게 된다는 그것은 그 당시에 지배적이던 종교로 인해 괴로움을 당하고 있던 많은 사람들의 경험을 드러내 보인 것이었다. 그 종교는, 하나님의 은혜는 노력으로 얻어진다는 말로 사람들을 억압하고 있었다. 루터의 95개 조항, 수많은 논쟁, 저술 및 설교는 기독교 신앙을 크게 부흥시켰으며 결국 루터의 종교개혁이 이루어지게 만들었다.

2. 스위스의 종교개혁

마틴 루터의 다방면에 걸친 활동이 스위스의 종교개혁에 영향을 주고 그 발전에 기여하기는 하였으나, 루터의 활동에 직접적으로 의존하지는 않았다.[27] 스위스의 종교개혁은 그 지역에 널리 퍼져 있던 기독교적 인문주의로부터 싹텄다. 바젤(Basel)에 정착한 에라스무스(Erasnus) 주위에는 토마스 비텐바하(Thomas Wyttenbach)를 비롯하여 새로운 학문에 관심을 가진 사람들이 많이 모여 있었다. 종

---

[27] E. G. Rupp, "The Reformation in Zürich, Strassburg, & Geneva" in *The Reformation*, vol. 2 of *The New Cambridge Modern History*, G. R. Elton, ed.(Cambridge: The University Press, 1958), pp. 96–119. James Isaac Good, *History of the Swiss Reformed Church since the Reformation*(Philadelphia: Publication and Sunday School Board of the Refomed Church in the United States, 1913).

교적인 새로운 움직임들은 어느 한 사람의 활동으로 인한 것이 아니라, 여러 해를 걸쳐 발전해 온 기독교 인문주의와 연관된 것이었다.[28]

그럼에도 불구하고 울리히 쯔빙글리(Huldrich Zwingli)를 최초의 스위스 종교개혁자라고 부르는 것이 옳을 것이다. 왜냐하면 그곳의 종교개혁을 촉진시킨 것은 바로 그의 강한 성격과, 신학자와 설교가로서 그가 지닌 능력이었기 때문이었다. 쯔빙글리는 루터보다 두 달 늦은 1484년 1월 1일에 태어났다. 그는 인문주의적 교육을 받았으며, 그가 유년시절을 지냈던 알프스에 있는 집 근처의 글라루스(Glarus)에서 성직자로 지냈다. 알프스는 그의 고향이었다. 아인지델른(Einsiedeln)에서 잠시 지낸 후 취리히에 있는 대성당으로 옮겨갔다. 그가 취리히에서 사역을 시작한 것은 1519년 1월 1일이었다. 그 때 그는 앞으로는 강단에서 마태복음을 앞에서부터 한 페이지씩 강해하기로 결심했다. 그 후 12년 동안 쯔빙글리는 이 방법을 고수하여 신구약 성서의 많은 부분을 강해하였다. 칼빈도 제네바에서 이와 동일한 방법을 택하였다. 성서를 교회생활에 적용함에 있어서 스위스의 개혁자들은 루터보다 더욱 철저했다. 루터는 성서가 정죄하고 있는 모든 것을 교회 생활에서 제거하려고 하였으나 스위스의 개혁자들은, 모든 기독교적 관행은 명확한 성서적 근거가 있어야 한다고 주장했다. 쯔빙글리 자신이 말하고 있듯이 그는 "결국 나는 말씀

---

[28] Cf. John T. McNeill, *The History and the Character of Calvinism*(New York: Oxford University Press, 1954), pp. 3 ff. Oskar Farner, *Zwingli the Reformer: His Life and Work*, trans. D. G. Sear(New York: Philosophical Library, 1952). Jacques Courvoisier, *Zwingli, a Reformed Theologian*(Rechmond: John Knox Press, 1963).

과 성령의 인도에 의해 하나님의 가르침을 하나님 자신의 말씀으로부터 직접 배워야 할…필요성을 느끼게 되었다."²⁹⁾ 쯔빙글리는 루터에 비해 개인적인 영혼의 갈등을 덜 경험하였으며, 취리히의 종교개혁은 성서 속의 신앙의 근원으로 되돌아감으로써 매우 인문적인 양태로 시작되었다. 교회는 성서연구와 설교로써 정화되고 개혁되었다.

스위스 종교개혁에서 하나님의 말씀에 따른 개혁을 철저하게 강조한 것이 "개혁주의"(Reformed)라고 명명된 근본적인 이유이다. 모든 프로테스탄트 교회는 일반적인 의미에 있어서는 개혁주의 교회이다. 이러한 명칭이 16세기에는 일반적으로 프로테스탄트와 복음주의 등과 동의어로 사용되었다. 그러다가 이 명칭은 특별히 스위스의 종교개혁에만 적용되었다. 왜냐하면 스위스의 개혁자들은 성서의 원리를 교회생활에 적용함에 있어서 보다 엄격했기 때문이다. 교회의 권위는 구체적이고 분명한 성서적 근거를 지녀야만 했다. 엘리자베스 여왕은 언젠가 편지 속에서 비루터파 교회들을 "보다 개혁된" 교회라고 말한 적이 있다. 16세기 후반에 벌어진 루터파와 개혁파 사이의 논쟁들, 그 중에서도 특히 성례전과 예배에 관한 논쟁들은 스위스 종교개혁의 보다 철저한 성격을 드러냈다. 이 둘이 분리하게 된 것도 아마 이 때문이었을 것이다.³⁰⁾ 16세기의 루터파 교인

---

29) G. W. Bromiley, ed., *Zwingli and Bullinger*, Vol. XXIV of The Library of Christian Classics(Philadelphia: Westminster Press, 1953). PP. 90-91.
30) For discussion of the name "Reformed," see Heinrich Heppe, *Ursprung und Geschichte der Bezeichnungen "reformirte" und "lutherische" Kirche*(Gotha: Verlag von Friedrich Andreas Perthes, 1859); Schaff, *The Creeds of Christendom*, 1:358-359(note); M. Eugene Osterhaven, *The Spirit of the Reformed Tradition*(Grand Rapids: Eerdmans Publishing co., 1971), Appendix: "The Name 'Reformed'", pp. 171-178.

들이 "친애하는 거룩한 복음적 루터교"라고 부르는 사람들에 대하여 종종 반감을 보였을지라도, 루터는 루터교 전통에 큰 영향을 지니고 있었으나, 칼빈은 그에 비하여 그의 추종자들에게 그다지 큰 의미를 갖지 못했다.

쯔빙글리가 하나님의 말씀을 가르치고 그것으로 설교를 하자, 교회의 생활과 관습이 바뀌기 시작하였다. 이로 말미암아 벌어진 논쟁, 그 중에서도 특히 독일에서 벌어진 것과 관련하여 그는 어떤 결단 혹은 해결을 할 수밖에 없었다. 1523년 취리히에서 시의회가 소집되어 논쟁을 벌인 결과, 쯔빙글리를 지지하기로 결정하고 그의 계획을 계속 추진하기로 하였다. 성상들이 파괴되고 미사는 성례전이 아니라 희생을 기념하는 것이라고 선포되었다. 교회의 예배는 쯔빙글리에 의해 단순히 설교를 하는 예배로 개혁되었다. 네덜란드 출신의 학자 로데(Hinne Rode)가 쯔빙글리를 방문하여 "이것은 나의 몸이라"(고전 11:24)는 구절을 "이것은 나의 몸을 상징한다"라는 의미로 해석한 코넬리우스 호엔(Cornelius Hoen)의 책을 소개하였다.[31] 쯔빙글리는 이 견해로부터 자신의 교리형성에 도움을 받았다. 쯔빙글리에게 있어서, 성만찬은 예수 그리스도의 죽음에 대한 기념이며 신자들이 자기들의 신앙을 고백하는 기회였다. 그리스도의 임재는 영적인 것이지 육체적인 것이 아니었다. 1525년에 이르러 이러한 원리에 따른 성만찬이 취리히에서 집전되었다. 나무로 만들어진 질박한 접시와 컵을 사용하여 떡과 포도주가 신자들에게 처음으로 돌

---

31) For text of "A Most Christian Letter" by Cornelisz Hoen Which Rode introduced to the Swiss theologians see Heiko Augustinus Obermann: *Forerunners of the Reformation, the Shape of Late Medieval Thought*(London: Lutterworth Press, 1967), 268-276.

려졌을 때, 그 회중이 느꼈던 영적 흥분을 지금 이해한다는 것은 거의 불가능할 것이다. 성만찬에 관한 쯔빙글리의 가르침은 1529년 마르부르그(Marburg) 회의에서 마틴 루터와 그를 결별하게 만드는 계기가 되었다. 이 두 사람의 개혁자는 그 회의에서 채택된 15개 조항 가운데 14개의 중요한 교리에는 모두 동의하였다. 그러나 쯔빙글리와 루터가 기독교인으로서 서로 다른 경험을 가지고 있다는 데서 그 차이점이 드러났다. 쯔빙글리는 인문주의적 배경을 가지고 있는데 반하여, 루터는 보다 전통적이고 보수적인 배경을 가지고 있었던 것이다.

쯔빙글리가 지도자로 활동한 기간은 매우 짧았다. 그는 1531년 10월 가톨릭 진영과의 전투 중 전사하였다. 그러나 그가 시작한 종교개혁은 중지될 수 없었다. 그의 지도력은 취리히의 하인리히 불링거(Heinrich Bullinger, 1504-1575)에게로 이어졌다. 외콜람파디우스(Oecolampadius, 1482-1531) 등의 지도자들처럼 바젤의 저명한 학자였던 불링거와 베른(Bern)의 할러(Berthold Haller, 1492-1536)는 쯔빙글리가 경건한 자세로 솜씨있게 확립해 놓은 전통을 이어갔다.

제네바 종교개혁은 정열적인 프랑스인 윌리암 파렐(William Farel, 1489-1565)의 지도 아래 시작되었다. 파렐은 쟈끄 르페부르(Jacques Lefevre, 1450-1536)를 중심으로 일어난 프랑스 기독교 인문주의가 키워 낸 인물이었다. 파렐은 또한 취리히와 바젤에서 활동하던 독일어권 개혁자들과도 접촉하고 있었다. 그러나 제네바 종교개혁이라는 위대한 작업은 또 다른 프랑스인 칼빈(John Calvin,

1509-1564)에 의해 이뤄졌다. 칼빈 역시 프랑스 인문주의자로 시작하였다.[32] 그가 프로테스탄트로 개종하는 데에는 성서의 권위가 큰 역할을 하였다. 그래서 그는 계시 속에서 그 근원을 찾음으로써 교회를 정화하려 하였다. 그를 교회의 사람이라고 말하는 것이 그를 가장 잘 평가하는 것일 것이다. 그는 학자, 주석가, 신학자, 설교자 그리고 목회자였다. 아마 그는 다른 어떤 개혁자보다도 인격과 활동에 그러한 여러 가지 기능을 잘 조회시킨 것 같다. 그는 프로테스탄트 신앙에 있어서 가장 영향력있는 저서 「기독교강요」를 출판하였다. 그는 예배를 개혁하였으며 시인 마롯(Marot)과 베자(Theodore Beza)와 음악가 부르즈와(Bourgeois)와 구디멜(Goudimel)이 완성시킨 제네바 찬송집(Geneva Psalter)을 만들어 그것이 발전하도록 후원하였다. 이 찬송집은 역사적으로 매우 큰 영향력을 행사하였다. 그는 교회를 재조직하였으며, 그가 만든 교회조직은 수세기에 걸쳐서 교회정치에 영향력을 미쳤다. 그의 주석과 설교는 그를 기독교회사에서 손꼽히는 위대한 주석자 중 한 사람으로 만들었다. 기독교 공동체에 대한 그의 비전과 제네바의 종교개혁에서 그가 보여 준 지도력은 정치·사회사에서 그를 빼놓을 수 없게 만들었다. 그러나 유

---

32) Williston Walker, *John Calvin, the Organiser of Reformed Protestantism*(1509-1564) (New York: G. P. Putnam's Sons, 1906)은 오래되긴 했지만 여전히 훌륭한 전기이다. 특히 Schocken Books 판은 John T. McNeill의 참고문헌을 싣고 있다. 이 외의 다른 유용한 전기들로는 다음을 들 수 있다.
Jean Cadier, *The Man God Mastered, a Brief Biography of John Calvin*, trans. O. R. Johnston(Grand Rapids: Eerdmans Publishing Co., 1960); T. H. L. Parker, *Portrait of Calvin*(Philadelpha: Westminster Press, 1955); Francois Wendel, *Calvin: The Origins and Development of His Religious Thought*, trans. Philip Mairet(New York: Harper & Row, 1963).

럽에서 벌어지고 있던 종교개혁운동에 대한 그의 목회적 관심에 있어서 그의 인물됨의 크기를 충분히 보여 주고 있는 것은 그가 다른 사람들과 교환하였던 서신-종교개혁 총서(Corpus Reformatorum) 중 11권-이다. 칼빈의 지도 아래서 제네바는 유럽 전체에 퍼져 있는 개혁주의 교회들의 발전에 큰 영향을 미친 중심지가 되었다. 종교개혁운동은 언제나 각 지역에 자유와 다양성을 허용하였으므로 제네바를 유일의 중심지로 생각하는 것은 잘못이다. 그러나 분명 제네바는 가장 영향력있는 도시였다. 1564년 칼빈이 서거하자, 제네바 교회의 지도권은 베자에게 이어졌다. 그도 역시 칼빈과 마찬가지로 전 유럽의 개혁교회에 영향력을 행사하였다.

"네가 온전하고자 할진대, 가서 네 소유를 팔아 가난한 자들을 주라"는 예수의 말씀을 1174년 진지하게 받아들인 왈도(Peter Waldo)로부터 시작된 왈도파 교도들은 주로 프랑스와 이탈리아 국경지대의 알프스에 살고 있었다. 파렐이 전도여행 중 그들을 방문하였다. 그들이 성서를 크게 강조한다는 부분적 이유 때문에 그들은 프로테스탄트 종교개혁에 대해 큰 호의를 보이고 개혁주의의 전통을 받아들였다.

3. 유럽

프랑스의 개혁교회는 그 기원을 16세기 전반기의 기독교 인문주의에 두고 있다.[33] 1540년대부터 그 운동은 프랑스의 정치적 지배에서 벗어나 제네바의 영향을 크게 받았다. 1555년 파리에서 처음으로 프로테스탄트 교회가 조직된 후 빠른 속도로 다른 많은 도시로 퍼져 나갔다. 종교법원(consistory), 교무회(Colloquy), 지방종교회의(provincial synod), 국가 종교회의(national synod)를 포함하는 국가정책이 1559년에 채택되었다. 어떤 교회도 다른 교회보다 우위를 차지할 수 없었다. 처음으로 장로교회가 설립되었으며 신앙고백도 채택되었다. 이 신앙고백의 초안은 1557년 파리에서 개혁주의 목사들에 의해 작성되고, 그 후 칼빈과 제네바의 다른 목사들에 의해 개정되었을 것이다. 그 후 이것은 총회에서 채택될 때, 몇 군데 수정된 후 1571년 라 로쉘(La Rochelle)에서 열린 프랑스 종교회의에서 부분적으로 수정되어 다시 선언되었다. 이 신앙고백은 개혁주의의 신앙을 훌륭히 표현한 것으로 높이 평가받고 있다.

프랑스의 개혁주의는 수차에 걸친 종교전쟁으로 인하여 성장에 있어서 어려움을 겪었다. 개혁주의에 속한 신자들은 소수에 지나지 않았고 또한 왕의 정치적인 압제를 받았다. 프로테스탄트였던 나바르의 앙리(Henry of Navarre)는 왕이 되기 위하여 그의 신앙을 포기하고 1594년에 즉위하였다. 그의 치하에서 1598년에 공표된 낭트칙령(Edict of Nantes)에 의하여 개혁주의 공동체는, 전혀 제약이 없는 것은 아니지만, 자유를 누리게 되었다. 1685년 이 칙령이 폐지되자, 위그노(Huguenots-프랑스의 개혁주의)들은 뿔뿔이 흩어지게 되었

---

33) Cf. McNeill, *The History and Character of Calvinism*, pp. 237 ff. for discussion of French Reformed community. Émile G. Léonard, *A History of Protestantism*, trans. from the French by Joyce M. H. Reid, 2 vols.(London: Nelson, 1965). 특히 Vol. 2를 보라.

는데, 그들 가운데 다수가 미국으로 이주하였다. 이 때 프랑스를 떠난 사람들의 수는 30만 명이 넘는 것으로 추산된다. 이러한 박해에도 불구하고 교회는 앙뜨완느 꾸르(Antoine Court)와 뽈 라보(Paul Rabaut)의 영도하에 계속 존속하였다. 자유를 인정하는 칙령(edict of liberation)은 1787년에 가서야 발표되었다.

네덜란드의 개혁운동은 독일에서 루터가 시작하기 훨씬 전부터 공동생활의 형제단(the Brethren of the Common Life) 등의 운동으로 시작되었다.[34] 이러한 운동들은 신학적으로는 어거스틴을 따랐으며, 경건한 생활과 더불어 성서연구를 강조하였다. 루터의 저서들은 일찍이 1520년부터 정죄받고 있었으며, 그를 추종하던 두 사람 보에스(Henry Voes)와 에쉬(John Esch)가 화형을 당하였다. 로데와 쯔빙글리가 만나면서(1523) 개혁주의가 영향력을 행사하기 시작하여 1550년대 후반에 이르러서는 프로테스탄트의 개혁주의 유형이 견고하게 확립되었다. 1561년에는 기 드 브레(Guy de Brés)가 "네덜란드 전역에 흩어져 있는 신실한 사람들을 위한"[35] 신앙고백을 작성하였다. 이 신앙고백은 1566년 안트베르프(Antwerp) 회의에서 채택되어 벨기에 신앙고백(the Belgic Cofession)이라고 불린다. 이 신앙고백에 약간의 수정을 가하여, 하이델베르크 교리문답(Heidelberg Catechism) 및 도르트 신조(Canons of Dort) 등과 더불어 네덜란드

---

34) Maurice G. Hansen, *The Reformed Church in the Netherlands, Traced from A.D. 1340 to A.D. 1840 in Short Historical Sketches*(New York: Board of Publications of Reformed Church in America, 1884). Douglas Nobbs, *Theocracy and Toleration: A Study of the Disputes in Dutch Calvinism from 1600 to 1650*(Cambridge, England: The University Press, 1938).

35) McNeill, *The History and character of Colvinism*, p. 260.

개혁주의 프로테스탄트의 신앙고백이 되었다. 프랑스 유형에 기초한 장로교의 교회정치체제는 1571년 엠덴(Emden)에서 열린 회의에서 채택되어 국가 교회에 적용되었다. 개혁주의 공동체는 네덜란드 독립전쟁과 더불어 발전하였다. 개혁주의 공동체가 자유를 얻기 위하여 스페인과의 싸움에 동참한 것이 개혁주의의 힘의 원동력이 되었다. 자유를 쟁취하기 위한 싸움을 지도한 애국자 침묵공 윌리암(William the Silent)은 1573년 개혁주의 공동체에 가입하였다.

네덜란드 교회는 신학분야에 있어서 근면하고 유능한 신학작업의 원천이었으며, 16세기 후반과 17세기에 개혁주의 사상에 매우 큰 영향을 끼친 중심지가 되었다. 뿐만 아니라 초기 개혁주의 역사에 있어서 가장 유명한 신학논쟁의 무대가 되었다. 제네바의 개혁주의 신학과 네덜란드 전통에 뿌리를 둔 아르미니우스(Arminius, 1560-1609)는 칼빈의 예정론, 특히 네덜란드인 고마루스(Gomarus)와 제네바의 칼빈 후계자 베자(Beza)가 주장한 예정론의 과장된 형태를 완화시키려 하였다.[36] 아르미니우스는 하나님의 은혜가 아니면 하나님께로 돌아올 사람이 없다고 항상 주장하기는 하였으나 불가항력적 은혜의 교리를 논박하는 데 특별한 관심을 기울였다. 이 문제를 놓고 벌어진 격렬한 논쟁은 1619년 도르트 회의(Synod of Dort)에서 결말지어졌다. 이 회의는 극단적인 칼빈주의자들과 아르미니우스의 제자들 사이에서 중간노선을 채택하여 칼빈주의의 교리인 전적 타락, 무조건적 선택, 제한 속죄, 불가항력적 은혜 그리고 성도의 견인 등을 재천명하였다. 이 교리들의 명칭은 논쟁의 와중에서

---

[36] 4장을 보라.

붙여진 것이므로 이 회의가 천명한 것을 완전히 정확하게 밝혀 주지는 못하고 있다. 제한 속죄는, 속죄가 만인에 대해서도 충분히 가능하기는 하나 오직 택한 자에게만 유효하다는 것을 의미한다.[37] 불가항력적 은혜는 물리칠 수 없는 은혜라고 부르는 것이 더 나았을 것이다. 전적 타락은, 인간이 전적으로 악하다는 것이 아니라, 인간은 죄로 인하여 불구자가 되었으므로 하나님의 은혜가 없이는 절대 하나님께로 돌아설 수 없다는 것을 의미한다. 도르트 회의가 때로는 극단적인 칼빈주의의 상징으로 불리고 있으나, 실제에 있어서는 16세기 개혁주의 공동체의 일치를 도모한 것이었다.[38]

개혁주의 교회가 라인강 유역과 독일에 항구적인 공동체를 세우는 시기는 다소 늦었다.[39] 부서(Martin Bucer)가 지도하는 스트라스 부르크(Strasbourg)의 종교개혁은 스위스의 개혁자들과 가까운 관계였으며, 칼빈 자신은 그곳 프랑스인 교회에서 목회자로 활동하였다(1538-1541). 그러나 부서는 아우구스부르그 가협정(Augusburg Interim, 1548) 때 스트라스부르그를 떠나 영

---

[37] 도르트 신조의 온건한 진술 내용은 다음과 같은 절대적 예정론(The Doctrine of Absolute Predestination)의 제한속죄론에 나타난 강한 진술내용에 비추어 평가되어야 한다. 하나님은 모든 인류가 다 구원받도록 하시지 않으셨기 때문에, 그는 당연히 그리스도로 하여금 모든 인류를 위해 죽게 하시지는 않으셨다. 본래부터 그리스도는 자신에게 있는 신성으로 말미암아 그의 피가 모든 사람을 충분하게 구속할 수 있지만, 성부의 약속으로 인해 그는 의도적으로 예정된 자들만을 위해 자신의 보혈을 흘리셨다. Girolamo Zanchi, *The Doctrine of Absolute Predestination Stated and Asserted: With a Preliminary Discourse on the Divine Attributes*, (London: Grace Union, 1930), p. 53.

[38] Peter Y. DeYoung, *Crisis in the Reformed Churches: Essays in Commemoration of the Great Synod of Dort, 1618-1619*(Grand Rapids: Reformed Fellowships, 1968). Nobbs, *Theocracy and Toleration*. Carl Bangs, *Arminius, A Study in the Dutch Reformation*(Nashville: Abingdon Press, 1971).

[39] James I. Good, *The Origin of the Reformed Church in Germany*(Reading: D. Miller, 1887).

국으로 피신할 수 밖에 없었다. 아우구스부르그 화의(The Peace of Augusburg, 1555) 이후 루터교는 견고하게 확립되었다. 필립(Philip)이 지도하던 헷세(Hesse) 역시 개혁주의의 영향을 받았다. 여기서 람베르트(Francis Lambert)는 초기 종교개혁의 교회정치에 관하여 저술하였는데(1526), 이것은 후기 종교개혁의 교회정치에 영향을 주었을 것이다. 루터와 쯔빙글리는 마르부르그(Marburg) 대학에서 성만찬에 관해 논쟁을 벌였다. 그러나 아우구스부르그 화의 이후 개혁주의의 영향은 다시 퇴조하였다.

오토 헨리(Otto Henry)와 그의 계승자 선제후 프레드릭 3세(The Eleetor Frederick Ⅲ, 1559-1576)의 지도 아래 팔라티나테(Palatinate)에 개혁주의 교회가 이뤄졌다. 프레드릭은 아우구스부르그 신앙고백을 아우구스부르그 화의가 요구하는 바와 같이 천명하였으나 개혁주의 신학자들도 팔라티나테로 초청하였다. 그들 가운데는 그 지역의 신앙고백으로 하이델베르크 교리문답(Heidelberg Catechism)을 작성한 우르시누스(Zacharias Urisinus)와 올레비아누스(Kasper Olevianus)도 있었다. 이들은 그것을 작성함에 있어서 스위스 개혁주의 신학뿐 아니라 온건한 멜랑히톤적 루터교를 배경으로 삼았다. 당시 하이델베르크 대학에는 우르시누스(Ursinus), 부퀸(Bouquin), 잔키(Zanchi), 에라스투스(Erastus) 그리고 트레멜리우스(Tremelius) 등의 저명한 학자들이 모여 있었다. 잔키는 스트라스부르그에서 피신한 개혁주의 신학자였고, 트레멜리우스는 유대기독교 학자였으며, 에라스투스는 쯔빙글리의 추종자로서 파문을 국가의 기능이라고 믿었으며, 실제로 자신이 옹호한 것보다 더욱 급진적 이론인, 교회는 국가에 종속한다는 이론에 그의 이름이 붙게 되었다. 프레드릭 이후 루터교가 다시 세워졌고 개혁주의 신학자들이 떠났으나 그의 아들인 카시미르(John Casimir, 1583-1592)의 치세 중에 개혁주의 공동체가 다시 형성되었다. 우르시누스의 제자인 파레우스(David Pareus)가 지도할 때 그의 주위에는 개혁주의를 따르는 학생들이 다시 하이델베르크에 모여들었다.

다른 개혁주의 공동체들은 낫사우(Nassau), 베젤(Wesel), 브란덴부르그(Brandenburg)를 비롯한 독일 전역에 형성되었다. 1817년 프러시아 연맹(the Prussian Union)이 결성되자, 개혁주의와 루터교에 속한 교회들이, 개혁주의와 루터교 지역의 교회들과 그 두 신앙고백을 따르는 일부 연합교회들도 이루어진 연합 모임에 가입하였고, 이러한 체제는 오늘날까지 지속되고 있다.

칼빈 당시의 개혁주의는 폴란드에도 영향을 주었다. 지기스문트 왕(King Sigismund)은 칼빈과 서신을 교환했던 사람 가운데 하나이다. 라스코(John á Lasco, 1499-1560)는 위대한 폴란드 개혁자로서 런던과 엠덴의 영향력있는 여러 교회에서 시무하였다. 그가 런던의 회중들을 위하여 집필한 「이주민 교회에 있어서의 예배의 유형과 방법」(Whole Form and Method of Church Service in the Church of the Strangers)은 큰 영향을 주었다. 그는 1556년 폴란드로 돌아가서 그곳에 개혁주의 교회를 조직하려 하였으나 뜻을 이루지 못하였다. 로마 가톨릭 교회의 반종교개혁 운동이 매우 활발하게 전개되어 소규모의 개혁주의 공동체만이 살아 남게 되었다.

보헤미아(Bohemia)의 프로테스탄트 종교개혁은 개혁자 후스

(John Hus, 1369-1415)의 업적을 바탕으로 하여 이루어졌다. 후스 교도들은 대부분 루터교에 가입하였으나 개혁주의가 영향을 미친 1540년대 이래 오늘날까지도 그 흔적을 찾아볼 수 있다. 오늘날까지 계속되고 있는 커다란 정치적 난관에도 불구하고 개혁주의 공동체는 체코슬로바키아로 이름이 바뀐 그 지역 내에 여전히 존재하고 있다.

1523년 헝가리에서는 루터교를 믿는 사람에게 사형까지도 언도하였는데, 이것은 루터교가 그곳에 미친 영향을 보여 주는 증거 가운데 하나이다. 루터교가 독일 정치지도자들과 결탁한 것은 성장에 장애물이 되었다. 개혁주의 신학은 이와 같은 어려움을 겪지 않고 민족주의자들의 힘에 의해 다른 곳에서와 마찬가지로 이곳에서도 쉽게 받아들여졌다. 헝가리 국민을 터키와 신성 로마제국의 압제에서 구해 낸 애국자 복스케이(Stephen Bocskay)는 칼빈주의자였다. 그의 업적은 제네바에 있는 종교개혁 기념관에 잘 보존되어 있다. 헝가리의 개혁주의 공동체는, 다른 특별한 지위 없이 법적 지위만 지니는 감독을 두는 교회정치를 발전시켰다.[40]

---

40) Imre Revesz, *History of the Hungarian Reformed Church*, trans, George A. F. Knight(Washington: The Hungarian Reformed Federation of America, 1956). 폴란드와 보헤미아의 개혁주의 교회의 기원에 관해서 잘 요약해 놓은 것은 Harold J. Grimm, *The Reformation Era, 1500-1650*(New York: The Macmillan Co., 1954)에서와 R. C. Reed가 장로교의 옛 역사를 쓴 *History of the Presbyterian Churches of the World*(Philadelphia: The Westminster Press, 1905)에서 그리고 McNeill, *The History and Character of Calvinism* 등에서 찾아볼 수 있다.

4. 영국

1520년대에 프로테스탄트 운동이 스코틀랜드에 파급되었을 때, 중세 교회는 무너져 가는 상태에 놓여 있었다.[41] 그러나 루터의 저서를 수입금지하는 법령이 1525년에 제정되었으며, 루터의 제자인 해밀턴(Patrick Hamilton)은 성 앤드류 성당에서 화형을 당했다. 스코틀랜드에 프로테스탄트의 개혁주의 유형이 소개된 것은 스위스에서 공부하고 제1 스위스 신앙고백(The First Helvetic Confession)을 받아들인 위샤트(George Wishart, 1513?-1546)에 의한 것이었으나, 정식으로 소개된 것은 낙스(John Knox)가 지도하던 1560년이다. 이 때 스코틀랜드 의회는 11560년의 스코틀랜드 신앙고백을 채택하였다. 개혁의 프로그램으로 제시되었으나 1560년에는 채택되지 않았던 제1 치리서(The First Book of Discipline)는 칼빈의 교회정치에 크게 영향을 받아 작성되었으므로 장로교회가 쉽게 발전할 수 있었다. 총회와 노회는 처음부커 교회정치의 구성요소였으나, 1574년 제네바에서 공부를 마치고 스코틀랜드로 돌아온 멜빌(Andrew Melville)의 노력으로 장로교는 충분히 발전된 모습을 갖추게 되었다. 개혁주의 신학이 스코틀랜드 교회사를 계속 지배하고 있기는 하나 16세기와 17세기 초에는 장로교와 감독교회가 주

---

41) J. H. S. Burleigh, *A Church History of Scotland*(London: Oxford University Press, 1960)는 가장 좋은 개괄적 역사서이다. Gordon Donaldson, *The Sottish Reformation* (Cambridge, England: Cambridge University Press, 1960)은 폭넓은 연구에 기초하고 있지만 Donaldson은 감독정치의 강한 옹호자로서 글을 쓰고 있다. Cf. review by Professor Alec Cheyne of the University of Edinburgh, *Scotish Journal of Theology*, vol. 16, no. 1(March 1963), pp. 78-88.

도권을 놓고 각축을 벌였다. 장로교는 1638년 핸더슨(Alexander Handerson)의 지도 아래 맹렬한 위세를 떨쳤으며 잉글랜드 공화정(the commonwealth) 이후 1689년 왕정복고 때까지는 다시 교회생활의 일상 형태가 되었다. 그 이후로 스코틀랜드 교회는 장로교 체제를 계속 유지하고 있다.

스코틀랜드의 개혁주의 전통의 역사는 수많은 논쟁과 분열로 인하여 활기를 띠기도 하고 침체되기도 하였다. 그러나 그 전통은 범세계적 개혁주의 공동체뿐 아니라 기독교권 전체에도 큰 영향을 주었다. 그 전통은 다른 어떤 공동체보다 경건과 학문을 잘 조화시켰다. 대학은 창조적이라고까지는 할 수 없을지라도 엄격하고 효율적인 학문의 산실이었다. 스코틀랜드 출신의 이주자들은 전 영어권 세계에 스코틀랜드 유형의 개혁주의 공동체를 형성하였으며, 그 선교사들은 특히 오늘날 제3세계라 불리는 곳에 깊은 발자국을 남겼다.

잉글랜드의 개혁주의는 에드워드 4세(Edward Ⅳ, 1547-1553)의 치세기간 중 크게 영향력을 행사하였다. 스크라스부르그의 개혁자 부서는 그의 만년을 잉글랜드에서 보냈으며 라스코는 런던의 이주민 교회의 목사로 있었다. 캔터베리 대주교 크랜머(Cranmer), 에드워드 국왕 그리고 섭정 서머셋(Somerset) 등은 칼빈과 서신을 교환했다. 크랜머가 출판한 기도서(the Prayer Book)는 개혁주의가 미친 영향을 잘 말해 주고 있다.[42] 39개 신조(the Thirty Nine Articles)는 예정론과 성만찬에 관한 진술에 있어서 개혁주의를 따르고 있다. 역

---

42) Cf. James Hastings Nichols, *Corporate Worship in the Reformed Tradition* (Philadelphia: The Westminster Press, 1968). pp. 60-67; Bard Thompson, *Liturgies of the Western Church*(New York: The World Publishing Co., 1962), p. 229.

사가 샤프(Philip Schaff)는 이것을 개혁주의 신앙고백으로 분류하고 있다.[43] 메리 여왕의 집권기간에는 수많은 잉글랜드의 프로테스탄트들이 취리히와 제네바 등지로 피신하였다. 비록 후커(Richard Hooker)의 「교회정치법에 관하여」(of the Laws of Ecclesiastical Polity, 1594ff)가 차지했던 위치로 볼 때 개혁주의 전통이 교회를 지배하지는 못했지만 엘리자베스 여왕 시대의 칼빈과 취리히의 불링거의 영향력은 과소평가할 수 없다. 잉글랜드의 교회는 포괄적이어서 개혁주의 신학이 공동기도서(Book of Common Prayer)를 사용하는 예배와 감독교회, 아르미니안주의 신학들과 공존할 정도였다. 청교도 운동은 개혁주의 신학을 수용하여 신앙생활의 육성에 특별한 관심을 기울였으며 또한 장로교와 회중교회의 교회정치를 조화시키려 하였다.

청교도운동은 20년 동안(1640-1659) 새로운 교회질서를 확립할 기회를 가졌으나 그 시도에는 실패하였다. 그래서 잉글랜드의 교회는 감독정치를 표방하게 되었으며, 그 때까지 지배적이지는 않았으나 나름대로 강력한 영향을 미치던 개혁주의 신학의 영향력은 약화되었다. 잉글랜드 내의 개혁주의 공동체는 비국교와 교회들, 즉 침례교, 회중교회, 장로교의 생활 속에 잔존하고 있다. 웨일즈 지방에서는 장로교회(웨일즈의 칼빈주의적 감리교회, 현재는 웨일즈 장로교회)가 18세기의 대각성운동 기간 중에 초기 개혁주의 전통으로부터 다소 독립하여 설립되었다.

아일랜드에 개혁주의 전통이 전해진 것은, 그 이전에 그 지방에

---

43) Schaff, *Creeds of Christendom*, 1:620-621, 3:486-516.

있었던 아일랜드 감독교회에서 찾아볼 수 있었던 흔적을 제외한다면 울스터지방에의 정착(Plantation of Ulster)시기였다.[44] (더블린의 대주교 우셔〔Usher〕는 칼빈주의자는 아닐지라도 어거스틴파였으며, 아일랜드에서 활동한 카트라이트〔Cartwright〕, 트래버스〔Travers〕 등은 열렬한 칼빈주의자였다). 17세기의 아일랜드인들을 "교화"시키려는 정책의 일환으로 잉글랜드 정부는 전쟁으로 황폐화된 북아일랜드 지방에 스코틀랜드와 잉글랜드의 공동체들을 이주시켜 그 문제를 해결할 계획을 세웠다. 새로운 삶을 시작할 수 있는 이러한 기회는, 거칠고 낙후된 생활을 하고는 있었으나 스코틀랜드 종교개혁의 영향을 받은 스코틀랜드 저지대 사람들에게는 매우 매력적인 것이었다. 그들 중 다수가 북아일랜드의 여러 지역으로 이주하여 다운(Down), 안트림(Antrim) 등의 여러 지방은 이주지가 되거나 군사지역으로 바뀌었다. 저지대의 스코틀랜드인들은, 후에 그들을 미개척지의 위대한 정착민, 인디안과 싸운 전사 및 미대륙 개척자로 만든 정신력과 생활력으로 생활의 어려움을 극복해 나갔다. 뿐만 아니라, 그들은 장로교회의 정치와 개혁주의 신학을 가지고 이주하였으며, 이것은 다년간 그들을 단결시키는 힘의 원천이 되었다. 아일랜드 지방에의 정착은 또한 저지대 스코틀랜드인들과 함께 이주한 프랑스 위그노교도들과 잉글랜드의 청교도들에 의해 풍요로워졌다. 정착민들은 곧 그곳에서 새롭게 번창할 수 있었다. 그러나 그들은 한발과 같은 재난과 잉글랜드 정부의 간섭으로 인하여 정치적,

---

44) John M. Barkley, *A Short History of the Presbyterian Church in Ireland* (Belfast: Publications Board, presbyterian Church inIreland, 1959).

경제적, 종교적으로 무능하게 되었다. 그래서 울스터 지방의 스코틀랜드인들은 미국으로 대이주를 시작하였다. 그곳에서 그들은 스코틀랜드 출신의 아일랜드인(Scotch-Irish)으로 일컬어졌다. 1717년부터 북아일랜드 지방의 장로교인들의 이주가 줄을 이어 1776년에 이르러서는 그 수효가 어림잡아 최소한 25만 명에 달하였다.[45]

1642년 울스터 지방에는 하나의 노회가 설치되었으나 1659년에는 다섯 개의 노회로 늘어났다. 라간(Laggan)의 노회는 버지니아(Virginia) 동부 연안에 있는 거류지의 요청에 따라 마케미(Francis Makemie)를 파송하였다. 그후 그는 미국에 다섯 개의 노회를 설립하는 데 주도적인 역할을 하였다.

1921년 북아일랜드는 아일랜드의 나머지 지역으로부터 분리되었다. 아일랜드 장로교회는 현재 북아일랜드의 다른 어떤 교회보다 더 많은 교인을 갖고 있다. 단일 공동체 내에서의 이 지방이 안고 있는 종교적 다원주의의 문제는 최근의 논쟁들이 보여 주는 바와 같이 아직 해결되지 못했다.

16, 17세기 유럽의 개혁교회들은 언제나 소수파와 관련되어 있어서 그 사회의 정치적, 사회적 옛 형태와 대립되어 왔었다는 것에 유의하는 것이 중요하다. 이 사실은 정치적 민주주의 발전과 사회적,

---

45) James G. Leyburn, *The Scotch-Irish: A Social History*(Chapel Hill: The University of North Carolina Press, 1962), pp. 157ff. 이주자들의 숫자에 대해서 Leyburn 교수는 이렇게 결론짓는다: "그 수를 최소로 잡으면(6.7%) 스코틀랜드계 아일랜드인의 총수는 212,554명이 될 것이며, 14.3%로 추정한다면 전체수는 453,655명이 될 것이다. 최대치로 추산한다면(16.6%) 그 수는 528,731명이 된다. 1790년경 미국에는 25만 명 이상의 스코틀랜드계 아일랜드인이 있었다고 말해도 괜찮을 것이다. 분명 이들은 미국에서 영국인 다음으로 큰 종교적 집단이 되었으며 그 다음은 독일인이었다(1909년의 인구조사에 의하면, 1790년의 독일 이름의 비율은 5.6%였으며, 학술원의 조사에 의하면 8.7%였다).

경제적 변화에 대한 개방에 기여하였다. 소수파로서 적대적 사황에 대처하는 개혁주의 교회들의 열정은 또한 그러한 역할에 대한 개혁주의의 정신에서 그 유사성이 나타난다. 초기부터 개혁주의 교회들 속에는 "중산층"에 속하는 사람들이 압도적으로 많았다. 이 점에 있어서는 상호작용적인 요소가 많았다. 다시 말해서, 중산층의 문화는 개혁주의 교회의 형태를 만들었고, 개혁주의 교회는 중산층의 문화 창조를 도왔다.

5. 미국과 캐나다

오늘날 미국이라고 불리는 곳의 초기 정착지는 개혁주의 전통을 주요한 원천으로 삼는 종교적 신념에 근거하고 있었다. 청교도들에게 있어서 신대륙은 하나님을 영화롭게 하고, 부패해 가는 유럽 사회에 대해 본보기가 될 기독교 공동체를 자유롭게 형성하게 하고 원주민을 구원으로 인도할 수 있는 기회를 제공했다. 물론, 그 외의 다른 동기들도 있었으나 종교적, 신학적 동기가 갖는 중요성은 부인할 수 없다. 신대륙으로의 이주를 옹호했던 청교도 설교자 하크루이트(Richard Hakluyt)는 서구이주론(Discourse of Western Planting)에서, 영국 국왕들은 "…기독교 신앙을 유지하고 옹호할 뿐 아니라 그것을 확장하고 발전시킬 책임이 있다. 이것은 여유가 있을 때 하는 일이 아니다. 이것은 다른 모든 일 가운데서 제일 중요하며 으

뜸되는 일이다"고 쓰고 있다.[46] 영국과 미국 초기 역사의 권위자인 라이트(Louis B. Wright)는 하크루이트의 저서(*The Principal Navigations*)는, 폭스(Foxe)의 순교자(*Book of Martyrs*)와 성서와 더불어 교양있는 영국인이 읽어야 할 책이 되었다"고 언급한다. 그는 또한 이러한 결론을 내린다.

> 20세기 사람들에게는 영어권 세계의 사람들이 전세계에 확산되도록 영향을 미친 종교집단의 동기와 목적이 편협하고 위선적인 것으로 보일 수 있다. 그러나 이러한 해석은 이제까지 논의한 운동들을 만들어 낸 시대의 정신을 무시하는 것이다. 분명히 이기심도 존재했었다. 그러나 그들의 성실성을 의심하는 것은 그들이 살았던 시대를 잘못 이해하는 것이다. 그들은 자신들이 어떤 위대한 일의 한 부분, 즉 하나님의 의지의 도구라는 것을 알고 있었고, 만약 그들에게 어떤 이익이 주어진다면, 그들에게는 그것이 전능자의 은혜를 보여 주는 징표였다는 것을 다시 한번 강조한다. 17세기의 사람들과 그 후시대를 살았던 그들의 영적 후계자들의 히브리적 구약신앙은 엄격하여 때때로 편협한 신앙으로 나아갔으나 그것은 여러 가지 힘과 장점을 지니고 있다.
>
> 오늘날 우리는 그들 신앙의 순진성과 그 순진성이 이기심의 시녀로 이용된 방법을 보고서 우쭐대며 웃는다. 그러나 우리 자신은 그 대신에 어떤 일을 하고 있는가 자문해 보아야 한다. …아무리 과거를 숭배하는 사람이라도 17세기의 청교도주의로 돌아가기를 원하는 사람은 없겠지

---

46) Louis B. Wright, *Religion and Empire: The Alliance between Piety and Commerce in English Expansion, 1558-1625*(Chapel Hill: "The University of North Carolina Press, 1943), p. 45.

만…많은 미국인들은 적극적인 국가적 신앙의 결핍과 목표의 결여가 우리의 가장 큰 결점 가운데 하나라는 것을 느끼고 있다. 역사적으로 볼 때, 국가 자체의 번영 이외의 다른 무엇을 추구하려는 열정이 결여된 국가는 멸망한다는 사실을 명심해야 한다.[47)48)]

저명한 교회사가 알스트롬(Sydney Ahlstrom)은 미국 독립전쟁 시대에 미국 주민의 3/4이 개혁주의 전통의 후예라고 산정하고 있다.[49)] 미국이 존재할 수 있도록 한 신대륙에서의 개혁주의와 청교도의 힘은 깊은 영향을 주었으며, 이 힘은 계속 전승되어 프로테스탄트 확립 이념의 지배적인 요소로 남아 있다.[50)] 미국사를 연구하는 다른 학자는 "넓은 의미의 칼빈주의에 있어서 청교도의 영향은 후기 식민지 시대의 중요한 힘이었으며, 미국 정신의 형성기에 있어서 특이한 방법으로 그 정신의 형성에 크게 기여하였다…고 생각해도 과언이 아니다"고 말했다.[51)] 알스트롬은 1558년 메리 여왕의 사망에서부터 1960년 케네디 대통령이 당선된 시기까지를 청교도 시대로 보고 있다.[52)] 청교도와 칼빈주의를 포함하는 개혁주의 전통이 그 당시에도 대부분의 종교적 전통과 마찬가지로 수난당하고 있었다는 것은 의심의 여지가 없다. 일부 비판자들은, 개혁주의 전통이 미국 역

---

47) *Ibid*, p. 53.
48) *Ibid*, p. 165.
49) Sydney E. Ahlstrom, *A Religious History of the American People*(New Haven: Yale University Press, 1972), p. 124.
50) *Ibid*, p. 1079.
51) Ralph Barton Perry, *Puritanism and Democracy*(New York: The Vanguard Press, 1944), p. 81.
52) Ahlstrom, *op. cit*, p. 1079.

사에 미친 영향을 알스트롬이 과대평가하고 있다고 주장한다. 그러나 청교도 시대가 1960년에 막을 내렸다고 하는 알스트롬의 결론은 너무 성급한 것일 가능성도 있다.

개혁주의가 미국에 최초로 정착한 곳은 브라질 령의 정착지의 일부로서 프랑스 위그노들에 의해서였다. 그곳 최초의 개혁주의 형식의 예배는 1557년 리시에(Pierre Richier)에 의해 실행되었다. 그 후 1562년 위그노교도들은 포트 로얄(Port Royal) 정착지 건설에도 참여하였다.[53)54)] 이 정착지들은 현재 남아 있지 않다. 버지니아 정착민들 중에는 칼빈주의자도 있었다. 열렬한 칼빈주의 신학자인 윌리암 위타커(William Whitaker)의 아들로서 온건한 청교도였던 알렉산더 위타커(Alexander Whitaker)는 버지니아의 사도(The Apostle of Virginia, 1611-1617)로 알려져 있다. 식민지에서의 청교도의 활동은 1643년부터 제약을 받았으며, 버지니아 지방에 있는 성공회의 청교도적 요소는, 비록 그 영향의 유산으로 버지니아 감독교회가 아직 저교회적(low-church) 성격을 띠고 있기는 하지만 제거되거나 사멸되어 버리고 말았다.

분리주의적 청교도에 의해 세워진 플리머스 정착지(1620)와 온건한 청교도에 의해 세워진 메사츄세츠 정착지(1628)는 최초의 지속적인 개혁주의적 정착지가 되었다.[55)] 1646-1648년에 열린 캠브

---

53) R. Pierce Beaver, "The Geneva Mission to Brazil" in John H. Bratt, ed., *The Heritage of John Calvin*(Grand Rapids: Eerdmans, 1973), pp. 55 ff.
54) David Duncan Wallace, *The History of South Carolina*(New York: The American Historical Society, Inc., 1934), pp. 35 ff.
55) Williston Walker, *A History of the Congregational Churches in the United States*(New York: The Christian Literature Co., 1894).

리지 회의(Cambridge Synod)는 뉴 잉글랜드의 청교도가 나아갈 방향을 설정하였으며 몇 가지 수정을 거친 웨스트민스터 신앙고백이 채택되었다(이 회의에는 세 사람의 뉴 잉글랜드 목사가 초대되었으나 참석하지 않았다). 그 회의는 또한 교회생활의 회중교회적 형태를 공적 관심으로써 자세하게 확립해 놓은 캠브리지 헌장(The Cambridge Platform)을 발표하였다. 메사츄세츠의 청교도들은 곧바로 회중 교회의 교인이 되었으나 그들은 여전히 교파교회의 어떤 요소를 지니고 있었다. 그러므로 청교도 전통은 미국의 생활과 문화를 형성하는 데 있어서 가장 중요한 요소 가운데 하나가 되었다. 회중교회는, 개혁주의 전통이 미국에서 자랑스럽게 내세울 만한 유능한 신학자와 설교자를 많이 배출하였다. 회중교회는 1931년에 크리스천 교회(Christian Church)와 연합하여 회중-크리스천 교회(Congregational-Christian Chruch) 총회를 구성하였으며, 1957년에는 복음주의 개혁교회(The Evangelical and Reformed Church)와 연합하여 그리스도의 연합교회(United Church of Christ)를 만들었다. 회중교회는 19세기 초반의 유니테리안교도들(Unitarians)과 20세기의 여러 가지 자유주의적 동향에 의한 신학적 좌경화에 의해 힘을 잃고 말았다. 그것은 아마 그 교회의 신학적 자유와 회중의 자율성 때문이었을 것이다. 그러나 그 회중의 자유는 신학적 창의성과 사회적 활동의 발전에 기여하였다.

  미국의 침례교도들은 그들의 가장 중요한 역사적 기원을 영국 청교도들에 두고 있으며, 오늘날까지 많은 사람들이 칼빈주의 신학을 유지하고 있다. 메사츄세츠로 추방되어 온 청교도 로저 윌리암즈(Roger Williams)는 미국 침례교 전통의 창시자 중의 한 사람이 되었다. 1677년에 작성되어 특별 침례교의 런던 회중(London Congregations of Particular Baptists)에 의해 승인받은 런던 신앙고백(London Confession)은 웨스트민스터 신앙고백을 수정한 것으로 1742년 필라델피아 침례교 총회에서 채택되었다. 칼빈주의는 아르미니안 신학들과 전통적인 침례교의 강조점들과 더불어 미국의 침례교 신학에 지대한 영향을 주었다.[56]

개혁주의 전통도 역시 1624년 뉴욕(당시에는 뉴 암스텔담)으로 이주하기 시작한 네덜란드 개혁주의자들에 의해 미국에 전해졌다.[57] 최초의 목사인 미카엘리우스(Jonas Michaelius)가 1628년에 도착하여 예배를 인도하기 시작했다. 비록 그 지역이 1664년 영국인에게 정복당했으나 네덜란드 개혁주의 공동체는 계속 성장하였으며 네덜란드인들은 벨기에 신조, 하이델베르크 요리문답, 도르트 신조 등 그들의 신앙고백적 문서들을 포함하는 17세기 네덜란드 칼빈주의의 신학적 업적들을 가지고 이주하였다.

네덜란드 교회와는 관계없이 1792년에 조직된 미국의 개혁주의 교회도 1847년에 가속화되어 대부분이 중서부 지방, 특히 홀랜

---

56) Robert G. Torbet, *A History of the Baptists*(Philadelphia: The Judson Press, 1950) pp. 272 ff. 441 ff. Cf. Kenneth H. Good, *Are Baptists Calvinist*(Oberlin, Ohio: Regular Baptist Heritage Fellowship, 1975).

57) Herman Harmelink Ⅲ, *Ecumenism and the Reformed Church*(Grand Rapids: Eerdmans, 1968). D. H. Kromminga, *The Christian Reformed Tradition*(Grand Rapids: Eerdmans, 1943). Howard G. Hageman, *Our Reformed Church*(New York: Board of Christian Education, 1963). Willard Dayton Brown, *A History of the Reformed Church in America* (New York: Board of Publication and Bible School Work, 1928). Gerald F. DeJong, *The Dutch in America, 1609-1974*(Boston: Twayne Publishers, 1975), 특히 194-206을 보라.

드, 미시간, 펠라, 아이오와 인근에 정착한 네덜란드인의 이주에 의해 급성장하였다. 이 후기 집단 중 일부는 미국 개혁주의 교회에서 몇 차례의 분열을 거친 후에 크리스천 개혁주의 교회(The Christian Reformed Church)를 형성하였다. 현재 크리스천 개혁주의 교회는 보수적이며, 견고한 칼빈주의적 전통을 계속 유지하고 있다.(네덜란드 정착민들은 1834년 네덜란드 국교회에서 분리되어 1850년 현재의 미국 개혁주의 교회인 개혁주의 네덜란드 교회〔The Reformed Dutch Church〕와 연합하였으며, 일부는 다시 1851년에 분리되어 크리스천 개혁주의 교회를 형성하였다).

스코틀랜드와 스코틀랜드 출신의 아일랜드인들은 미국에 개혁주의 전통을 옮겨온 제3의 집단이었다.[58] 스코틀랜드인들은 1651년 크롬웰에 의해 이민계약의 고용인으로 미국에 보내졌다. 매터(Cotton Mather)는, 인디안에 대한 방벽으로서 그들이 서부에 거류지를 형성하기를 희망했다. 1714년 이후 울스터 지방의 대부분의 스코틀랜드인들이 미국으로 이주하기 시작했다. 대다수의 초기 이주자들은 보스톤에 상륙하였으나 뉴 잉글랜드 지방의 청교도들과의 사이에서 야기된 몇 가지 불편한 점들 때문에 허드슨 계곡으로 진출하였다. 대다수가 델라웨어 강 항구를 통하여 서부 펜실바니아로, 그리고 버지니아 계곡과 캐롤라이나와 죠지아의 산록지대를 통하여 남부로 퍼져나갔다. 울스터 지방의 스코틀랜드인들 가운데 보

---

58) Leonard J. Trinterud, *The forming of an American Tradition: A Re-examination of Colonial Presbyterianism*(Philadelphia: Westminster Press, 1949) is the best account of early presbyterianism in the United States. Leyburn, *The Scotch-Irish: A Social History*. Duane Meyer, *The Highland Scots of North Carolina, 1732-1776*(Chapel Hill: University of North Carolina Press, 1961).

다 소규모의 집단들은 찰스톤과 다른 미국 항구들을 통해 내륙 지역으로 들어갔다. 그들은 스코틀랜드 저지대의 어려운 생활을 떠나 아일랜드로 가서 상당한 번영을 이룩하였으나 경제적, 정치적, 종교적 압제를 받게 되자, 자유롭게 새로운 생활을 영위하기 위해 미국으로 이주하였다. 그들은 옛 문화에 그리 크게 집착하지는 않았으나 명철한 정신, 개인주의, 결단력 및 장로교인이라는 신분은 그대로 지니고 있었다. 미국생활을 형성하는 데 가장 크게 영향을 준 "아일랜드적" 결의사항은 가톨릭적 아일랜드가 아닌 이미 오래전에 민족성을 버린 스코틀랜드-아일랜드적인 것이었다.

고지대의 스코틀랜드인(Highland Scots) 역시 쿨로덴 전쟁(Battle of Culloden, 1746) 이후 대량으로 이주하기 시작했다. 그들은 남캐롤라이나의 케이프 피어(Cape Fear)에 장로교 정착지를 견고하게 세웠다. 또 다른 정착지는 죠지아의 알타마하(Altamaha) 계곡, 뉴욕의 모호크(Mohawk)와 상류 허드슨 계곡(upper Hudson Valleys) 등이다. 스코틀랜드인들은 동부 해안선을 따라 작은 집단으로 흩어졌다. 1763-1775년경, 스코틀랜드에서 미국 식민지로 이주해 온 이주민의 수요는 대략 25,000을 헤아린다. 이보다 앞서 극소수의 스코틀랜드인들이 미국으로 이주했었다.[59]

스코틀랜드인과 스코틀랜드계 아일랜드인들(Scotch-Irish)은 개혁주의 신학과 장로교 정치형태에 대한 열정을 미국으로 가져왔다. 그들은 장로교적 청교도들에 의해 이뤄지는 장로교회의 설립에 동

---

59) Ian Charles Cargill Graham, *Colonists from Scotland: Emigration to North Ameriac, 1707-1783*(New York: Cornell University Press for the American Historical Association, 1956), pp. 188-189.

참하였다. 헴프스테드(Hempstead)와 후에는 자마이카(Jamaica), 롱 아일랜드(Long Island) 등지에 세워진 장로교회는 대부분 청교도들로 이뤄졌으며[60] 1644년경부터 시작된 이 교회는 아마도 미국 내에서 가장 오랫동안 계속되고 있는 장로교회일 것이다. 장로교회의 설립을 주도한 인물은 울스터 출신의 프란시스 매케미(Francis Makemie)였다. 그러나 매케미의 주도하에 1706년에 조직된 첫 노회에는 스코틀랜드계 아일랜드인, 스코틀랜드인 그리고 영국의 청교도 등이 포함되었다. 첫 회의는 1717년에 회집되었으며, 1729년에 새로이 조직된 교회는 웨스트민스터 신앙고백과 요리문답을 교회의 교리적 표준으로 채택하였다. 그후 70여 년 동안 수많은 평신도와 교역자들의 헌신적인 노력으로 말미암아 이 교회는 중부에서 죠지아에 이르는 지역에 확고히 세워지게 되었다. 조직의 발전은 구파(Old Side)와 신파(New Side) 사이의 교회 분열만큼 그렇게 단순하지는 않았다(1741-1758). 그러나 1788년에는 뉴욕과 뉴저지, 필라델피아, 버지니아 그리고 캐롤라이나 등의 4개 대회로 총회를 구성하고 1789년에는 첫 회의를 열었다. 스코틀랜드와는 대조적으로, 그 역사적 발전이 당회에서 노회, 대회, 총회의 순으로 발전된 것을 주목해 보는 것은 의미가 깊다. 개혁주의 장로교와 스코틀랜드교회에서 분리된 분리교회(Secession churches)도 미국에서 계속되고 있다.

  18세기 초, 서부 독일의 일부 지역인 팔라티나테(Palatinate)와 스위스 등지에서 피신해 온 독일어를 사용하는 망명자들은 미국 내

---

60) Trinterud, *op.cit*, p. 22.

의 독일 개혁주의 교회를 시작하였다. 초기에 그들은 네덜란드 개혁주의 교회와 밀접한 관계를 갖고 있었으나, 1792년 독일 개혁주의 교회는 이런 관계에서 독립했다.[61] 펜실베니아의 머처스버그(Mercersburg, 1871년 이후에는 Lancaster)에 있는 신학교는 존 윌리암슨 네빈(John Williamson Nevin, 1803-1886)과 필립 샤프(Philip Schaff, 1819-1893)의 지도하에서 머처스버그 신학으로 알려지게 된 신학복고운동의 중심지가 되었다. 이 신학은 가톨릭적 교회관과 성만찬에 있어서의 그리스도의 신비적 임재를 강조하는 그리스도 중심적이었다. 이 신학은 과거의 예배의식적 원리를 강조함으로써 예배의식의 수정을 도모하였으며 미국 생활 속에서 무시되어 온 전통의 요소들을 강조함으로써 개혁주의 전통을 창조적으로 회복하였다. 프린스톤 신학교의 찰스 하지(Charles Hodge)는 이것을 은폐된 루터주의(crypto-Lutheranism)라고 불렀다.

1934년 미국의 (독일) 개혁주의 교회는 북미복음주의 노회(Evangelical Synod of North America)와 통합하였는데, 이 노회는 루터파, 개혁파 및 경건주의 전통이라는 이름을 가진 독일 이주민들에 의해 세워진 것이다. 회중적 크리스천(Congregational-Christian) 교회와 연합한 복음주의적 개혁주의 교회(Evangelical and Reformed Church)는 1957년에 연합 그리스도의 교회(United Church of Christ)가 되었다.

---

61) James I. Good, *History of the Reformed Church in the United States, 1725-1792*(Reading: Daniel Miller, 1899). James I. Good, *History of the Reformed Church in the U.S. in the Nineteenth Century*(New York: The Board of Publication of the Reformed Church in America, 1911). David Dunn et al., *A History of the Evangelical and Reformed Church*(Philadelphia: The Christian Education Press, 1961).

위그노와 헝가리 개혁주의 등의 다른 유럽계 집단들도 역시 미국 개혁주의 전통에 기여하였다. 위그노교도들은 여러 교회로 흡수되었으며, 헝가리 개혁주의는 헝가리 개혁주의 교회(Hungarrian Reformed Church)로 자신의 존재를 유지시켜 나가고 있다.

캐나다에 개혁주의 전통이 도입된 것은 주로 19세기 스코틀랜드와 북아일랜드에서 온 이주민을 통해서였다. 스코틀랜드에 존재하고 있던 모든 분파의 장로교가 선보였으나, 1875년에 하나로 통합되었다. 캐나다에서는 회중교회가 미국에서보다 훨씬 약화되었다. 1925년에는 감리교, 회중교회 및 장로교의 다수가 캐나다 연합교회(United Church of Canada)를 이룩하기 위해 연합하였다. 오늘날 이 연합교회는 이백만여 명의 회원을, 장로교는 백칠십만여 명의 회원을 확보하고 있다.[62]

잉글랜드, 스코틀랜드, 아일랜드 및 웨일즈 등지에서 온 장로교도와 청교도들에게 있어서 신대륙에서 구교회의 형식과 관습을 계속 이어나가는 일은 항상 큰 시련을 수반했다. 미국 장로교의 구파와 신파의 분열은(1741-1758), 부분적으로는 미국 장로교가 새로운 상황에 적응해야 하느냐 아니면 스코틀랜드 교회를 재현해야 하느냐 하는 문제에 관한 것이었다. 신파는 새로운 상황에 적응함으로써 구파를 훨씬 앞질렀다. 대부흥운동, 종파적 다양성 및 자유사회에서의 독지가의 기부에 의해 경영되는 자발적인 교회(voluntary church) 등의 경험은 모두 미국 개혁주의 전통에 뚜렷한 발자국을

---

62) John S. Moir, *Enduring Witness, a History of the Presbyterian Church in Canada*(Printed and bound in Canada by the Bryant Press Limited, n. d.).

남겨 놓았다. 미국 문화의 실용주의적, 경험주의적 성향도 신학과 교회생활의 형성에 영향을 주었다. 여러 가지 전통들은 생명력이 있었으며, 다른 문화라는 새로운 상황 속에서도 그 역사를 단절시킴 없이 계속 성장하였다. 새로운 상황 속에 과거의 것을 심고자 하거나 과거의 것 대신 새로운 것을 채택하려는 지나친 열심은 모두 똑같이 결실을 맺지 못하고 말았다.

6. 오스트레일리아, 뉴질랜드, 남아프리카

유럽의 개혁주의 전통은 이주를 통하여 오스트레일리아, 뉴질랜드 그리고 남아프리카 등지로 옮겨졌다. 오스트레일리아에서의 정착은 주로 영국 내의 종교 관용정책이 실현된 19세기에 이루어졌다. 그러므로 미국 이주 초기에 있었던 종교적인 목적은 결여되어 있었다. 스코틀랜드인의 대규모 이주와 스코틀랜드 장로교회의 후원이 교회의 성장에 기여하였다. 1961년에 시행된 인구조사에서는 전인구의 9.3% 혹은 976,518명이 장로교인이라고 자처하였다. 1977년에 장로교, 감리교, 회중교회들이 연합하여 오스트레일리아 연합교회(The Uniting Church of Australia)를 형성하였다. 장로교회는 지금도 존속하고 있다.

뉴질랜드의 장로교회는 대체로 1839년에 시작된 스코틀랜드인의 이주에 의해 형성되었다. 1843년의 스코틀랜드 교회 분열(Disruption of 1843)에 의해 형성된 스코틀랜드 자유교회(The Free

Church of Scotland)가 초기 정착에 있어서 특히 능동적인 역할을 수행하였다. 1968년 세계 기독교 편람(World Christian Handbook)에는 566,174명의 뉴질랜드인이 장로교라 밝히고 있다.

남아프리카의 케이프 콜로니(Cape Colony)에는 1652년에 네덜란드인이 정착하였다. 위그노 정착민들도 그들의 전통을 가지고 왔다. 남아프리카의 네덜란드 교회는 사회적 상황과 인종차별 전통에 영향을 받았으나 오늘날에는 새로운 신학 양상을 보여 주고 있다.[63] 이러한 상황을 소재로 한 알란 패튼(Alan Paton)의 「사랑하는 조국에 고함」(Cry the Beloved Country)은 기독교 신학을 소설 형식으로 기술한 가장 훌륭한 것 가운데 하나로 손꼽히고 있다.

7. 개혁주의 전통과 신생 교회들

프로테스탄트 선교역사학자인 구스타프 바르넥(Gustav Warneck)은, 프로테스탄트 개혁자들이 세계선교에 관심을 기울이지 않았다는 비판을 공적으로 시인하였다.[64] 바르넥은 칼빈 당시에 비기독교 세계에 접근하는 것은 대체로 스페인과 포르투칼 등의 가톨릭 세력의 통제를 받았다는 것과 칼빈이 제네바와 유럽의 교회를 유지함에 있어서 그의 능력 이상의 일을 하였다는 것을 알고 있었다. 바르넥

---

63) John W. De Gruchy, "Afrikaans and English Speaking Churches: Some Reflections", *Reformed World*, vol.33. no. 1(March 1974), pp. 17–23.
64) Gustav Warneck, *Outline of a History Protestant Missions from the Reformation to the Present Time*, 3rd English edition, being authorized translation from the 8th German edition, George Robson, ed.(New York: Fleming Revell, 1906).

의 주장에 대하여 세 가지 점을 들어 답하기로 하자. 첫째, 칼빈의 신학은 기독교 선교를 지지한다. 인류 역사에서 하나님의 목적이행을 칼빈보다 더 강조한 신학자는 없다. 그뿐 아니라, 칼빈은 분명히 이러한 목적들 가운데는 복음선포가 포함된다는 것을 믿었다. 칼빈은 "구원에서 배제된 민족이나 계급은 없다. 왜냐하면 하나님은 복음이 모든 사람에게 빠짐없이 선포되기를 원하시기 때문이다. 복음 전파는 생명을 가져다 준다. 그러므로 하나님은 모든 사람이 구원의 자리에 동참하도록 초청하고 있다."[65]고 썼다.

둘째, 원주민들을 개종시키려는 목적으로 대부분이 개혁주의자로 구성된 프랑스 식민지를 브라질 연안에 건설하려는 시도를 칼빈 자신이 승인하였다.[66] 이 목적을 위해 목사 삐에르 리쉬에(Pierre Richier)와 기욤 샤띠에(Guillaume Chartier) 그리고 제네바에서 신학을 공부한 장 드 레리(Gean de Léry) 등을 그곳으로 파송하였다. 1557년 3월 21일에 리쉬에 목사가 제네바 의식에 따라 성만찬을 집례하였다. 인디안의 개종이 개혁주의 목사들의 주목적이었음을 보여주는 훌륭한 증거가 있다. 인디안과의 최초 접촉은 매우 실망적인 것이었으나 리쉬에 목사는 칼빈에게 "지고자가 이 임무를 우리에게 맡기셨기 때문에… 우리는 이 에돔 땅이 미래에 그리스도의 기업이 될 것을 기대한다"고 썼다.[67] 그 선교는 부분적으로는 그 지도자인 빌가농(Villegagnon)의 변덕스러움과 무책임 때문에 실패로 끝나고

---

65) John Calvin, *Commentaries on the Epistles to Timothy, Titus, Philemon*, trans. Rev. William Pringle(Grand Rapids: Eerdmans, 1948), 딤전 2:4, pp. 54-55.
66) Beaver, "The Geneva Mission to Brazil."
67) *Ibid*., p. 64.

말았으나, 그것은 칼빈을 포함한 개혁주의 공동체가 가졌던 선교에 대한 관심을 보여 주는 기념비적인 가치를 지닌다.

세 번째로 언급해야 할 것은 칼빈과 제네바의 개혁자들은 오늘날 국내 선교라 일컬어지는 것에 대해 매우 열성적이었다는 사실이다.[68] 어떤 선교 단체도 교회설립, 설립 교회에 목회자 파송, 조직편성 등에 대해 칼빈이 지도하던 제네바 교회보다 더 심각하게 책임감을 느꼈던 단체는 없다. 통신이 어려운 시대였음에도 불구하고, 제네바 의회는 프랑스의 도시와 시골뿐 아니라 전 유럽의 프로테스탄트 공동체에서 일어나고 있는 일에 관해서 놀라울 만한 정보를 갖고 있었다. 칼빈의 관심은 복음전파, 교회조직 그리고 회심에 있었다. 제네바의 개혁주의자들의 관심이 매우 크고 효율적이었으므로 로버트 킹덤(Robert Kingdom)은 그것을 20세기의 사회급진주의자들의 그것에 견주어 말했다.

> 오늘날의 급진주의자들은 경제활동으로 확보될 영광스런 미래라는 희망에 의해 움직이고 있는 것이지, 기도에 의해 움직이는 것은 아니다. 그들은 외딴 산골 마을을 자신의 영감의 원천으로 보지 않고 세계권력의 중심지를 그 원천으로 삼는다. 그러나 그들의 확신에 대한 열정, 그 지도자들의 카리스마적 활동, 이탈에 대한 불관용 그리고 무엇보다도 그들의 조직-융통성이 있기는 하나 중앙집권적인-의 성격은 아주 똑같다. 우리 모두가 과거의 이데올로기적 열정을 연구한다면 현재의 공

---

68) Robert M. Kingdon, *Geneva and the Coming Wars of Religion in France, 1555-1563*(Geneva: E. Droz, 1956).

산주의 혁명에 대한 통찰력을 얻을 수 있을 것이다. 우리들 가운데 개혁주의 전통 속에서 자란 사람들은 우리가 가진 신앙의 초기에 있었던 고통을 회상하고 또 그것이 지금까지 인간사회에 대해서 지니고 있는 혁명적 의미들을 새로이 추구한다면 유익을 얻을 수 있을 것이다.[69]

초기의 개혁자들이 선교에 관심을 보이지 않았다는 주장은 전적으로 공정한 것은 아니지만, 프로테스탄트 선교가 19세기가 될 때까지 그 힘을 충분히 발휘하지 못한 것은 사실이다. 그러나 17세기 서유럽의 프로테스탄트 공동체들은 박해로 인해 그 자체의 존속에도 심한 어려움을 겪었으며 30년 전쟁으로 인해 피폐한 상태에 있었다는 것을 잊어서는 안 된다. 이신론적·계몽주의적 신학들의 인기는 선교열에 찬물을 끼얹었다. 그러나 이 시대에도 중요한 선교활동들이 계속되고 있었다. 그 중에서도 뉴잉글랜드의 인디안들을 대상으로 한 데이비드 브레이너드(David Brainerd)와 존 엘리옷(John Eliot)의 활동은 주목할 만한 것이었다. 동인도제도에서는 네덜란드 인도회사(Dutch India Company)가 선교활동을 하는 개혁주의 목사들을 후원하였다.

라토렛(Kenneth Scott Latourette)에 의하면, 19세기는 선교역사에 있어서 위대한 세기였다. 19세기의 선교는 "이방인들의 회심을 위한 방편사용에 있어서 기독교인의 책무"(An Enquiry into the Obligations of Christians to Use Means for the Conversion of the Heathens)라는 유명한 강연을 한 윌리엄 캐리(William Carey)의 삶

---

69) *Ibid.*, p. 129.

과 활동과 더불어 시작되었다. 개혁주의 전통은 다음과 같은 위대한 선교 지도자들에게서 잘 나타났다. 아프리카의 모펫(Moffat)과 리빙스턴(Livingstone), 중국의 모리슨(Morrison), 태평양제도의 패튼(Paton), 건초더미 기도회(hay-stack prayer meeting)와 해외선교부 미국지부(American Board of Commissioners for Foreign Missions)의 사무엘 밀즈(Samuel Mills)와 저드슨(Adoniram Judson)과 20세기 선교운동(twentieth-century missionary movement)의 로버트 스피어(Robert E. Speer)와 존 맥케이(John Mackay).

라토렛은 그의 저서「기독교 선교사」(*History of Christian Mission*)에서 19세기 이전의 프로테스탄트 선교의 네 가지 특징을 지적하고 있는데, 이것은 특히 개혁주의 교회에 적용된다.[70] 첫째, 자신의 신앙을 비기독교인들에게 전파하는 일에 대한 프로테스탄트들의 관심이 세기가 지남에 따라 증대하였다. 둘째, 이주로 인해 북미에 세워진 프로테스탄트 교회들은 그들의 신앙을 전파하는 점에 있어서 이주에 의해 형성된 다른 어떤 기독교 공동체보다 더 적극적이었다. 셋째, 프로테스탄트들은 신앙전파를 위하여 선교협의회와 평신도 선교후원회 등의 새로운 기구를 만들었다. 이 새로운 방법들은 정부와 수도원을 대신하였다. 네 번째 특징으로는 종족, 계급, 공동체 및 집단으로서의 회심보다는 개인의 회심을 더 강조하였다는 것을 들 수 있다. 이러한 변화들은 교회사에서 그 유례를 볼 수 없는 범세계적 복음 선교에 평신도를 집결시킨 운동인 19세기의 위대한

---

70) Kenneth Scott Latourette, *A History of the Expansion of Christianity*, 7 vols.(New York: Harper & Brothers, 1939), 3:50-51.

프로테스탄트 선교운동의 길을 마련하였다.

개혁주의 선교의 실제적인 증거로는 이 선교운동의 결과로서 전 대륙에 존재하고 있는 많은 교회를 들 수 있다. 이 교회들에 있어서, 주로 서유럽에서 발전한 기독교 전통과 또한 주로 북유럽과 미국에서 발전한 개혁주의 전통은 다양한 문화 속에서 토착화되어야 했다. 이것은 시간이 많이 걸리는 힘든 작업이다. 그러나 그 전통이 이 새로운 상황 속에서 문화와 미래에 대한 개방성과 생명력을 지니고 있음을 보여 주는 증거가 있다. 바탁 교회(Batak Church)의 신조는 기독교 신학을 비서구 문화의 언어로 진술하려는 최초의 노력을 보여 주는 실례이다. 다른 것으로는 인도의 나일즈(D. T. Niles)와 일본의 기다모리(Kazōn Kidamori)의 신학 저술과 아프리카의 교회생활에 아프리카의 전통들을 결합시킨 것을 들 수 있다.[71] 이런 측면에서 활동하고 있는 개혁주의 신학자 중에는 남아프리카의 뵈작(Allan Aubrey Boesak), 아시아의 초안 생 송(Choan-Seng Song) 등이 있다.

8. 에큐메니칼 운동

그랜머 대주교에게 보낸 유명한 서한에서 칼빈은, 교회의 불일치는 그 시대가 범하고 있는 커다란 죄악들 가운데 하나라고 선언하였

---

[71] D. T. Niles, *Buddhism and the Claims of Christ*(Richmond: John Knox Press, 1967). Kazōh Kitamori, *Theology of the Pain of God*(Richmond: John Knox Press, 1965).

다. "…교회의 지체들이 분리되어 있음으로 인해서 몸은 지금 피를 흘리며 쓰러져 있습니다. 이것이 나의 큰 걱정거리입니다. 만약 내가 조금이라도 이바지할 길이 있다면, 그것 때문에 10개의 바다를 건너야 한다고 해도 나는 주저하지 않을 것입니다."[72] 프로테스탄트 내부에서 발전된 오늘날의 교파적 교회생활 양상을 칼빈은 상상할 수 없었을 것이다. 기독교의 일치를 위해서라면, 그는 불편함뿐 아니라 교리적 실수까지도 기꺼이 용인하고자 했다.[73] 그러나 칼빈에게 있어서 불신앙이 불일치보다 더 큰 죄였다는 것은 분명한 사실이다.[74]

개혁주의 교회는 처음부터 조직이나 건전한 교리의 측면에서가 아니라, 말씀과 성례전에서의 하나님께 대한 행위의 관점에서 교회를 규정하였다. 교회의 이러한 교리 때문에 개혁주의 공동체들은 다른 교회의 목사, 성례전 그리고 교인들을 쉽게 인정할 수 있었다. 이러한 의미에서 개혁주의보다 더 교회연합적이거나 다른 교회의 목사, 성례전 및 교인들을 인정하는 데 더 개방적인 기독교 공동체는 없었다.

개혁주의 교회들은 지난 세기에 그들 자체 내에서 연합의 새로운 의미를 발전시켰다. 장로교 제도(체제)를 가진 세계 개혁주의연맹(Alliance of the Reformed Churches) 제1차 총회가 1877년 에딘버러(Edinburgh)에서 열렸다. 이 회는 뉴저지 대학(프린스턴 대

---

72) Jules Bonnet, ed., *Letters of John Calvin*(Philadelphia: Presbyterian Board of Publication, 1858), 2:348(Letters to Cranmer, April 1552).
73) From CALVIN: INSTITUTES OF THE CHRISTIAN RELIGION, Volume XX, XXI, LCC. Edited by John T. McNeill and traslated by Ford Lewis Battles, Published in the U.S.A. by The Westminster Press, Copyright© MCMLX, by W. L. Jenkins, Used by permission, XXI: 1025-1028(Ⅳ, Ⅰ, 12-13), hereafter *LCC*.
74) *Ibid*., XX: 845(Ⅲ, xix, 13); XXI: 1046(Ⅳ, ii, 5).

학교)의 제임스 맥코쉬(James McCosh), 에딘버러의 뉴 대학(New College)의 윌리암 블래키(William Garden Blaikie), 스코틀랜드 연합장로교회와 뉴욕 및 퀘백(Quebec)에서 시무했으며 그 연맹의 초대 사무총장을 지낸 매튜스(G. D. Mattews)의 활동과 지도력의 결과로 개최되었다. 1949년부터 1970년까지 그 연맹의 집행위원장을 역임한 프래더반드(Marcel Pradervand)는 최근에 그 연맹의 역사를 저술하였다.[75] 회중교회는 1891년 런던에서 제1차 협의회를 가졌다. 그 연맹과 협의회가 1970년 케냐의 나이로비에서 모여 개혁주의 교회 세계연맹(World Alliance of Reformed Churches-장로교와 회중교회)을 결성하였다.

개혁주의 교회들 사이에서 교회연합이 여러 번 이뤄졌다. 그 예를 들면 다음과 같다. 1958년 연합장로교회(United Presbyterian Church)와 미국장로교회(Presbyterian Church in the U.S.A)가 연합하여 미국연합장로교회(The United Presbyterian Church in the U.S.A)를 형성하였고, 1957년 복음주의적 개혁주의교회(The Evangelical and Reformed Church)와 회중기독교교회 총회(General Council of the Congregational Christian Chrurches)가 연합하여 연합 그리스도의 교회(The United Chruch of Christ)를, 1972년 잉글랜드 장로교회(The Presbyterian Church of England)와 잉글랜드-웨일즈 회중교회연맹(The Congreational Union of England and Wales)이 잉들랜드-웨일즈 연합 개혁교회(The United Reformed Church

---

75) Marcel Pradervand, *A Century of Service, A History of the World Alliance of Reformed Churches, 1875-1975*(Grand Rapids: Eerdmans, 1976).

of England and Wales)를 만들었다. 개혁주의 교회들과 다른 전통의 교회들 사이에도 많은 연합이 이뤄졌다. 1925년 장로교회들과 회중교회들이 감리교회들과 연합하여 캐나다 연합교회(The United Church of Canada)를 만들었다. 1947년에는 개혁주의 교회들이 감리교회들 및 성공회교회들과 연합하여 남인디아 교회(The Church of South India)를 만들었다.

개혁주의 교회들은 여러 교회협의회에서 매우 능동적인 활동을 수행하였으며 개혁주의 교인들은 탁월한 지도력을 발휘하였다. 장로교인인 사무엘 카버트(Samuel McCrea Cavert)는 1921년부터 1950년까지 교회연맹협의회(The Federal Council of Churches)에서, 1954년까지는 미국 그리스도의 교회 국가협의회(The National Council of the Churches of Christ in U.S.A)의 사무국장을 역임하였다. 그 국가협의회의 사무국장인 랜달(Claire Randal) 역시 장로교인이다. 네덜란드 교회의 개혁주의 신학자인 후푸트(William A Visser't Hooft)는 세계교회협의회(W.C.C)를 만드는 데 탁월한 역할을 하였으며, 1948년부터 1966년까지 그 협의회의 수석 총무를 역임하였다. 그의 직책은 미국의 저명한 장로교인이었으며 교회연맹협의회(The Consultation of Church Union)를 창설하는 데 지도적인 역할을 한 블레이크(Eugene Carson Blake, 1966-1972)에게 이어졌다.[76]

---

76) 개혁주의와 에큐메니칼 운동에 관해 다룬 유익한 내용으로는 John T. McNeill and James Hastings Nichols, *Ecumenical Testimony, The Comcern for Christian Unity Within the Reformed and presbtyerian Churches*(Philadelphia: The Westminster Press, 1974)을 보라. 개혁주의 신학자가 에큐메니칼 운동에 대해 비판한 것으로는 Ian Henderson, *Power Without, Glory: A Study in Ecumenical Polotics*(Richmand: John Knox Press, 1969)을 보라.

INTRODUCTION TO THE REFORMED TRADITION

3
개혁주의 전통의 정신

3
개혁주의 전통의 정신

한 사람의 신앙은 신학 서적들 속에 기록되고 조직들 속에서 체계화되며 예배로 표현된다. 그것은 또한 생활의 양식과 방법 속에서 구체화된다. 사실, 생활양식은 언제나 기본적인 신학적, 윤리적 확신을 드러낸다. "어떤 사람의 사상과 그의 삶의 양식 사이에는 밀접하지만 거의 드러나지 않는 상관관계가 있다. 이것을 알프레드 화이트헤드(Alfred North Whitehead)는 '정신의 궁극적인 도덕성'이라고 규정한다."[77] 그러므로 개혁주의 전통에 대한 연구를 시작하면서, 개혁주의의 신학·예배·교회정치·문화 그리고 생활 등의 각 분야에 특별한 형식과 방법이 이뤄지도록 영향을 준 그러한 동기들을 분석해 보는 것이 적합할 것이다. 비록 생활양식은 순수하게 그 고유의 것도 아니며 또한 정확하게 규정되지 않을 수도 있으나 어떤 주제들은 자세히 열거하여 충분하게 입증할 수는 있다. 최소한 확인 가능한 다음과 같은 9개의 특징들이 개혁주의적 양식을 형성하는 데 중요한 역할을 하였다.

---

77) Roger Hazelton, *A Theological Approach th Art*(Nashville, Tennessee: Abingdon Press, 1967).

1. 하나님의 위엄과 그에 대한 찬양

일반적으로 평가하자면 개혁주의 전통은 언제나 하나님의 주관, 예정론 등과 동일시된다. 사실, 이러한 평가는 훌륭한 근거를 가지고 있다. 모든 교리의 모체가 되는 중심교리를 칼빈주의와 동일시하려는 노력들은 실패했으나 칼빈주의 신학의 근간이 되는 중심 주제는, 모든 인간은 매순간 살아계신 하나님과 관계를 맺고 있다는 확신이라고 할 수 있다.

인간과 관계를 맺고 있는 하나님은 만물을 유지하시고 그의 뜻대로 통치하시는 하늘과 땅의 창조주이시다. 하나님은 에너지이시며 힘이시며 생명이시다. 그는 목적이시며 의도이시며 의지이시다. 그는 "장차 강한 자로 임하시고", "손바닥으로 바닷물을 헤아렸으며 뼘으로 하늘을 재었으며", 그 앞에는 "모든 열방이 아무 것도 아니며", "그는 그들을 없는 것같이 여기는"(시 40:10, 12, 17) 주 하나님이시다. 인간의 주된 목적은 하나님을 영화롭게 하는 것이다.

니버(H. R. Niebuhr)는 이 주제를 기독교 공동체에 큰 영향력을 행사한 다른 주제 즉 신 인식(Vision of God)과 대비시킴으로써 이 주제의 독특한 성격을 밝혔다. 토마스 아퀴나스(Thomas Aquinas)는 기독교적 생활에 대한 이러한 이해에 대해 고전적인 진술을 하였다. "인간의 궁극적인 최고의 행복은 오직 하나님을 명상하는 데 있다."[78] 칼빈에게 감명을 준 하나님의 속성은 진·선·미의 영원한

---

78) Thomas Aquinas, *Summa Contra Gentiles*, trans. Vernon J. Bourke(New York:Doubleday, 1956), 3:37, 125.

완전성이 아니라, 하나님의 강력한 실존과 능력이라고 니버는 주장했다.

신 인식을 인간의 최고선이라고 부르는 것은 명상을—그것이 아무리 행위에 의해 준비되고 또 행위로 나타난다 할지라도—삶의 궁극적 목적으로 만드는 것이다. 하나님의 주권을 최우선에 두는 것은—이론이 행위에 아무리 필요할지라도—명상보다 복종 행위를 우위에 놓는 것이다. 인식의 원리는 그 무엇보다도 인식대상의 완전성을 사랑해야 함을 시사한다. 왕국의 원리는 복종을 명하는 존재의 실존과 능력을 먼저 주목해야 함을 보여 준다. 앞의 말은 인식의 대상이 대체로 소극성을 띠고 있는 것으로 생각되는데 반하여 인식의 주도권은 인식하는 주체, 즉 사람과 관계되어 있는 것으로 해석될 수도 있다. 그리고 사실상 로마 가톨릭은 인간의 합리적 통찰력이 완전히 충분하지는 않지만 신적 진리를 꿰뚫어 보기에는 거의 충분하다고 믿는 기독교 인문주의 혹은 "타세계 지향적" 인문주의 쪽으로 항상 접근해 왔다. "하나님의 왕국"이라는 말은 모든 강조점을 신의 주도권에 둔다. 인식의 기독교와 왕국의 기독교 사이에 있는 차이점이 그 둘 사이에 있는 근본적인 일치를 가릴 정도로 강조되어서는 안 된다. 하나님 인식(visio dei)을 말하든, 그렇지 않으면 하나님의 왕국(regnum dei)을 말하든, 토마스 모어(Thomas More)의 말을 빌리면 "하나님이 우선"이다. 종말이 강조되든 시작이 강조되든, 하나님은 종말과 시작이시다. 그리스도가 계시자로 불리든 주님으로 불리든 그는 중보자이시다. 헬라인이든 유대인이든 그리스도 안에 있으면 그는 새로운 피조물이다. 그러나 비록 계시에 의해 계몽된 이성의 여러 형태들 속에조차도 갇히기를 거부하는 실재에 대한 보완적인 견해이기는 하지만, 두 가지 유형의 기독교의 차이점들이 과거에 중요시되어 왔듯이 또한 앞으로도 그러할 것은 여전히 사실이다.[79]

하나님의 위엄에 대한 이러한 강조는 이로 말미암는 종교생활에 대해 매우 분명한 결과를 가져왔다. 트뢸취(Troeltsch)가 지적한 바와 같이, 기독교적 삶의 분위기는 "은혜의 상태로 자기를 보존하는 수준"에 묶여 있지 않으며, 그러므로 "개인적인 감정과 느낌에 몰두해 있을 필요는 전혀 없다."[80]

칼빈에게 있어서 중요한 것은 피조물의 자기중심적 구원이나 사랑이라는 신적 의지의 보편성이 아니라, 하나님의 영광이었다. 그것은 택함받은 자에 대한 거룩한 행위에서나 유기된 자에 대한 무익한 분노에 있어서 똑같이 찬양을 받는다.[81]

하나님의 영광과 세상에 대한 하나님의 목적은 우리들의 영혼구원보다 더 중요하다. 개인구원은 이내 이기적인 행위가 될 수 있다. 베르자예프(Berdyaev)는 이웃 사람을 짓밟으면서 천국의 문으로 들어가려는 사람들을 소재로 한 무시무시한 그림을 그렸다.[82] 하나님

---

79) H. Richard Niebuhr, *The Kingdom of God in America*(New York : Haper & Row, 1937; Haper Torchbook, 1959), pp. 20−21.
80) Ernst Troeltsch, *The Social Teaching of the Christian Churches*, trans. Olive Wyon(New York: The Macmillan Co., 1931), 2:589.
81) *Ibid*, p. 583.
82) Nicolas Berdyaev, *The Destiny of Man*(New York: Charles Scribner's Sons, 1939), p. 146.

의 영광을 위해서라면 기꺼이 정죄받을 수 있는가 라는 질문을 목회 지망생들에게 했던 칼빈주의자들은 종교에서 자기추구의 마지막 요소까지도 제거하려고 애썼다. 칼빈주의자들은 주장하기를, 인간이 자신의 욕구를 충족시키거나 자신의 삶에 의미를 부여하기 위하여 종교적 존재가 된 것이 아니라, 하나님이 그들을 창조하셨고 그를 섬기도록 부르셨기 때문에 종교적이라고 했다. 바르트는 그것을 이렇게 말한다.

> 만약 우리가 신약성서의 질서를 따르기 원한다면, 하나님이 현재뿐 아니라 영원토록 그를 섬기고, 그럼으로써 영생에 이르게 하기 위하여 그들에게 기름을 붓고 그들을 선택하였다고 우리는 말하여야 한다. 섬긴다는 개념을 빠뜨려서는 안 된다. 신약성서를 보면, 사람들이 교회로 나온 것은 단순히 구원받고 행복하게 살기 위해서가 아니라, 주님을 섬기는 놀라운 특권을 갖기 위해서였다.[83]

칼빈 자신의 삶이 이러한 점을 보여 준다. 그는 자신이 천성적으로나 체질적으로 학자가 될 수 있는 최적의 조건을 갖추었다고 생각했다. 그러나 그는 아무런 자기연민도 느끼지 않은 채 교회조직과 관계되는 일들, 일반정치와 교회정치의 여러 가지 도전 그리고 제네바뿐 아니라 개혁주의 프로테스탄티즘에 대한 물리적 관심에 열정을 쏟았다. 파렐이 하나님의 심판을 호소하고 부서가 그에게 요나를

---

83) Karl Barth, *The Faith of the Church, A Commentary on the Apostles creed according to Calvin's Catechism*, Jean-Louis Leuba, ed., trans. Gabriel Vahanian(New York: Meridian Books, Inc., 1958), p. 137. Used by permission of New American Library, Inc.

연상하도록 했을 때, 칼빈은 불유쾌한 책임들을 떠맡는 것을 주저하지 않았다. 1541년 제네바로 돌아와 파렐에게 쓴 그의 편지는 그의 신학의 개인적인 측면들을 보여 준다.

> 나 자신이 의도하고 있는 바를 표현하자면 이렇습니다. 내 마음대로 선택할 수만 있다면, 귀하의 권고를 따를 생각이 전혀 없습니다. 그러나 내가 나 자신의 것이 아님을 기억할 때 나는 내 마음을 주님께 드리는 희생제물로 바칩니다. 그러므로 귀하에게 듣기 좋은 말만 골라서 말할 수는 없습니다. 우리의 친구들은 진지하며 약속을 성실하게 준수합니다. 나 자신에 대해서 말하자면, 그들이 나에 대한 모든 배려는 제쳐놓고 하나님의 영광과 교회에 가장 유익이 될 것을 추구하기만 바랄 뿐이라고 나는 단언합니다. 비록 나는 그다지 영리하지는 않지만, 사람의 눈을 현혹시켜 전혀 자신의 과실이 아닌 것처럼 보이도록 교묘하게 빠져나갈 구실 만드는 것을 원치 않습니다. 뿐만 아니라, 내가 믿는 하나님의 면전에서는 이와 같이 견고한 생각들이 결코 숨겨질 수 없음을 나는 잘 알고 있습니다. 그러므로 나는 나의 의지와 감정을 쳐서 하나님께 복종시킵니다.[84]

하나님의 위엄과 주되심에 대한 강조는 항상 개혁주의 신학의 주제 가운데 하나였으나 경험상으로는 다양했다. 기독교적 경험의 여러 가지 예상적 형태들 속에 있는 변화들과 물리적 환경에 대한 인간의 지식과 인식이 증가되는 것은 신학적 변화로 이어졌다. 계몽주

---

84) *Letters of John Calvin*, 1:280-281(Letter to Farel, August 1541).

의와 대각성운동 시대에 요나단 에드워즈(Jonathan Edwards)는 하나님의 아름다움이 자신을 매료시키는 점을 표현했는데, 이는 칼빈의 경험과는 다른 것이다.

> 내가 지금 맛보고 있는 하나님과 신적인 것들에 대한 내적인 황홀한 기쁨을 처음 경험한 것은 디모데전서 1:17의 말씀을 읽고 있을 때였다. : "영원하신 왕, 곧 썩지 아니하고 보이지 아니하고 홀로 하나이신 하나님께 존귀와 영광이 영원무궁하도록 있을지이다. 아멘…"
> 이 일이 있은 후에 신적인 것들에 대한 나의 의식은 점차적으로 증대해 가고 더욱 선명해졌으며 내적인 황홀감이 심화되었다. 모든 것들을 바라보는 눈이 바뀌어갔다. 즉, 거의 모든 것 속에 평온하고 달콤한 모습, 혹은 신의 영광의 모습이 보이는 듯했다. 하나님의 탁월성, 그의 지혜, 그의 순수성 그리고 그의 사랑이 모든 것 속에서 즉 해, 달, 별, 구름, 푸른 하늘, 풀, 꽃, 나무, 물 그리고 모든 자연 속에서 보이는 듯했다. 이것들은 나의 마음을 정하는 데 크게 사용되었다. … 그리고 모든 자연만물 중에서도, 이전에는 그렇게 무서웠던 천둥과 번개가 이제는 제일 달콤하게 느껴졌다. 이전에는 거의 병적일 정도로 천둥소리를 무서워하고 폭풍우가 이는 것을 보면 공포에 질리곤 했었는데 이제는 그와 반대로 그것들이 나를 기쁘게 한다. 말하자면, 폭풍우가 이는 모습을 보고 나는 하나님을 느낀다. 그 경우, 나는 구름과 번개를 보고 장엄하고 두려우신 하나님의 천둥과 같은 목소리를 듣기 위하여 마음으로 준비를 한다. 그것은 종종 나에게 나의 위대하고 영광스러운 하나님께 대해 명

상할 수 있는 달콤하고 즐거운 시간을 준다.[85]

창조주와 주님이신 하나님께 대한 이러한 강조는 삶에 깊이를 가져다 주었다. 인간들은 피상적인 우주 역사만으로는 살아나갈 수 없다. 인간의 삶은 역사와 자연으로 인해 생겨난 단순한 산물이 아니다. 인간됨은 하나님의 의지와 의도에 그 뿌리를 두고 있다. 하나님은 인간 개인이 태어나기 전에 이미 그를 생각하셨고 그에게 개성과 주체성과 이름을 부여하셨다. 인간이라는 존재는 영원에 그 뿌리를 두고 있으며, 그 목적은 하나님을 찬양하는 것이다. 그러므로 기독교인의 삶은, 지상의 어떤 집단보다도 더 위대하신 하나님의 수중에 놓여 있다는 안전한 확신에 기초하고 있다. 공동기도서(The Book of Common Prayer)는 기독교의 삶의 변증법을 칼빈이 이해한대로 매우 명확하게 표현하고 있다. "기쁨의 날에는 우리의 마음을 감사함으로 채우시고, 곤고한 날에는 믿음을 저버리지 않게 하옵소서."[86]

2. 우상숭배에 대한 논박

칼빈주의가 하나님의 위엄을 강조하고, 중세 교회의 여러 형태의

---

85) *The Works of President Edwards*, 4 vols.(New York: Robert Carter & Brothers, 1879), 1:16, 17.
86) "Prayer for our Country" in *The book of Common Prayer*(Greenwich: Seabury Press, 1952), p. 36.

우상숭배를 공격한 데 반하여, 루터교는 주로 인간의 공로에 의한 구원이라는 중세교회의 "유대교적" 오류에 관심을 가졌다고 말함으로써 지난 세기에 알렉산더 슈바이쳐(Alexander Schweizer)가 칼빈주의와 루터교의 차이점을 지적하였다.[87] 개혁주의 신학은 하나님을 제어하려 하거나 또는 무한하고 비한정적이신 하나님을 성상이나 성찬식의 떡이나 포도주 혹은 교회당 건물 등의 것들을 이용하여 유한하고 한정적인 분으로 제한하려 하는 모든 노력에 대해 항거하였다. 하나님은 자유로운 분이시기에, 자기 행위의 시간과 장소를 스스로가 자유스럽게 결정하신다.[88]

칼빈은 불신앙 혹은 무신앙의 가능성을 결코 심각하게 생각하지 않았다. 인간의 선택이란 살아계신 하나님을 믿든지 아니면 우상을 숭배하든지 둘 중의 하나일 뿐이다. "하나님 스스로가 자신의 실재성에 대한 유일하고도 적절한 증인이시다."[89] 인간의 책임은 말씀을 듣는 일과 또한 계속 그것을 들음으로써 그가 이미 들은 것을 교정해 나가는 일이다. 인간 존재의 출발점은 자기 자신이 아니라, 창조주 혹은 주님의 의지이다. 그러므로 하나님을 길들이려 하거나 하나님의 존재방식에 대해서 인간 자신의 이해에 따라 하나님을 만들려 하거나 혹은 하나님을 어떤 유한하고 한정적인 대상으로 제한하고 그럼으로써 그를 제어하려 하는 모든 노력은 단호히 거부되어야 한다.

---

87) Alexander Schweizer, *Die Glaubenslehre der Evangelisch-reformierten Kirche dargestellt und aus den Quellen belegt*(Zurich: Orell, Füssli und comp. 1844–1847), 1:45.
88) John H. Leith, "John Calvin's Polemic against Idolatry", in *Soli Deo Gloria,* ed. J. McDowll Richards(Richmond: John Knox Press, 1968), pp. 111 ff.
89) *Lcc, XX*: 100(1, xi, 1).

우상숭배에 대한 이러한 논박은 이간의 모든 업적에 대하여 이의를 제기하고 어떤 인물 혹은 어떤 인간의 노력에 대한 궁극적인 충성을 거부하는 우상타파운동을 가져왔다. 리챠드 니버(Richard Niebuhr)의 말처럼, "하나님을 의지하는 것은 하나님보다 못한 모든 것들로부터 독립하는 것이다."[90] 이러한 우상타파는 단순히 소극적인 것만은 아니었다. 오히려 그것은 적극적으로 수많은 인간의 노력에 힘을 더하여 주었다. 퍼시 경(Lord Eustace Percy)은 통찰력 있는 그의 저서 「존 낙스의 전기」에서 국가의 종들 가운데 최상의 종은 국가가 아니라 하나님께 최고의 충성을 바치는 자라고 했다.[91] 우상숭배에 대한 개혁주의의 논박은 인간들이 스스로를 기만하여 자신들을 과대평가하고 또 그럼으로써 스스로를 망치는 일을 막아주었다. 오직 하나님만이 참된 인간성을 파괴하지 않으면서도 인간의 최고·최상의 충성을 받을 만큼 위대하시다. 모든 저급한 충성심은, 그것이 절대적인 것이 될 때는 실패하게 되고 파괴적인 것이 된다.

3. 역사 속에서의 신적 목적들의 성취

창조주이며 통치자이신 하나님은 역사와 자연의 주이시다. 폴 레만(Paul Lehmann)이 하나님에 대하여 말하기 위하여 "정치가"의 비유를 사용한 것은 분명히 초기 개혁주의 신학과 일치한다.[92] 그는 자

---

90) H. Richard Niebuhr, *The Kingdom of God in America*, p. 69.
91) Lord Eustace Percy, *John Knox*(London: Hodder & Stoughton, 1937).
92) Paul Lehmann, *Ethics in a Christian Context*(New York: Harper & Row, 1963), p. 85.

신의 백성들을 그의 목적들을 이루기 위한 도구들로 부르신다. 그가 이루고자 하는 목적은 영혼들의 구원뿐만 아니라, 거룩한 공동체를 설립하고 땅 위의 모든 곳에서 그의 이름을 영화롭게 하는 것이다.

인간 역사 안에서 하나님의 능력있는 사역을 이룩하는 것과 세상에서 예배 드리는 삶을 살도록 자기 백성들을 부르신 하나님의 소명에 대해 교회사에서 칼빈보다 더 분명하게 인식하고 있었던 사람은 없다. 로마 가톨릭의 문화사가(文化史家) 크리스토퍼 도슨(Christopher Dawson)은 이렇게 말한다.

> 서구 민주주의의 배후에는 칼빈주의와 자유교회들(Free Churches)이라는 영적 세계가 있다. 전자는, 앞에서 언급한 바가 있는 그 정치적, 사회적 관심에 있어서 루터교의 세계와는 전적으로 다르며, 그보다 훨씬 더 영향력이 있었으며 우리가 특별한 수식어를 사용하지 않고도 서구문명이라고 일컫는 그것과 밀접한 관련을 맺고 있다.
>
> 이러한 차이점은 수세기가 경과하는 과정에서 매우 분명하게 드러났다. 그러나 그것은 단순히 역사적 상황의 결과만은 아니었다. 그것은 그 두 가지 신앙고백의 기원과 그 창시자들의 개성에 뿌리를 두고 있다. 언뜻 보기에, 이렇게 주장하는 것은 어려운 것처럼 보일지도 모른다. 왜냐하면 칼빈의 가르침 속에도 루터에게서 발견할 수 있는 것과 동일한 내용, 즉 인간의 본성과 인간의지에 대한 비관적 사상, 타세계성 그리고 신의 능력과 심지어는 신의 자의성을 찬양하는 내용이 나타나기 때문이다. 그러나 이 모든 개념들은 칼빈과 칼빈주의를 특징짓는 강력한 도덕적 행동주의 정신에 의해 변형되었다. 칼빈은 조직자와 입법자로서

의 재능을 지녔으며 이 점에 있어서 엄격하고 논리적이며 굽힘이 없었다. 그러므로 세계를 지배하고 사회와 문화를 변화시키려는 의지를 가지고 프로테스탄트를 고무시킨 인물은 루터가 아니고 칼빈이었다. 따라서 비록 칼빈주의가 항상 루터교보다 훨씬 더 가톨릭과 상충되는 것으로 생각되지만, 영적 세력의 독립성 및 우월성에 대한 주장에 있어서는 루터교보다 훨씬 더 가톨릭에 가깝다. 이 면에 있어서 칼빈주의는 가톨릭과 반종교개혁 스스로가 따른 것보다도 중세 가톨릭의 전통과 그레고리의 개혁운동의 전통을 훨씬 더 많이 따르고 있다.

교황권이 합스부르크(Hapsburg) 왕가에 종속되고, 가톨릭이 수동적 복종이론과 왕권신수설을 받아들인 시대에, 칼빈주의자들은 "교회의 신적 권리"를 주장하였으며 "교회는 세상의 토대"이며 "교회 앞에서 왕관을 벗고 교회의 발에 묻은 먼지를 터는 것"이 왕의 의무라고 선언하였다. 그러나 이러한 신정주의적 주장들은 중세교회의 경우처럼 계층교권주의적이거나 비인격적이지 않았다. 그것은 죄악되고 적대적인 세상에 대항하여 하나님의 목적들을 실현하는 일에 기독교인 각자가 협력하도록 선택받았다는 확실성과 의무에서 비롯되는 강력한 개인주의에 기초하고 있었다. 그러므로 칼빈주의는 이미 귀족주의적이면서 민주적인 것이 되었다. 즉 "성도들"은 타락한 인성을 지닌 다수의 사람들 가운데서 선택된 소수이며, 이 세상의 자녀들보다는 무한히 우월하다는 점에서는 귀족적이나, 사람을 차별하지 않는 하나님께 대하여 각자가 직접 책임을 진다는 점에서는 민주적이다. 실제로 칼빈주의는 성도들, 즉 하나님의 택한 자인 성도들의 민주주의이다. 그러나 이와 동시에 그것은 자기 선택적인 의미를 지니고 있다. 왜냐하면 자기선택에 대한 궁극

적인 증거는 바로 개인의 양심이기 때문이다.[93]

제네바에서 칼빈이 의도한 바는 영혼들을 구원하는 일뿐 아니라 하나님의 말씀으로 제네바의 개혁을 이룩하는 것이었다. 존 낙스는 그것을 다음과 같이 유명한 말로써 치하했다. "다른 많은 장소에서도 그리스도가 참되게 선포되어진다는 것을 나는 인정한다. 그러나 그토록 진정으로 개혁된 관습과 종교는 다른 어떤 장소에서도 본 적이 없다."[94]

스코틀랜드와 잉글랜드의 개혁주의 공동체는 새 예루살렘의 건설을 시도하였다. 뉴잉글랜드로 이주한 청교도들은 단순히 그들이 원하는 대로 하나님을 예배할 자유를 찾고 있었던 것은 아니었다. 그들은 기독교 사회를 형성하여 퇴폐적인 유럽 사회에게 기독교 공동체의 가능성을 보여 줄 사명을 가지고 광야로 뛰어들었다.[95] 리챠드 니버(H. Richard Niebuhr)는, 그리스도의 나라, 궁극적으로는 앞으로 도래한 그 나라를 이루어 나가시는 하나님의 능력있는 행위에 대한 이러한 인식이 미국 기독교 운동의 가장 특징적인 동기였다고 설득력있게 주장하였다.[96]

칼빈주의적 성도들은 자기가 속한 세상에 대해 책임을 지고 있었

---

93) Christopher Dawson, *The Judgment of the Nations*(New York : Harper & Ward, 1942), pp. 44-46.
94) David Laing, ed., *The Words of John Knox*(Edinburgh : Johnston and Hunter, 1855), 4:240.(Spelling changed by author). Cf. Duncan Shaw, ed, *John Knox : A Quatercentenary Reappraisal*(Edinburgh : St. Andrew Press, 1975), 26.
95) Perry Miller, *Errand into the Wilderness*(Cambridge : Belknap of Harvard University Press, 1956), p. 11.
96) H. Richard Niebuhr, *The Kingdom of God in America*.

다. 그들은 세상과 육신과 마귀를 정복해야 할 주의 군사였다. 그는 하나님의 목적들을 성취시키기 위한 하나님의 선택된 도구였다. 미카엘 왈쩌(Michael Walzer)는 급진적 정치를 연구한 그의 저서에서 "특별히 부름받아 조직된 사람들의 그룹들은 정치세계에 있어서 이미 확립되어 있는 기존의 체제를 무너뜨리고 하나님의 말씀 혹은 그들의 동료들의 계획에 따라서 사회를 재구성하는 창조적 역할을 담당하였다"고 말한다. 그는 이렇게 주장한다.

> 정치사상에 있어서 그 강조점을 군주에서 성도로 바꾸고… 독립적인 정치 행위를 이론적으로 최초로 정당화시킨 사람들은 칼빈주의자들이었다. 칼빈주의자들이 성도들에 대해 말한 것을 나중에 다른 사람들은 시민에 대한 것으로 말하였다. 즉 시민의 덕목, 규율과 의무 등의 동일한 의미가 두 가지 이름의 배우에 놓여 있다. …
>
> 성도들은 스스로를 하나님의 도구로 생각하였으며, 그들의 정치학은 철거업자, 설계자 그리고 건축자, 다시 말해서 정치세계에서 열심히 일하는 자들의 정치학이었다. … 그들은 모든 장애물들을 마귀의 다양한 책략의 사례들로 간주하여, 그것을 극복하는 데 그들의 정력, 상상력 및 재능을 총동원하였다.[97]

칼빈이 스스로를 "변화의 대행자"(change agent)로 생각하지 않고 하나님의 종으로 여겼다는 것은 분명하게 이해되어야 한다. 그가 이

---

97) Michael Walzer, *The Revolution of the Saints : A study in the Origins of Redical Politics*(- Cambridge : University of Harvard Press, 1966), pp. 1, 2, 3. 그러나 칼빈주의, 특히 그 억압적인 면에 대한 Walzer의 비판에 대해서는 *Ibid*,. pp. 302ff을 보라.

웃 사랑을 교회의 정통성과 교리에 대한 진정한 시금석이라고 주장하기는 했으나, 그의 목표는 인간의 유토피아가 아닌 하나님의 나라였고, 박애주의가 아닌 하나님의 영광이었다. 그러면서도 칼빈은 사회를 변화시킨 운동을 추진하였다. 왜냐하면 그는 자기의 신학과 그 독특한 강조점들을 근대 세계에 대한 인식에 결부시켰기 때문이다. 프레드 그래함(Fred Graham)은 이것을 잘 말해 준다.

> 그가 이룩한 업적은 당시 다른 어떤 사상가들이 이룩한 것보다 이 새로운 세계 내에서 더욱 굳건하게 유지되었다.… 그는 그 도시와 그 도시의 활동들을 인정하였다. 그는 중세의 교직자들처럼 사업과 무역을 본능적으로 혐오하지는 않았다.… 또한 그는 이 새로운 시대에서의 종교의 위치를 파악하고 또 그 시대의 사악한 정신을 하나님의 말씀과 경건한 규율로 제어할 줄 아는 빼어난 직감을 지니고 있었다.… 칼빈이나 위그노교도들이나 혹은 올드 잉글랜드나 뉴 잉글랜드의 청교도들은 한 순간이라도 부가 좋은 것이거나 사업이 거룩하다고 생각하지는 않았다. 그러나 그들은 이 세상 속에서 살기로 결정하고, 그것을 하나님의 말씀으로 지배하는 일에 최선을 다하였다.[98]

치밀한 교회사가인 롤랑 베인톤(Roland Bainton)은 칼빈주의자의 모습을 이렇게 요약하였다.

---

98) W. Fred Graham, *The Constructive Revolutionary : John Calvin & His Socio-Economic Impact*(Richmond : John Knox Press, 1971), p. 198.

초기의 칼빈주의자는 자기 자신의 구원에 온통 마음이 빼앗기거나 정력을 소모시키지 않았다. 이 점에서 칼빈주의는 가톨릭이나 루터파와 크게 다르다.…

그들의 지상과제는 거룩한 공화국(Holy Commonwealty), 즉 모든 구성원들이 하나님의 영광을 유일한 관심사로 삼고 있는 공동체라는 의미에서의 신정 정치를 확립하는 것이었다. 그것은 교회나 성직자에 의해서, 심지어는 문자적 의미의 성서에 의해 지배되는 그런 공동체가 아니었다. 왜냐하면 하나님은 자신의 말씀을 담고 있는 그 책보다도 더 위대하기 때문이다. 그 거룩한 공동체는 중세교회와 루터의 이상이기는 하였으나 실현된 적이 없다. 그것은 평신도들과 성직자들, 시의회와 목회자들이 모두 동일한 목적을 갖고 있는 매우 엄정하게 선발된 공동체가 아니면 이뤄질 수 없는 곳으로서, 교회와 국가가 평행현상을 유지하는 곳이다. 칼빈은 16세기의 어느 누구보다도 이의 실현에 더 근접하였다.[99]

일부 업적들이 상대적으로 빼어나긴 했지만, 그 거룩한 공동체는 한번도 실현된 적이 없다. 인간의 자유성향과 죄성향으로 말미암아 모든 업적은 부분적이며, 불안정한 것이 되고 말았다. 때로는 기독

---

99) Roland H. Bainton, *The Reformation of the Sixteenth Century*(Boston : Beacon Press, 1952), pp. 116-118. cf. McNeill, *The History and Character of Calvinism*, p. 436-437 : "이것은 독특한 언어나 예배의식과는 거의 동일시될 수 없는 경건성이었다. 그것은 신인식과 절박한 선교의식이 조화를 이루는 특징을 지닌다.…칼빈주의자는 그것이 어떻게 이뤄지는지 알지 못할 것이다. 그는 매우 단순한 신학자일지도 모른다. 그러나 그는 하나님께서 그의 사상과 기도뿐 아니라 그의 의지와 행위도 명령하신다는 것을 인식하고 있다. 이것이 그를 개혁자로 또한 윤리적, 정치적 문제들에 맞서는 강한 인물로 만들었다. 그는 인간사회에 하나님의 뜻을 실현시키기 위한 사명을 지닌 인물이다."

교적 삶을 개인적 경건의 관점에서 정의한 경건주의, 개인의 영혼을 불구덩이에서 끌어내는 것으로 이해한 복음주의가 그 본래의 비전에 대체되기도 했다. 보다 최근에는 다원화되고 세속적이며 유동적인 사회가, 신앙과 생활양식에 있어서 인간의 자유를 적절히 과장함으로써 거룩한 공동체의 가능성을 훨씬 더 어렵게 만들었다. 그러나 그 비전은, 보다 규모가 큰 공동체 속에서 기독교 공동체의 존재 그 자체가 역사를 형성해 나간다는 확신 속에 여전히 살아남아 있다. 오늘날의 기독교 운동도 역시 칼빈이 말한 전쟁의 필수적 무기들, 즉 선포된 말씀의 능력, 기독교적 인격의 힘 그리고 기독교 공동체의 생활의 증거 등을 사용하고 있다. 그뿐 아니라, 예언자들의 전통에 서 있는 개혁주의 기독인들은, 하나님은 자신의 뜻을 수행하기 위하여 세상 속의 구레네인들을 사용하신다고 항상 믿어 왔다.

네덜란드의 칼빈주의자 아브라함 카이퍼(Abraham Kuyper, 1837-1920)는 영역주권(Sphere-Sovereignty)의 원리라는 관점에서 거룩한 공동체의 비전에 명확한 공식을 제시하였다. 이 개념은 여러 가지 효과적인 방법으로, 특히 네덜란드 칼빈주의자들에 의하여 계속 사용되고 있다. 카이퍼는, 모든 삶은 하나님의 주권 아래에서 영위되나 국교·교회·결혼·교육 등의 상이한 영역은 서로 독립되어 있다고 굳게 믿었다. 영역주권은 하나의 영역, 예를 들면 국가 혹은 과학은 교회에 종속되어 있다는 영역종속(Sphere-Subsidiarity)과 대조를 이룬다. 그러므로 하나님의 주권은 사회의 일부 영역들이 다른 영역들의 지배하에 계층적 종속 체제로 종속됨 없이 전체 사회

에 실현될 수 있다.[100]

4. 거룩한 삶으로서의 윤리

칼빈은, 그리스도인들이 거룩한 삶으로써 자신이 믿는 기독교를 입증해야 한다고 주장하였다. 십계명 강해가 모든 교리문답들의 특징이기는 하나, 개혁주의자들은 그들의 교리문답들과 조직신학들 속에서 십계명 강해에 매우 세심한 주의를 기울였다. 1788년 미국 장로교가 채택한 교회정치는 그 서문에서 "진리는 선을 위해 존재한다"고 선언하고 있다.[101] 칼빈에 의하면, 기독교적 삶이란 하나님의 의지에 따르는 삶을 그 목적으로 삼는다. 그러므로 덕을 함양하지 못하는 신학이나 예배는 재검토되어야 한다.

기독교적 삶은, 한편으로는 믿음으로 말미암은 은혜에 의한 칭의이며, 다른 한편으로는 성화이다. 다시 말하면, 구원은 죄사함인 동시에 거듭남, 즉 긍휼로서의 하나님의 은혜인 동시에 능력으로서의 하나님의 은혜이다. 구원이라는 한 가지 경험의 이 두 가지 측면의 적절한 연합은, 기독교적 삶의 예술이며 그리 쉬운 것이 아니다. 혹자는 죄사함의 경험을 지나치게 강조하기 쉽다. 루터에게 그렇게 생

---

100) Cf. the excellent study "Sphere-Sovereignty in Calvin and the Calvinist Tradition" by Gordon Spykman in *Exploring the Hertage of John Calvin*, David E. Holwerda, ed. (Grand Rapids : Baker Book House, 1976), p. 163-208.
101) "Preliminary Principles", Chapter 1 of "The Form of Government, United Presbyteran Church in the United States of America," *The Constitution of the Presbyterian Church in the United States of America*(Philadelphia : Office of the General Assembly by the Borad of Christian Education, 1954).

생하게 인식되었던, 우리의 최악의 행위에 대해서와 마찬가지로 최선의 행위에 대해서도 죄사함을 받아야 한다는 인식은 다양한 차원의 선과 다양한 정도의 죄를 차등없는 것으로 생각하게 할 수도 있다. 그러나 인간 차원에서 볼 때, 죄사함을 받은 죄인들 사이의 이러한 차이점들은 매우 중요하다. 그뿐 아니라, 죄사함을 믿기 때문에 하늘에 계신 아버지께서 온전하신 것같이 온전케 되기 위하여 싸우기를 거부하는 것은 값싼 은총이다. 혹자는 성화를 강조한다. 그들은 구원이 은혜로 말미암는 것이지 인간의 공로로 인한 것이 아니라는 것, 즉 인간은 그의 최악의 행위와 마찬가지로 최선의 행위에서도 죄를 범한다는 사실을 잊고 있다. 기독교적 삶은 율법에 복종되어 버린다. 라인홀드 니버(Reinhold Niebuhr)가 간파했듯이, 칼빈은 구원의 이 두 가지 측면을 교회사 속의 다른 사람들과 마찬가지로 혹은 다른 누구보다 더욱 잘 결합시켰다.[102] 웨스트민스터 대요리문답 역시 "칭의와 성화가 다른 점이 무엇입니까?"라는 물음에 대해 매우 조심스럽게 답변하고 있다.

> 비록 성화가 칭의와 불가분의 관계로 결합되어 있기는 하나, 그 둘은 칭의에 있어서는 하나님께서 그리스도의 의를 전가시키나, 성화에 있어서는 하나님의 영이 은혜를 주입하고 그것을 실행 가능케 한다는 점에서 다르다. 전자의 경우는 죄사함을 받으며 후자의 경우는 죄가 정복된다. 전자는 하나님의 보복적 진노로부터 모든 신자들을 공평하게 자유

---

102) Reinhold Niebuhr, *The Nature and Destiny of Man*(New York : Charles Scribner's Sons, 1943), 2:200.

롭게 하며, 이 생에서 완전하게 하며, 결코 정죄에 빠지지 않게 한다. 그러나 후자는 모든 사람에게 평등하지 않으며, 이 생에서는 어느 누구도 완전하지 못하고 다만 완전에 이르도록 성장할 따름이다.[103]

이것은 매우 훌륭하게 균형을 이룬 진술이다. 그러나 실제 상황에 있어서 칼빈과 개혁주의 전통은 종종 그 긴장 관계를 유지하지 못하고 성화를 강조하였다. 이로 말미암아 야기되는 한 가지 결과는 항상 궁극에 가서는 은혜를 결여하게 되는 율법주의로 귀착된다는 것이다. 또 다른 결과는 자기 의로움으로서, 그것은 죄를 성적 범죄로만 축소시킬 경우인데, 교만이나 무관심의 죄보다 성적 범죄를 더 잘 제어하게 되는 노년기에 특히 그러하다. 세 번째 결과는 완고성이었는데, 이것은 하나님의 의지를 성급하게 어떤 인간의 행동 양태와 동일시할 경우이다. 죄사함과 기독교적 삶의 거룩함을 적절하게 균형잡히게 하는 일은 그리 단순하지 않았다.

개혁주의 공동체가 범한 오류들은 분명히 성화의 측면에서였다. 그러나 이 사실이, 기독교인은 죄사함을 받은 자일 뿐 아니라 윤리적인 인간이어야 한다고 주장한 전통의 장점을 가려서는 안 된다. 이 강조점은 신학·예배·교회정치 등에 반영되어 있다. 그것은 특히 교회생활의 정신에서 그러하다. 택함받은 자는 예배와 순종의 삶을 살도록 부름받았다. 죄사함을 받은 자는 예배에서 위로의 말씀을 듣고 죄사함의 선포를 들은 후에는 하나님의 법에 따라 살도록 부름받

---

103) Westminster Larger Catechism, Question 77, *The Constitution of the Presbyterian Church in the United States of America*, pp. 131-290.

았다. 칼빈에게 있어서 율법의 가장 중요한 용도는 죄인들을 회개에로 부르거나 공적인 행위를 규제하는 것이 아니라, 기독교인들의 삶을 북돋아주고 그들을 인도하는 것이었다.[104] 개혁주의 그리스도인들은 그들이 무슨 일을 하든지 윤리, 율법, 도덕에 관심을 기울이게 된다.[105]

5. 하나님께 대한 봉사로서의 정신 생활

쯔빙글리는 성직자가 되기 위한 준비로서 최상의 인문주의 교육을 받았다. 칼빈 역시 종교개혁자가 되기 전에는 인문주의자요 학자였다. 16세기의 인문주의 전통은 개혁주의 전통의 앞날에 지울 수 없는 자국을 남겼다.[106] 개혁주의 공동체는, 그것이 형성되는 곳마다 성서 교수나 성서공부를 위한 읽기와 기술들을 가르치려는 의도에서뿐 아니라 인간 정신을 해방시키기 위해서 인문과학 전분야를 가르치려고 교회 앞에 학교를 세웠다. 이뿐 아니라, 개혁주의 신학은 언제나 신앙의 전거들, 특히 성서에 관하여 그리고 기독교인과 교회에 대한 그리스도의 의도에 관한 역사적 연구에 세심한 주의를 기울였다.

---

104) *LCC*, XX: 360-361(II, vii, 12).
105) 윤리에 대한 칼빈주의의 관심은, 신학을 통해서보다는 도덕성을 강화하려는 시도를 통해 전통에 융화되었다고 Robert Kingdon은 주장했다. 신학의 중요성을 과소평가하긴 했으나 그의 지적은 옳다. "The control of Morals in Calvin's Geneva" in *The Social History of the Reformation*, Lawrence. P. Buck and Jonathan W. Zophy(Columbus : Ohio State University Press, 1972), pp. 3-16.
106) Cf. Josef Bohatec, *Budé und Calvin*(Fraz : Bohlaus, 1950).

제네바 아카데미는, 여러 가지 측면에서 볼 때 그곳에서 칼빈이 이룩한 최고의 업적이었다. 그것은 「기독교강요」와 「교회헌법」에 그 뿌리를 두고 있다. 「기독교강요」에서 칼빈은 "인문과학을 맛본 자는 그 도움으로 신적 지혜의 비밀들을 훨씬 더 깊이 파고든다"고 쓰고 있다.[107] 「교회헌법」에서 그는 이렇게 주장하였다.

> 교사들에게 적합한 직무는 복음의 순수성이 무지에 의해서나 사악한 견해들에 의해 부패되는 것을 막기 위해 믿는 자들에게 참 교리를 교육시키는 일이다. 오늘날 되어가고 있는 바와 같이, 우리는 신론을 유지하고 성직자들의 과실로 인한 손상으로부터 교회를 지키기 위한 도움들과 교육들을 언제나 이 제목에 포함시킨다. 그러므로 보다 명료한 말을 사용하기 위해 우리는 이것을 학교제도라 부를 것이다.…
>
> 그러나 먼저 사람이 여러 가지 언어와 인문학으로 교육을 받을 경우에만 그러한 강의들로부터 유익을 얻게 된다. 우리의 자녀들이 교회를 버리거나 떠나지 않게 하기 위해 또 미래의 후손들을 양육할 필요가 있기 때문에 그들에게 시 정부업무뿐 아니라 목회업무의 예비교육을 시키기 위해 대학을 설립해야 한다.[108]

이와 같이 개혁주의자들은 처음부터 교육을 기독교인의 의무로 소개하였다. 그들은 언어 능력들, 즉 읽기, 쓰기와 말하기에 높은 가

---

107) *LCC*, XX: 53(1, ⅴ, 2).
108) From CALVIN: THEOLOGICAL TREATISES, Volume XII, LCC, Translated with introductions and notes by J. K. S. Reid, Published in the U.S.A, by The Westminster Press, 1954, Used by permission. "Draft Ecclesiastical Ordinances : September & October(1541)," pp. 62, 63.

치를 부여하였다. 또한 그들은 정신적 발전에 있어서 명료성, 논리의 정확성 등을 높이 평가하였다. 그들은 문제를 분석하고 명확하게 답변하는 것을 귀중하게 생각하였다. 설교는 지적 훈련이었으며 또한 문화적 영향력을 지닌 중요한 정신훈련이었다. 그러나 개혁주의자들이 주지주의자는 아니었다. 칼빈은 호기심과 사변에 대해 경고하였다. 경건과 결합된 교육은 강한 실용주의적, 공리주의적 성격을 지녔다.

하나님께 대한 봉사로서의 정신생활은 교회와 특수한 관계를 갖고 있었다. 칼빈은 개인적인 헌신과 마찬가지로 지식을 성찬에 참여하는 데 필요한 조건이 되도록 하였다.[109] 그는, 기독교인들은 그들이 믿고 있는 내용과 그 이유를 알아야 한다는 신념을 가지고 있었다. 잉글랜드 교회의 개혁에 관하여 섬머셋(Somerset)에게 쓴 편지 속에서 그는 교리문답교육의 중요성에 대하여 일말의 의구심도 남기지 않았다.

> 그대여, 나를 믿으십시오. 하나님의 교회는 교리문답 없이는 결코 보존될 수 없습니다. 왜냐하면 그것은 씨앗과 같아서 세세토록 증식케 하기 때문입니다. 그러므로 만약 귀하께서 썩어 부패하지 않고 오래도록 지속되는 덕을 세우기를 원한다면, 감수성이 예민한 아이들에게 어울리는 언어로 만들어져서 참된 기독교를 가르칠 수 있는 훌륭한 교리문답교육의 규정을 만드십시오. 이 교리문답은 두 가지의 목적을 지니고 있습니다. 모든 사람을 그 대상으로 하는 입문서는 모든 사람으로 하여금

---

109) *Ibid.*

그 배운 내용으로부터 유익을 얻게 함과 더불어 그들로 하여금 어떤 건방진 사람들이 생소한 교리들을 내놓을 경우 그것을 분별할 수 있게 하는 목적에 이바지할 것입니다. 또 하나의 목적은, 일부 목사들과 목사후보생들의 무지와 결함을 보완하고, 이를 보다 좀 나은 사람들에게는 모든 교회들의 일치와 합의를 제시하며 또한 나태하여 환상만을 탐하려는 자들이 어떤 기이한 것, 혹은 새로 유행되는 교리를 제시할 구실거리를 제거하기 위해서는 목사들과 목사후보생들을 어떤 특정한 형태에 얽매이게 하는 것이 좋지 않다거나 심지어 필요치 않다고 말하지는 않겠습니다.[110]

교리문답 교육은 지식에 대한 일반적인 열의에 초점을 맞추었을 뿐이다. 건전한 책들, 소책자들 그리고 학식을 과시하지 않고 평범하게 전달되는 박식한 설교들은 개혁주의 교회에서 빼놓을 수 없는 특징들이다. 칼빈은 말한다. "마음에 없는 말을 하나님께서 매우 싫어하심이 분명하다."[111]

6. 말씀선포

제임스 니콜스(James Nichols)에 의하면, 종교개혁은 교회사에서 말씀선포가 최고로 부흥한 시기였다.[112] 이 판단은 충분한 근거를 가

---

110) *Letters of John Calvin*, 2:191(Letter to the Protector Somerset, October 22, 1548).
111) *LCC*, XXI: 896(Ⅲ, xx, 33).
112) Nichols, *Corporate Worship in the Reformed Traditon*, p. 29.

지고 있다. 취리히의 종교개혁은 쯔빙글리가 마태복음을 가지고 선포함으로써 시작되었다. 말씀선포는 일요일과 주중 대부분의 날의 여러 시간들을 위해 계획된 설교들과 더불어 제네바 종교개혁의 핵심이었다.

섬머셋에게 보낸 유명한 편지에서 칼빈은 교리문답교육과 아울러 말씀선포를 강조하였다. 잉글랜드에는 말씀선포가 거의 없었으므로 칼빈은 이를 염려하였다. 혹시 있다 하더라도, 대부분 그것은 작성된 원고를 읽는 것이었기에 그는 이를 꾸짖었다.

> 말씀선포에서 가르치고 권면하며 꾸짖는 일에 활력이 없으면 안 됩니다. 자기 스스로를 하나님의 선하고 신실한 종으로 자처해야 하며, 수사학을 나열하거나 자기의 명성이나 얻으려 하지 말고, 오직 자기 목소리를 통해 성령께서 강력하게 말씀하시도록 말씀선포자가 지녀야 할 생명력과 에너지에 대하여 그(바울)가 어떻게 말하고 있는지를 귀하도 잘 알고 있습니다.[113]

비록 칼빈 자신은 각각의 설교들을 준비하는 데 시간을 별로 많이 할애하지 못하고, 그의 일반적인 신학저술에서 자료를 뽑고 종종 이전에 그가 말한 것이나 기록한 것을 반복했다 할지라도, 말씀선포는 여전히 그의 필생의 사업의 매우 중요한 부분 중의 하나였다. 그는 말씀선포를 하나님께서 제네바를 변화시키기 위해 사용하시는 다른 무엇보다 우선되는 은혜의 수단이라고 생각했다. 그는 이 목적을 위

---

113) *Letters of John Calvin*, 2: 190(Somerset).

해 55년간의 삶에서 3,000번 이상이나 설교하였다.[114]

개혁주의 공동체는 때로는 말씀선포를 하나님의 말씀이라고까지 말하였다. 불링거(Bullinger)는 제2 스위스 신앙고백에서 "그러므로 이 하나님의 말씀이 지금 합법적으로 부르심을 받은 설교자들에 의해 교회 안에서 선포될 경우, 우리는 하나님의 말씀 자체가 선포되며 또 그것이 신자들에게 받아들여진다고 믿는다"고 주장했다.[115] 그러나 개혁주의자들은, 루터교인들의 경우처럼, 하나님의 성령이 선포된 말씀에 얽매이지 않도록 세심한 주의를 기울였다. 불링거는 그의 설교집(Decades)에서 이렇게 말한다.

> 하나님은 지식과 신앙을 부여하기로 작정한 자들에게 그의 말씀으로 참된 신앙을 선포하도록 교사들을 보내신다. 그것은 신앙을 부여하는 것은 인간의 능력, 의지, 사역에 있는 것이 아니며, 인간의 입으로 말해진 외적 말씀 자체가 신앙을 가져다 주기 때문도 아니다. 그러나 인간의 목소리와 하나님의 말씀의 선포는 우리에게 참된 신앙과 하나님이 우리로 하여금 믿도록 위로하며 명령하는 것을 가르쳐 준다. 하나님 자신만이 그의 성령을 인간들의 마음과 정신 속으로 보내어 우리의 마음을 열고 정신을 설득하여, 우리로 하여금 온전한 마음으로 그의 말씀과 가

---

114) 1,460편의 설교 원고는 지금도 사용할 수 있다. 제네바의 기록에 의하면, 1,000편 이상의 설교 원고가 분실되었다. 그러므로 칼빈이 스트라부르그에서 목회했던 사실과 기록되지 않은 설교의 가능성까지 고려하면, 3,000편의 설교라고 하는 것이 적절할 것이다. Cf, Bernard Gabnebin, "L'histoire des manuscrits de sermons de Calvin", *Supplementa Calviniana,* ed. Erwin Mulhaupt(Neukirchen Kreis Moers : Neukirchener Verlag, 1961), 2:xxviii.

115) John H. Leith, ed,. *Creeds of the Churches : a Reader in Christian Doctrine from the Bible to the Present,* rev, ed.(Richmond: John Knox Press, 1973), The Second Helvetic Confession, Chapter 1, p. 132.

르침에 의해 믿도록 가르침받은 바를 믿게 한다.[116]

칼빈은 때때로 성령이 말씀선포에 얽매이는 듯하게 말을 하곤 했다. 그는 사역자를 바로 하나님의 입이라고 했다.[117] 그러나 그는 불링거와 마찬가지로 말씀선포는 오직 부차적인 의미에 있어서만 하나님의 말씀이라는 것을 알았다. 그리고 그는 그의 예정론 강해에서 성령은 말씀선포에 얽매이지 않는다고 주장했다. 하나님은 여전히 주권자이다. 그러나 이것이 말씀선포를 하나님의 은혜와 능력의 일상적인 방편으로 보는 칼빈의 견해를 손상시키지는 않았다. 칼빈의 견해는 「기독교강요」의 다음 부분에 매우 잘 요약되어 있다.

> 첫째, 주님은 그의 말씀으로 우리를 가르치고 지시하신다. 둘째, 그는 성례전으로 그것을 확증하신다. 마지막으로 그는 우리의 마음을 성령의 빛으로 조명하시고 말씀과 성례전이 우리 마음에 들어가도록 우리의 마음을 여신다. 만약 그렇지 않을 경우, 그것들은 오직 우리의 귀만 두드리고 또 눈 앞에 보이기만 하는 것이 되고 내부에는 아무런 영향을 주지 못할 것이다.[118]

---

116) Thomas Harding, ed., *The Decades of Henry Bunry Bullinger,* trans H. I. for the Parker Society(Cambridge, England: The University Press, 1849), 1:84–85.
117) *Corpus Reformatorum: Ioannis Calvini Opera Quae Supersunt Omnia, Guilielmus Baum, Eduardus Cunitz, and Eduardus Reuss*, eds, (Brunsvigae: C. A. Schwetschke et Filium, 1863–1897), Sermon on Deuteronomy, 25–715. 앞으로 이 책을 CR이라고 표기한다. Translations are usually from the Edingburgh Calvin Translation Society and *Library of Christian Classics* editions of Calvin's works.
118) *LCC*, XXI: 1284(Ⅳ, xiv, 8).

청교도운동 역시 말씀선포 운동이었다. 청교도들은 칼빈과 마찬가지로 기록되고 말해진 말씀의 능력에 큰 확신을 가지고 있었다. 청교도들은 하나님의 말씀선포에 적절한 형식을 만들어 내려고 애를 썼다. 칼빈주의 신학자 윌리엄 퍼킨스(Wiliam Perkins)의 해설과 웨스트민스터 예배규칙서(Westminster Directory of Worship)에 의하면, 이 형식은 단순한 것이었다. 그러나 그것이 효과가 없거나 상상력이 부족한 것은 아니었다. 그것은 청중들을 이해시키고 감동시키기 위한 것이었으며, 증거가 보여 주는 바와 같이 놀라운 작용을 하였다. 정통 성공회의 화려하고 재기가 넘치며 수사학적인 형식에 대한 거부반응은 청교도의 회심의 징표가 되었다.[119] 청교도의 말씀선포의 형식은 단순하지만 능력있는 것으로서 칼빈의 전통 위에 서 있었다. 그 영향력은 영국과 미국에 오랫동안 남아 있었으나 미국 내의 부흥운동에 의해 약화되었다.

말씀선포는 20세기의 유명한 개혁주의 신학자 브루너와 바르트의 대 주제이기도 했다. 그들은 모두 자신을 설교자로 생각하였으며 설교자들을 위한 신학을 집필하였다. 브루너는 취리히의 브라우뮌스터(Braumünster)의 대규모 회중들 앞에서 설교하였으며, 바르트는 교도소 등지에서 말씀 선포하기를 즐겨했다.

개혁주의 공동체는 언제나 기록되고 말해진 말씀들과 특히 성령의 축복을 받았을 경우 인간의 생활을 변화시키고 경건한 여론을 형성하는 말씀선포의 능력에 큰 확신을 가졌다. 이 전통에서 일반적으

---

119) John F. Wilson, *Pulpit in Parliament, Puritanism During the English Civil Wars 1640-1648*(Princeton : Princeton University Press, 1969), pp. 138, 142.

로 강조되어 온 단순성, 직접성, 확실성 그리고 신실성에의 요구는 특히 말씀선포에 적용되었다. 칼빈주의자들의 설교는 화려하거나 과장되지 않고 단순하고 투박했으나 능력을 지니고 있었다. 명백하고 분명하게 제시된 내용 자체가 바로 메시지이며 웅변력을 지니고 있었다. 20세기의 위대한 설교자 가운데 한 사람인 라인홀드 니버(Reinhold Niebuhr)는 목회를 시작하고 나서 곧 "달변"의 설교자가 될 것인가를 결정해야 했다고 그의 일기에서 밝히고 있다. 그는 개혁주의 전통이 그렇게 칭찬했던 거칠고 단순한 설교를 위해 "달변"을 포기하기로 결정하였다.[120]

7. 교회조직과 목회사역

칼빈은 신앙적이며 순종적인 삶을 양육하기 위해서는 기독교 공동체의 조직이 반드시 필요하다고 믿었다. 교회조직들과 예배절차라는 인간적 현상들은 은혜의 방편으로서 반드시 성령의 사역에 적합한 것이어야 한다. 그러므로 칼빈이나 그의 후계자들은 결코 조직에 대해 무관심하지 않았다. 그러나 그 조직들은 그 자체로서가 아니라 은혜의 방편으로서 중요한 것이었다.

교회조직에 대한 칼빈의 관심의 표현은 목회적인 돌봄과 "영혼의 치료"에 있었다. 칼빈은 그의 교회조직에서 목회자의 직분을 글로써

---

120) Reinhold Niebuhr, *Leaves from the Notebook of a Tamed Cynic*(Hamden, Connecticut : The Shoestring Press, 1956), p. 9.

밝혀 놓았을 뿐 아니라, 또한 무엇보다 그 자신이 목회자였다. 제네바 교회의 공적인 질서에서 그는 수감자와 환자 방문의 규정과 성만찬 참여 등보다 앞서 행해져야 할 교리문답 교육과 그 심사의 규정 등을 제정하였다. 주일 예배에서 행해지는 죄의 고백과 죄사함에 대한 약속은 기독교인들의 모임과 특히 목회자들의 목회사역에서도 이뤄질 수 있었다. 집사들은 교회의 어려운 처지에 놓인 자들을 섬기는 자로 제정되었다. 유족들을 위로하고 죄지은 자를 용서해줄 뿐 아니라 환자들과 가난한 자들을 도와주는 것이 목회였다. 목회는 무엇보다도 삶을 그리스도의 형상으로 새롭게 만드는 것이다. 목회는 위로뿐 아니라 삶의 방향을 다시 잡아주는 것을 그 목적으로 한다.[121] 칼빈은 엄청난 분량의 서신들 속에서 전 유럽의 기독교인들을 위로했을 뿐 아니라, 그들을 전능하신 하나님께 대한 영웅적이고 절박하며 위태로워 보일 만큼의 봉사로 인도했다.

쟝 다니엘 베노(Jean-Daniel Benoit)는 「칼빈: 영혼의 교사」(*Calvin: Director of Souls*)에서 칼빈은 우선 목회자였고 그 다음에는 신학자, 혹은 더 좋게는, 목회자이기 위한 신학자였다고 쓰고 있다. 그는 칼빈이 역사에 큰 영향을 준 것은 신학자나 조직자나 능력 있는 지도자로서가 아니라 목회자로서였다고 결론지었다. 왜냐하면 영혼들을 돌봄에 있어서 칼빈은 개인의 구원에 관심을 가졌을 뿐 아니라 그 구원을 예수 그리스도의 통치과정과 결부시켰기 때문이다.[122]

---

121) Jean-Daniel Benoit, *Calvin, Direcleur d'Ames* (Strasbourg : Editions Oberlin, 1944), p. 11.
122) *Ibid*, p. 11.

8. 훈련된 삶

개인적인 삶의 훈련은, 그것이 오늘날 성공한 대부분의 사람들의 특징인 것처럼 초기 프로테스탄트 개혁자들의 특징이었다. 그러나 고도의 훈련된 삶을 산 사람들 가운데서도 칼빈은 그의 개인적 업적에서뿐 아니라, 훈련을 기독교적 삶과 기독교 공동체의 특징이라고 한 그의 주장 때문으로도 두드러진 인물이다. 그는 삶의 치리를 교회의 조직생활, 특히 노회나 당회에서의 장로들의 활동의 일부로 만들려고 시도하였다.[123]

개혁주의 운동의 초기에, 취리히는 이 훈련의 성과에 대하여 칼빈이 목회하는 제네바와 견해를 달리했다. 불링거는 외콜람파디우스-칼빈적 방법이 결국 "교황적 압제"로 끝나게 될까 두려워하였다. 그는 삶의 훈련을 성찬에서 분리시켜 기독교 통치자에게 넘겨주었다. 와인 베이커(J. Wayne Baker)가 그의 책 「하인리히 불링거와 언약: 또 하나의 개혁주의 전통」(*Heinrich Bullinger and the Covenant : The Other Reformed Tradition*〔1980〕)에서 주장했듯이, 불링거는 통치자의 주권론과 더불어 기독교 공동체의 대안적 방안을 발전시켰다.

개혁주의 공동체가 주장하는 삶의 훈련이란, 하나님께 대한 충성이나 세상에서의 하나님의 목적을 성취함에 이어서 에너지와 활력을 신중하고도 경제적으로 사용하는 것으로 이해하는 것이 가장 바람직하다. 존 맥네일(John T. McNeill)은, 경제란 청교도를 묘사한

---

123) *LCC*, XXI: 129-1242(Ⅳ, xii, 1-15). Cf, "Draft Ecclesiastical Ordinances : September & October 1541, *LCC*, XXI: 70.

용어라고 밝혔다.[124] 그것은 확실히 칼빈의 개인적 생활과 교직자적 의식을 묘사한 것이다. 그러나 칼빈이나 청교도들은 악한 세상을 도피하려 했다는 의미에서 금욕적인 것은 아니었다. 그들은 한 세상을 경제적으로 사용하는 것을 믿었다는 점에서 금욕적이거나 훈련된 사람들이었다. 그들은 삶의 활력을 좋아하였으나 나중의 선을 위하여 순간적 욕구들은 때때로 부인되어야 한다고도 믿었다. 훈련된 삶에는 즐거움의 여지, 심지어는 천박함의 여지조차 있었고 또 지금도 있을 수밖에 없으나 그것은 보다 큰 질서와 조화를 이루고 있다.

독일 사회학자 막스 베버(Max Weber)와 기독교 사회교육사가인 에른스트 트뢸취(Ernst Troeltsch)는 자신의 저서에서 보여 주는 바와 같이 칼빈주의자들의 자기훈련에 의해 큰 감명을 받았다.

> 칼빈주의적 원리들에 입각하여 교육받은 사람들에게는 상속받은 재산을 의지하여 나태하게 지내는 생활습관은 명백한 죄로 간주된다. 아무런 뚜렷한 목적도 없고 아무런 물질적 유익도 주지 못하는 직업을 영위하는 것은 시간과 에너지를 무익하게 낭비하는 것으로 간주된다. 그리고 물질적 유익을 얻을 수 있는 기회들을 충분히 이용하지 않는 것은 하나님께 대한 무관심으로 간주된다.[125]

칼빈은 수도원제도를 반대하였다. 오히려 그는 온 세계를 하나님의 목표로 삼아 이 땅에서의 하나님의 뜻을 추구하며 삶을 훈련시키

---

124) John T. McNeill, *Modern Christian Movements* (Philadelphia : The Westminster Press, 1954), p. 47.
125) Troeltsch, *The Social Teachings of the Christian Churches*, p. 611.

는 현장으로 만들었다. 훈련된 활동은 사업이나 노동의 생산성뿐 아니라 정치적, 사회적 개혁에도 적용되었다.

초기 칼빈주의자들은 지나치게 자제적이어서 개인적인 감정이나 경건성을 표출하지 못하였다. 그러나 이러한 모습 속에서도 칼빈과 그의 추종자들은 사적 공적 예배의 훈련에 대해 찬성하였다. 개혁주의적 삶이란 결코 개인적 경건성으로 축소될 수 없다. 그러나 그것이 없이는 존립할 수가 없다.[126]

개혁주의 전통에서의 삶의 훈련, 특히 칼빈과 청교도들이 보여 준 삶의 훈련은 부담으로 여겨지지 않는다. 그것은 자유롭게 선택되었고 또 삶의 에너지와 활력들을 즐겁고 책임있게 표출하는 수단이라고 믿어진 일종의 삶의 방법이었다.

9. 단순성

단순성이란 칼빈의 모든 저서에서 계속적으로 나타나는 주제 가운데 하나이며 그의 실천의 특징이었다.[127] 그는 모든 군더더기를 반대하였으며 겉치레, 과장, 부자연성, 불필요한 복잡성을 싫어하였다. 불필요한 지출과 소비를 반대했을 뿐 아니라, 어떤 유형의 낭비도 반대했다. 단순성은 확실성과 신실성에 대한 칼빈의 강조점과 밀접한 연관을 갖고 있으며 또한 실체를 가리는 행위나 계획은 모두

---

126) *LCC*, XXI: 876(Ⅲ, xx, 19).
127) *LCC*, XXI: 1319(Ⅳ, xv, 19), XXI: 1191-93(Ⅳ, x, 14).

거부되었다.

   칼빈에게 있어서 단순성은 하나의 일반적 원리였다. 그는 그것을 예배의식 교회정치 및 생활양식 등에 적용하였다. 그는 그것을 문체에도 적용하였으며, 또 이러한 적용들은 이것이 그 자신의 삶을 형성했음을 잘 보여 준다. 로마서 주석을 집필하던 그의 연구생활의 초기에(1539년) 그는 의도적으로 그의 주석을 "간명하게" 집필하기 시작했으며, 또한 자기보다 연장자이며 유명한 학자였던 부서(Bucer)를 말이 장황하고 명료성을 결하였다고 주저없이 비판하였다.[128] 칼빈은 고린도전서 1:20을 주석하면서, 문체에 대하여 매우 상세히 다루고 있다. 칼빈이 이해한 바에 의하면, 바울은 말씀 선포의 방법이 단순하며, 말과 인간의 지혜의 아름다운 것으로 스스로를 높이는 고린도의 "악하고 신실하지 못한 사역자들"에 반대하였다. 복음의 단순성은 손상되었으며 고린도인들은 "과장적인 문체를 선호하고 즐겼다." 그래서 칼빈은 "소박하고 다듬어지지 않고 거칠은" 바울의 스타일을 긍정적으로 평가하였다. 그러나 칼빈은 인간의 말의 능숙함을 부정하지는 않았다. 하나님은 말의 조성자이시다. 그러므로 모든 사람은 마땅히 그것을 잘 사용해야 한다. 그러나 그 말은 오직 진리를 전하고 실체를 드러내기 위하여 사용되어야 한다. 말 그 자체는 결코 목적이 아니다. 능변은 진리를 방해할 수도 있다. "단순하고 투박한 연설 속에서 진리의 위엄이 보다 분명하게 나타나게 될 것이다." 언어는 진리와 실체의 종이다.

---

128) John Calvin, Perface of *Commentaries on the Epistle of Paul the Apostle to the Romans*, trans, and ed., by Rev. John Owen(Grand Rapids : Eerdmands, 1955), pp. xxiii, xxvi.

그러므로 기독교인들을 말의 외적인 아름다움에 사로잡히게 하지도 않고 헛된 즐거움에 빠지게 하지도 않고 듣기 좋은 소리로 그들의 귀를 즐겁게 하거나 공허한 말로 십자가를 가리는 경향도 없고 오히려 우리에게 복음의 소박한 단순성을 생각나게 하고, 스스로 말을 제어함으로써 십자가에 관한 단순한 설교를 높이며, 요컨대 성령의 능력 외에는 스스로를 높일 아무 것도 지니지 못한, 어부들과 문맹자들을 대상으로 단지 말씀을 선포하기 위하여 전언자의 역할을 하는 능변은 정죄되어서도 안 되며 멸시받아서도 안 된다. 단순성은 신실성과 매우 밀접한 관계를 갖고 있다. 그것은 실체를 가리는 장식들, 겉치레들, 계책들 및 허식들을 제거해 준다.[129]

개혁주의의 생활 스타일 혹은 특성은 한 가지 양상만 있는 것이 아니니다. 더구나 이 논의에서 열거된 개혁주의 정신의 특징들은 반드시 개혁주의적이거나 일부 경우에서는 기독교적인 것만은 아니다. 그것들은 다른 기독교 공동체들과 그 외의 인간 공동체들 속에서도 발견될 수 있다. 그러나 그것들은 지속적으로 그리고 빈번히 개혁주의 공동체를 특징지워왔다. 그것들은 다양한 형태로 개혁주의 신자들과 공동체 속에서 구현되어 왔다. 뿐만 아니라, 그것들은 개혁주의 신학들, 교회정치 및 예배와 불가분의 관계를 맺어왔다.

---

129) John Calvin, *Commenteary the Epistle of Paul the Apostle to the Corinthians*, trans. and ed. by Rev. John Pringle(Grand Rapids : Eerdmans, 1948), vol. Ⅰ, 1Cor. 1:17, p. 77. Cf. Francis M. Higman, *The Style of John Calvin in His French Polemical Treatises*(London : Oxford University Press, 1967), pp. 153 ff.

INTRODUCTION TO THE REFORMED TRADITION

4
신학과 개혁주의 전통

4
신학과 개혁주의 전통

개혁주의 전통은 신학자의 소명, 더 구체적으로 말하자면 기독교 신앙의 책임있는 신학자인 기독교인의 소명을 강조해 왔다. 가장 위대한 기독교 신학자라고도 할 수 있는 어거스틴은, 모든 이해에는 신앙적 관여가 내포되어 있다고 주장하였다.[130] 삶은 어떤 유형의 신앙과 불가피하게 관련되어 있다. 인간 존재는, 인간 각자가 결정하고 행위할 것을 요구하며, 실제로 각 사람은 우주의 본성과 인간 존재의 의미에 관한 어떤 신앙적 관련 속에서 결정하고 행위한다. 인간적 존재가 된다는 것은 신앙에 의해 산다는 것이다. 그 외의 다른 선택이란 없다. 그러므로 인간적 존재가 된다는 것은 또한 어떤 신학을 소유한다는 것이다. 따라서 모든 인간은, 어떤 의미에서는 모호하긴 하지만 신학자이다. 개혁주의 전통의 특성은 인간 각자가 신학자라고 주장하는 것이 아니라, 각자는 신앙에 관하여 사회에 맞게 이야기할 수 있는 책임있는 신학자가 되어야 한다고 주장하는 것이다.

---

130) Augustine, "On Predestination of the Saints," chap. 5; "On the Profit of Believing", "On the Freedom of the Will", 2:6.

신학은 모든 인간들에게 불가피한 과제이며 또한 그것은 삼중적 필요성에 그 뿌리를 두고 있다. 신학은 성서적 근거에 의해 기독교인에게 요구되는 과제이다. 이 근거는 백합화가 어떻게 자라는가 생각해 보라는 예수의 권고 속에 함축되어 있다(마 6:28). 그것은 큰 계명, 즉 "네 마음을 다하고…주 너의 하나님을 사랑하라"(마 22:37)는 말에 명시되어 있다. 사도 바울은, 신자들은 모든 생각을 사로잡아 그리스도께 복종해야 한다고 주장하였다(고후 10:5). 베드로전서의 저자는 "너희 속에 있는 소망에 관한 이유를 묻는 자에게는 대답할 것을 항상 준비하되"라고 했다(벧전 3:15).

신자에게 있어서 신학은 신앙의 본질 그 자체에 기초하고 있으며, "…신앙은 초기적 신학이다."[131] 모든 신앙적 관여는 사물들의 궁극적 본성과 인간 존재의 의미에 관해 말로 표현되었거나 혹은 표현되지 않은 모든 주장을 포함한다. 그 외에도, 신앙은 항상 이해(이해가능성)를 추구한다. 그것은 부분적으로, 신자는 마음과 정신을 지닌 하나의 자아이기 때문이며, 또 부분적으로는 그 자아와 신앙이 모든 사물들, 즉 삶의 모든 다양성들을 어떤 이해 가능하고 조리정연한 전체로 만들려고 도모하기 때문이다.

모든 피조물들을 둘러싸고 있는 신비로 말미암아 신학은 모든 인간(혹은 거의 모든 사람)에게 요구된다. 칼 바르트는, 삶은 괄호 속에서 영위된다고 잘 표현하였다.[132] 그러나 어떤 사람이 괄호 속에 있다면, 괄호 밖에는 무엇이 있는지 알 길이 없다. 괄호 안에서 많은

---

131) Edward Schillebeeckx, *Revelation and Theology*, N. D. Smith, 2vols.(New York : Sheed and Ward, 1967), 1:95.
132) Barth, *Church Dogmatics*, 3, 2:122.

것들이 알려지고 행해지고 또 많은 문제들이 해결될 수 있으나 그 괄호의 의미는 여전히 미지의 것으로 남아 있다.

모든 피조물들을 둘러싸고 있는 신비와 보다 큰 지식으로 해결될 수 있는 문제들이 혼동되어서는 안 된다.[133] 문제들은 무지에서 비롯되지만 신비는 인간 존재의 본성에서 비롯된다. 문제들은 행위와 지식으로 해결될 수 있으나 지식은 신비를 더해 준다. 문제들을 잘 해결해 낸 현대문화는 이 두 가지를 혼동하는 경향이 있다. 예컨대, 달 여행은 많은 문제들을 해결하였다. 그러나 그것은 달과 지구의 신비를 더해 주었을 뿐이다. 달에서 찍은 지구의 사진은 우리 시대의 다른 어떤 사진만큼 영적인 의미를 지닌다. 왜냐하면 그 사진에는 우주의 암흑 속에 떠 있으면서 태양 빛을 반사하고 있는 이 타원형의 구, 즉 우리의 고향인 지구가 있기 때문이다.

모든 인간들은 모든 피조물들의 존재를 에워싸고 있는 경계들, 즉 괄호들과 만난다.[134] 어떤 사람들은 존재의 경계점에서 그 실재를 비인격적이고 물질적인 것으로만 이해하며 그것과 만난다. 그러나 대부분의 인간들은 그들의 존재의 경계에서, 적어도 때로는 그것이 아무리 모호하고 산만한 것일지라도 "당신"으로 이해될 수밖에 없는 하나의 신비와 만나게 되었으며, 그 대상에 대해 하나님이라는

---

133) 문제와 신비 사이의 구분에 대해서는 Gabriel Marcel, *Being and Having*, trans, Katharine Fareer(Boston : Beacon Press, 1951), p. 117-118을 보라. Also cf. Milton Karl Munitz, *The Mystery of Existence*(New York : Appleton Century Crofts, 1965), p. 33 ff. Reinhold Niebuhr, *Discerning the Signs of the Times : Sermons for Today and Tomorrow*(New York : Charles Scribner's Sons, 1946), pp. 152-173.
134) Cf. Reinhold Niebuhr, *Nature and Destiny of Man*(New York : Charles Scribner's Sons, 1941), 1:125 ff. Gordon Kaufman, *God the Problem*(Cambridge: Harvard University Press, 1972), pp. 45ff.

용어가 가장 적절한 응답인 것으로 생각했다. 이 경험들은 결코 강요될 성질의 것이 아니다. 그것들은 우리가 완전히 의존적이라는 사실을 아는 순간, 우리가 자유롭고 책임적인 존재라는 것을 아는 순간, 상처에도 불구하고 반드시 진리를 말해야 함을 아는 순간, 죽음으로 우리의 마지막을 맞는 순간에 "선물"로 주어진다. 신비와의 만남은 자기해명적이지 않은 존재와 우주에 대한 반성에서 비롯될 수도 있다. 지구상의 생명체의 진화에 대한 저명한 권위자인 데오도르 돕챈스키(Theodore Dobzhansky)는, 모든 시대의 사려깊은 자들을 괴롭혀 왔으나 자료에 의해서는 해답을 찾을 수 없는 물음으로 그의 연구를 끝맺고 있다. "이것은 누구의 기업이며 어떤 계획과 목적으로 수행되는가? 코페르니쿠스 이후 과학의 발달을 이룩한 4세기 동안에도 이 신비는 해소되지 않았다. 이것은 다윈이 보다 절박한 것으로 만든 이래 아직 해소되지 않고 있는 신비이다."[135] 중요한 점은 대다수의 사람들이 그들의 삶의 경계에서 혹은 비판적 반성을 통하여 오직 하나님이라는 용어만을 가능케 해 주는 경험을 했다는 것이다. 신학이란, 신비를 의미로 바꾸는 "계시의 순간들"에 비추어서, 인간의 삶을 에워싸고 있는 이런 중요한 신비적 경험들에 대한 반성이다.[136] 기독교 공동체는, 인간 경험의 경계들에서 모든 자들과 만나게 되는 신비가 하나님의 지혜와 능력의 구현체인 예수 그리스도 안에서 알려진다는 확신을 가지고 살아간다.

---

135) Theodosius Dobzhansky, *Genetic Diversity and Human Equality* (New York : Basic Books, Inc, 1973), p. 115-116.
136) Albert C. Outler, "Revelation and Reflection: A Comment in Favor of Apophatic theology", Perkins Journal, Vol. 26, no, 2, pp. 14-20. Outler은 신학을 "신적 신비의 자기계시와 그에 대한 인간의 반응이라는 상호작용에 대한 일련의 인간적 반성"으로 정의한다.(p. 17).

1. 신학이란 무엇인가?

넓은 의미에서 신학이란 인간 존재의 의미와 우주의 본성에 관한 비판적 반성이다. 기독교 신학은, 성서에 기록된, 특히 기독교 공동체의 궁극적인 계시, 즉 다른 모든 계시들의 판단기준인 확정적 계시인 예수 그리스도 안에서 구체화된 하나님의 계시의 빛 속에서 하나님, 인간 그리고 우주의 본성과 신앙 그 자체에 대한 비판적 반성이다. 기독교 신앙은 매우 다양한 신학들, 예컨대 이슬람 신학의 존재에서 분명히 나타나는 바와 같은, 신학적 가능성을 남김없이 해명해 주지는 않는다. 그러나 모든 신학은, 사물들의 궁극적 본성에 대해 명료하고 개방적인 계시적 사건으로 이해된 것에 대한 신앙적 헌신에 기초하고 있다. 계시적 사건은 다른 모든 사건들을 이해할 수 있게 만드는 사건, 즉 다른 모든 사건들의 이해의 열쇠이다.[137] 그것은 모든 경험적 의미에 단서가 되는 선물로서 발생한다. 그것은 사물의 본성에 대한 통찰력을 가져다 주어서, 신자로 하여금 삶의 다양성에 어떤 통일성을 얻도록 하며, 또한 삶을 충성심에나 혹은 그 충성을 실현시키는 경건에 바치도록 만든다.

계시적 사건을 증명하기란 가능하지 않다. 계시는 모든 자기증명적이다. 그러나 신앙의 결단은 임의적인 것이 아니라 그것은 개인적, 사회적 경험에 의해 수용되거나 거부된다. 계시의 수용은 결코 어떤 논의의 결론이 아니다. 신자들은 언제나 계시에 의해 그들의

---

137) H. Richard Niebuhr, *The Meaning of Revelation*(New York : The Macmillan Co., 1946), pp. 109 ff.

삶이 조명되고 구원되는 것과 같이 계시에 사로잡힌다.

모든 사람에게 있어서 신앙의 문제는, 먼저 삶을 영위하도록 빛을 비추어 주는 "계시적 순간"을 인식해야 하고, 둘째, 그 "계시적 순간"을 그 본성에 관하여 검토하는 것이다. 이 "순간들"은 천박한 것일 수 있으며, 천지의 창조주보다 훨씬 열등한 것을 "계시할" 수도 있다. 기독교 공동체는 예수 그리스도가 하나님의 결정적 계시라는 주장을, 특히 4, 5세기에 그리스도의 인성론을 완성할 때와(니케아 신조와 칼케돈 신조의 정의) 지난 두 세기의 역사 연구에서 엄밀하게 검토하였다. 기독교의 주장이 옳지 않을지도 모른다. 그러나 그것을 그 공동체가 비판적으로 검토하였다는 사실은 누구도 부인할 수 없다. 기독교인들은 상이한 경험들 속에서 삶의 "계시적 순간"을 발견한 자들에게 그 경험들을 동일하게 검토하도록 요구할 권리를 가지고 있다.

모든 신앙은 인간의 경험과 경험적 사실들의 가치를 올바로 나타낼 수 있는 능력에 의해 검증되어야 한다. 기독교인들에게 있어서는 그 비판적 계시 사건이 예수 그리스도이다. 그의 빛 속에서 다른 모든 사건들이 이해 가능하게 된다. 기독교는 예수 그리스도 안에서의 하나님의 임재가 삶의 현장들을 보다 정당하게 하고, 삶을 보다 의미있게 하며, 다른 어떤 "계시"보다 더 많은 의미를 삶에 부여한다고 주장한다.[138]

모든 사람은 인간 존재와 세계의 진정한 본질을 자신에게 계시해 주는 어떤 경험이나 사건들에 비추어서 자신의 삶을 영위한다는 사

---

138) Albert C. Outler in class lecture.

실에 유의하는 것이 매우 중요하다. 이러한 경험들은 사업이나 놀이에서, 행복하거나 슬픈 순간들에서, 자연이나 인생의 신비에서, 개인이나 국가의 역사에서 나타날 수 있다. 많은 사람들이 그들의 삶을 형성하는 이런 경험들을 의식적으로 그리고 비판적으로 인식하지는 못한다. 그래서 예비적인 신학적 물음은 자기반성의 물음이다. 자기비판적인 사람은 누구나 다음과 같은 것을 물어야 한다. 나의 삶에 있어서 계시적 사건 혹은 그밖의 사건들이란 무엇인가? 모든 경험을 이해하기 위한 단서나 그 단서가 되는 경험이나 그밖의 경험들은 무엇인가? 신앙의 결단은, 어떤 경험이 다른 모든 경험들의 의미에게 실마리를 제공할 것이라는 데 대한 결단이다. 대부분의 "계시적 경험들"은 인간 존재를 해명하거나 지지하는 데 적합하지 않다. 그것들은 오직 거짓된 신들, 즉 삶을 분할하고 결국 신자를 외롭게 버려둘 우상들만을 계시한다. 대부분의 사람들은 통합적이지 못해서 어떤 하나의 "계시"에 비추어서 삶을 영위하기는 하나, 상충하는 많은 "계시들"에 의해 찢겨진다. 리챠드 니버는 인간의 삶들은 많은 거짓 신들에 대한 상충된 충성심들에 의해 찢겨질 뿐 아니라, 그것들의 부당성이 밝혀질 때 삶은 "그 신들의 황혼"에 의해 짓밟힌다고 정확하게 지적하였다.[139] 기독교 신앙은 천지의 창조주이며 인간 생명의 근원인 예수 그리스도 안에 계시되어 있다는 확신에 그 뿌리를 두고 있다. 신들의 종국이고 우상의 파괴자이며, 인간의 헌신과 충성심을 받기에 합당한 하나님이 예수 그리스도 안에서 스스로를

---

139) H. Richard Niebuhr, "Faith in Gods and in God", *Radical Monotheism and Western Culture*(New York : Harper & Brothers, 1960), p. 121.

계시하신다. 기독교는, 나사렛 예수가 천지의 창조주인 하나님의 지혜와 능력을 몸소 나타내셨다고 주장한다.

인간의 삶의 동기인 신앙에 대한 해설로서의 신학적 반성은 인간의 활동이며 그것은 인간의 모든 한계를 지닌다. 그러므로 완벽한 신학이란 존재하지 않는다. 인간의 유한성은 어떤 신학자도 결코 기독교 신앙의 의미를 남김없이 설명할 수 없다는 것을 의미한다. 시간적 한계는, 각 신학이 어떤 특정한 시간과 장소에는 매우 적합하나 시간이 바뀜에 따라 개정되어야 함을 의미한다. 모든 인간적 시각의 한계와 죄는, 각 신학은 어느 정도 하나의 이념이라는 것, 즉 신학자 자신의 상황과 의도를 정당화하는 방편이라는 것을 의미한다. 마르크스(Karl Marx, 1818-1883)는, 신학자가 생계비를 버는 방식과 경제적 상황에 의해 그의 신학이 크게 좌우된다고 말하였다.[140] 포이에르바하(Ludwig Feuerbach, 1804-1872)와 프로이드(Sigmund Freud, 1856-1939)는, 신학은 인간정신 즉 그것의 바람과 필요의 투사물이라고 주장했다.[141] 이 두 가지 판단은 모든 신학에 어느 정도 해당된다. 그러므로 어떤 신학도 결코 완벽한 신학 혹은 기독교 신앙의 궁극적 진술일 수 없다. 하나님의 말씀은 궁극적인 것이다. 그러나 그 말씀에 대한 인간의 이해들은 결코 완전하거나 전적으로 정확할 수 없다. 신학작업의 인간적 한계들을 개혁주의 보다 더 잘 이해하고 있는 전통은 일찍이 없었다. 그러나 개혁주의

---

140) Karl Marx and Friedrich Engels, *Basic Writings on Politics and Philosophy*, ed. Lewis S. Feuer(New York : Doubleday & Co., 1959), pp. 262-263.

141) Sigmund Freud, *Totem and Taboo*, trans. James Strachey(London : Routledge & Kegan Paul, 1950), p. 145. Signund Freud, *The Future of an Illusion*, trans. W. D. Robson-Scott(New York : Liveright Publishing Corp., 1955), pp. 36ff., 56ff.

전통이 신학의 역할을 매우 높게 평가했기 때문에, 때로는 그 자체의 신학적 노력의 가치를 지나치게 높이 평가하려는 유혹을 받았다. 신학은 매우 중요하며 각 신학자는 가능한 최고의 신학자여야 한다는 신념과 더불어 자신의 것을 포함하여 모든 신학들은 진리에 미치지 못한다는 똑같이 중요한 두 가지 확신을 함께 유지한다는 것은 매우 어려운 일이다.

인간의 활동으로서의 신학은 반드시 기독교 공동체 내에서 이뤄져야 한다. 개혁주의 신학자는 자기의 신학을 혼자서 행하는 고립된 개인이 아니라, 공동체의 대화에 참여하는 공동체의 일원이다. 개혁주의 신학은 우주적 교회, 즉 보편적 교회를 위해 형성된다. 그것은 기독교 신앙에 대하여 진술하고자 한다. 어떤 특정한 전통이라는 제한된 관점을 수용하는 일과 신학의 보편적이고 우주적인 임무를 결합시키는 일은 그리 단순하지만은 않다. 그러나 이것은 진정한 개혁주의 신학자 모두의 바람이다. 다행히도 에큐메니칼 운동은 대부분 신학자들의 안목을 넓혀 주었다. 오늘날 책임있는 신학자들은 최선을 다해서 자신의 전통을 제시할 뿐 아니라, 여러 기독교 전통에 속한 신학자들의 신학서적들을 읽고 논의하고 융합하고 있다. 그뿐 아니라, 그 대화는 동시대의 차원뿐만 아니라 여러 세기를 거슬러 올라가서도 이뤄진다. 교회의 신학자가 된다는 것은 그 교회의 모든 시간과 모든 장소의 신학 저술들을 소유 혹은 재현하는 것이다. 어떤 신학자도 이것을 완벽하게 해 낼 수는 없다. 그러나 각 신학자는 최선을 다해 이것을 실행해야 한다.

인간의 활동이며 공동체의 책임인 신학은 지속적인 대화로 이해되는 것이 가장 좋다.[142] (1) 이 대화의 우선적인 초점은 성서에 담겨 있는 하나님의 계시이다. 성서를 통하여 말하는 성령은 모든 신학적 문제들에 대한 궁극적 판단이다. 그러나 신학은 단순히 신학자와 계시 사이의 대화만은 아니다. (2) 신학자는 교리사(敎理史)와도 대화를 한다. 교회의 공적인 신앙고백을 담고 있는 교리사는 다른 시간과 다른 장소에서 교회가 계시를 이해한 방법이기 때문이다. (3) 신학자는 기독교 공동체의 실제적 경험, 즉 계시에 대한 신앙적 반응이 인간의 삶과 공동체 속에서 구현된 방법과 관계를 갖는다. 일부 신학자들, 특히 슐라이에르마허(Schleiermacher, 1768-1834)는 신학을 기독교적 경험에 대한 해설로 규정하였다. 그러나 전체적으로 볼 때 개혁주의 전통은, 신학자와 기독교 공동체의 경험과의 관계가 그와 계시와의 관계보다는 부차적인 것이라고 항상 주장해 왔다. 그러나 어떤 교리도 실제적 경험 속에서 연구되기 이전에는 충분히 이해되지 못한다. (4) 또 다른 대화의 측면은 문화와의 대화이다. 물리학, 사회과학, 정치, 사회 및 경제적 동향 등은 모두 신학자에게 문제가 되는 인간의 삶에 관한 문제들을 야기한다. 새로운 지식, 예컨대 지구상에 인간이 존재하게 된 기원에 대한 새로운 정보, 지난 20년 동안의 다양한 사회운동들에 의해 야기된 것들 등의 새로운 문제들은 신학자들이 신적 계시 속에서 이전에는 듣지도 보지도 못한 것을 듣고 볼 수 있도록 도와 준다. (5) 또한 기독교 신학은, 사람들이

---

[142] 계시의 우선성 및 주도성을 주장하는 신학자에 의해 신학의 문맥적인 특성을 논한 뛰어난 논의로는 Paul Lehmann, "On Doing Theology : A Contexual Possibility" in Prospect for Theology, Essays in Honour of H. H. Farmer, F. G. Healey, ed,(Welwyn, England : Nisbet, 1966), pp. 137-166을 보라.

"신비"와 만난다는 것과 하나님은 모든 장소에서 자신의 임재의 증거 없이는 존재하지 않았음을 입증하고 있는 인류의 다른 종교들과의 대화 속에서 이뤄져야 한다. 틸리히는 그의 「마지막 강의들」 속에서 만약 그가 자신의 조직신학을 다시 쓰게 된다면, 계몽된 인간들보다는 인류의 현존하는 다른 종교들과 대화하면서 쓰겠다고 말했다.[143] (6) 신학자는 신앙을 의미있는 단어들과 상징들로 표현하는 방식과 언어에 관여해야 한다. (7) 끝으로, 신학자는 어떤 주장을 정당화하는 근거들과 논리학의 요구들을 진지하게 받아들여야 한다. 이런 다양한 대화에 관여하는 방식에 따라 신학자들은 유형별로 분류될 수 있다.[144] 개혁주의 신학자들은 성서와 교리사에 깊이 관여하는 것으로 특징지어지나, 대화의 다른 측면들도 등한시하지 않았다. 그러나 신학적 논의가 이뤄지는 시야와 골격은, 인류 역사 그 자체의 관점이나 동향 혹은 압력에 의해서가 아니라 계시에 의해서 정해진다고 그들은 항상 주장한다. 문맥적 신학이란,

> 신학자가 다른 학문들과 예술 분야에 속하는 문제들에 관해 권위있게 말하는 것처럼 여겨지는 오만함과는 구분되어야 한다. 또한 그것은 하나님이 인간이라는 존재를 만드시고 그것을 해석하는 것과 비록 창조의 최고 수준이라고는 할지라도 인간이 자신과 그의 세계에 무엇인가

---

143) Paul Tilich, *The Future of Religions*(New York : Harper & Row, 1966), pp. 31, 80-94.
144) 바르트는 주로 계시와 교리사를 연구했다. 라인홀드 니버는 계시와 교리사를 진지하게 연구했지만, 경험적 학문과 사회과학에도 관심을 기울였다. 틸리히는 신학을 성서해설로 만들 생각이었으며 교리사에 진지한 관심을 쏟았다. 그는 정신요법과 예술에 관심을 기울임으로써 특별하게 드러나게 되었다. 슐라이에르마허도 물론 기독교 경험의 신학자로서 특출한 존재이다.

를 만드는 것 사이의 차이를 구분할 수 없는 것은 인간의 신학화와는 구분되어야 한다. 문맥적 신학은 그 고유 분야에 관해서 지속적으로 말하고는 있으나, 인간적인 모든 활동에 대해 열려 있다는 의미에서 신학의 인간화를 목표로 삼는다.[145]

학문의 방법론이 하나가 아니듯이 신학의 방법론도 하나가 아니다. 신학의 실제적 출발점과 과정들은 많은 요인들에 의해 결정되며, 그 요인들 가운데 일부는 신학자의 개인적 편견들 혹은 그 당시의 압력 등과 같이 매우 우연적인 것이다. 사실상, 위대한 신학자들은 일반적으로 방법론에 관해서는 별 관심을 기울이지 않았다. 그러므로 신학 저술을 간단하게 규정짓는 절차로 기술하는 것은 불가능하다. 개혁주의 신학의 방법론은 교회와 삶이라는 충분한 문맥 속에서 신적 계시와 더불어 격심하게 씨름하는 것이라고 묘사하는 것이 가장 좋을 것이다. 루터교 신학자 지틀러(Jeseph Sittler)는 이렇게 말했다. "나 자신이 신학의 방법론을 말하기 싫어하는 것은 다음과 같은 강한 확신에 근거하고 있다 : 우리는 어떤 방법을 고안하지 않고 자료들을 연구한다. 우리는 자료들과 더불어 살고 있다. 그것들의 힘, 다양성, 신빙성이 다니엘로(Jean Danielou)가 '자료들의 본성에 적합한 지식에의 길'이라 칭한 말의 의미를 지니게 하라."[146] 칼 바르트의 「교회 교의학」(*Church Dogmatics*)은 신학자료들, 특히 성서 및 교리사와 때로는 지겨울 정도로 진지하게 씨름하고 있음을 보

---

145) Lehmann, "On Doing Theology A Contextual Possibility." in *prospect for Theology*, ed. F. G. Healey, pp. 134-135.
146) Joseph Sittler, *Essays on Nature and Grace*(Philadelphia : Fortress Press, 1972), p. 20.

여주는데, 그럼으로써 기독교 신앙이 그 근거에 의거하여 현대적 상황에서 표현되도록 한다.

신학은 기능공의 작품이라기보다는 예술가의 작품이다. 그 성격은 기계의 성격이라기보다는 유기체 혹은 초상화의 성격이다. 기독교 신학은 전체로부터 독립해서 존속하는 부분들로 분리될 수는 없다. 모든 교리적 문제 혹은 논점은 기독교적 인식 전체를 포함한다. 짜임새 있고 일관성 있게 기독교 신앙 전반을 진술하려는 시도인 조직신학은 초상화의 경우만큼이나 유기적인 성격을 지니고 있다. 그것은 분리된 부분들로 이뤄진 기계가 아니다. 신학의 이러한 유기적 성격은 신학의 다양성을 부분적으로 설명해 준다. 왜냐하면 다양한 상황 속에 있는 상이한 신학자들에게 있어서 다양한 사실들이 완전히 똑같이 결합될 수는 없기 때문이다. 기독교 신앙의 다양한 면들이 개혁주의 전통 속에서 결합되는 방법은 신학자마다 다르다. 그러나 이 서로 다른 신학자들은 개혁주의 전통을 다른 전통들로부터 구분짓게 하는 어떤 특정한 강조점들, 뉘앙스들 그리고 형태들을 소유하고 있다.

2. 개혁주의 신학의 특성

(1) 거룩한 보편적 교회의 신학

개혁주의 신학자들은 고대교회의 업적에 의존했다. 종교개혁의 신앙고백들이나 칼빈의 「기독교강요」에서 볼 수 있는 그런 포괄적인 기독교 신학의 수립이 초대 교회에서는 불가능했다는 것을 유의할 필요가 있다. 신학은 언제나 과거의 업적에 의존하며, 신앙의 포괄적 진술은 시간의 흐름과 더불어서만 성취된다. 프로테스탄트 종교개혁은 고대의 보편적 교회의 위대한 신조들, 말하자면 사도신조, 니케아 신조, 예수 그리스도의 위격에 대한 칼케돈 회의의 정의 등을 거의 수정없이 받아들였다. 니케아 신조는 예수 그리스도 안에서의 하나님의 계시의 결정적이고 궁극적인 특성을 규정하고 있다. 이 신조를 인정하는 자는 모두, 하나님은 예수 그리스도에 의해 정의된다는 기독교의 기본적 주장 안에서 결합된다. 프로테스탄트 종교개혁과 개혁주의 전통은 이 점에 대해 이의를 제기하지 않았다.

프로테스탄트, 특히 개혁주의 전통은 중세교회의 교리적 발전들의 많은 부분에 대해 심각하게 염려하게 되었다. 교회의 교리들과 성례전들은 로마 제국의 멸망 시기(410년)와 종교개혁기(1517년) 사이에 매우 정교하게 만들어졌다. 이 기간 동안 교회는 읽지도 쓰지도 못할 뿐 아니라, 기독교 윤리나 고전 윤리의 전통도 전혀 없는 북구의 야만족들을 다루지 않으면 안 되었다. 교회가 그림, 조각 등으로 기독교의 진리와 자료들을 표현한 것이나 성례전 그리고 교회 훈련 등을 점점 더 강조하게 된 사실은 이해할 만하다. 1215년에 열린 제4차 라테란 회의에서는 화체설이 공적으로 승인되었으며, 같은 시기에 연례적인 고해성사가 의무화되었다. 플로렌스 회의(1439)에서는 7성례교리(세례, 견진, 고해, 미사, 혼례, 서품, 종부)가 공식적으로 채택되었다. 이러한 교회 교리들과 성례전들은 모두 개혁자들에 의해 근본적으로 개정되었다. 벌게이트(Vulgate) 성서의 유입으로 인해 구약성서의 정경으로 받아들여졌던 외경이 점차 거부되었다. 오렌지 회의(529)에서 형성된 인간론조차도 불가항력적 신의 은혜와 인간의 죄의 굴레를 더욱 강조하도록 개정되었다. 특히 프로테스탄트 종교개혁은 하나님의 구원방법에 더욱 주의를 집중하였으며, 구원은 전적으로 하나님의 은혜에 의한 것이지 인간의 공적에 의한 것이 아니라고 주장하였다.

(2) 하나님 중심의 신학

개혁주의 신학이 이해하는 신학의 중심주제는 인간과 그의 서약 혹은 그의 가능성이 아닐 뿐 아니라 심지어는 예수 그리스도도 아닌, 창조주이며 예수 그리스도 안에서 독특하게 임재한 하나님이다. 더 정확하게 말하자면, 기독교 신학은 측량할 수 없는 만물의 창조주… 예수 그리스도 안에서 자신을 알리신 분, 또한 주님이시며 생명의 수여자이시고 예언자들을 통해 말씀하시는 성령님, 즉 삼위일체 하나님과 관련된 학문이다.[147] 창조주이신 성부의 유니테리아니즘(Unitarianism)은 구속주와 성화의 주를 무시하게 된다. 성자의 유니테리아니즘은 창조주와 성화의 주를 잊게 된다. 마지막으로 성령의 유니테리아니즘은 하나님의 다른 사역을 배제해 버리고 신자의 내적 생활에서의 하나님의 사역에 몰두하게 된다. 각각의 유니테리아니즘은 신 이해뿐 아니라, 신의 명령에 응답하는 기독교적 삶의 이해도 왜곡시킨다. 기독교 신학은, 세 가지 방법으로 그의 피조물

---

147) H. Richard Niebuhr, "The Doctrine of the Trinity and the Unity of the Church", *Theology Today*, 3(October 1946), 371–384.

과 인격적으로 항상 연관을 갖고 있는 하나님과 관계한다.

위대한 칼빈 연구가 에밀 두멜그(Emile Doumergue)는 약 60년 전에, 칼빈의 신학저술이 그리스도 중심적이지 않고 신 중심적이라고 주장했다.[148] 기독교 신학에 있어서 예수 그리스도의 의미는 매우 크므로, 기독교적 경건성은 어떤 신학도 지나치게 그리스도 중심적일 수밖에 없다고 믿는 경향을 항상 보여 왔다. 기독교인에게 있어서 하나님은 예수 그리스도에 의해 규정된다. 예수 그리스도는 모든 기독교 신학에 있어서 가장 중요하다. 신자는 예수 그리스도 안에서 하나님 자신과 직면하게 된다고 주장하는 니케아 신조는 기독교의 기본적인 신앙고백이다. 예수 그리스도는 창조주와 성령이 어떤 분이신가에 대한 결정적인 단서이다. 나사렛 예수 안에서 성육하신 성자가 없으면, 성부와 성령에 관한 우리의 지식은 크게 산만해지게 되며 따라서 기독교적이지 않게 될 것이다. 그러나 성자의 사역과 성부는 불가분적이며 성자의 사역은 신성의 통일성에서 분리될 수 없다. 구속하시는 하나님은 또한 창조하시고 생명을 부여하시며, 예언자들을 통해 말씀하시는 하나님이시라는 것이 기독교의 기본적 확신이다.

신앙의 대상이 삼위일체 하나님이시라고 하는 주장은 개혁주의 신학의 특징 가운데 하나이다. 이 신학은 감상적이고 자아지향적인 예수론(Jesusology) 유형의 경건성에 대해서는 질색을 한다. 마찬가지로 이 신학은 자신의 심령에 대한 내성적 분석에 몰두하게 되는

---

148) Emile Doumergue, *Jean Calvin, Les hommes et les choses de son temps, Vol. IV: La pensee rehgieuse de Calvin*(Lausanne : Georges Bridel & Cie Editeurs, 1910), p. 428.

세칭 카리스마 운동들에 대해서도 거의 동정심을 갖고 있지 않다.[149] 기독교인들의 예배 대상인 하나님은 천지를 창조하신 주 하나님, 위로의 성령 그리고 예수 그리스도 안에서 자기 백성들과 만나고 그들을 구속하시는 하나님이시다. 성부적 유니테리아니즘은 엄격한 창조주의적 신앙으로 인도하고, 성자적 유니테리아니즘은 예수론이라는 감상주의로 나아가며, 성령적 유니테리아니즘은 감상적 무책임성으로 이끌어간다. 개혁주의 신학은 삼위일체 하나님을 고백한다.

삼위 하나님은 천지의 주시다. 개혁주의 신학은 이 점에 대해 이의를 제기해 본 적이 없다. 이 확신은 개혁주의 공동체의 신앙에 독특한 성격을 부여했다. 라인홀드 니버는, 다른 현대 신학자들과 마찬가지로, 신앙을 개혁주의 신학과 양립가능하도록 분석했다.[150] 한편, 신앙은 하나님께 대한 신뢰다. 그것은 정신적 동의 그 이상의 무엇이다. 그것은 하나님은 주권자라는 인격적 확신에서 비롯되는 신념이다. 시편이, 하나님은 자연과 역사의 지배자이며 그의 백성의 보호자라는 확신을 주었기 때문에 칼빈은 시편을 사랑했다. 칼빈주의자의 예배에서 제일 먼저 주목받은 시편들은 삶의 와중에서 하나님께 대한 신뢰를 나타낸 것들이라는 것으로서 의미심장하다. 리챠드 니버가 주장했듯이, 신앙도 역시 하나님과 세상에서의 하나님의 뜻에 대한 충성심이다. 여기에서도 니버는 개혁주의 신앙의 근본 주제 가운데 하나에다가 현대적 표현을 부여했다. 칼빈에게 있어서 기

---

149) I. John Hesselink, "The Charismatic Movement and the Reformed Tradition", *Reformed Review*, 28, no. 3, (Spring 1975), 147-156, clearly presents the emphasis on the Holy Sprit in Reformed Theology.

150) H. Richard Niebuhr, *Radical Monotheism and Western Culture*, pp. 16 ff.

독교적 삶은 하나님과 하나님의 뜻에 대한 전적인 충성이었다. 다시 한 번 니버는, 모든 인간이 관련된 궁극적 사실은 하나님이라는 칼빈주의적 확신을 위대한 통찰력을 가지고 표현하였다.

우리는 그것을 사물들의 본성이라고 부를 수 있으며, 운명이라 부를 수도 있고 또 실재라고 부를 수도 있다. 그러나 우리가 그것을 어떤 이름으로 부르든지, 이 사물들의 법칙, 이 실재 사물의 존재방식은 우리 모두가 인정해야 할 그 무엇이다. 우리는 만물이 생겨나고 돌아가는 것을 "공허"라고 부를 뿐-그것도 이름이긴 하지만-다른 이름을 부여하지는 못할 것이다. 그러나 최후의 희미하고 막연한 실재, 그것으로 말미암아 사물들이 존재하게 되고 현재 상태로 존재하고 또 사라지게 될 존재의 비밀이 있다. 그것을 거스르는 변론은 존재하지 않는다.[151]

내가 믿는 하나님은 항상 역사 속에 임재한다. 그는 사물들의 조성자이며, 모든 의미의 근원이며, '스스로 있는 자'이며, 존재를 가능케 한 존재이다. 그는 우리가 헛되이 두드리는 반석, 즉 우리가 그의 뜻에 반하여 우리의 소원들을 그에게 부과하려 할 경우에 우리를 부수고 우리를 압도하는 반석이다. 유기체의 깨어진 법칙들이 내게 그 법칙을 깨뜨린 것에 대한 대가를 치르게 할 경우, 그것들이 나의 삶을 잔인하게 간섭한다고 말할 수 없듯이 우주의 조성자, 즉 창조적 의지가 역사를 잔인하게 간섭한다고 말할 수 없다.[152]

---

151) H. Richard Niebuhr, "Faith in Gods and in God", *ibid*, p. 122.
152) Copyright 1932 Christian Century Foundation. Reprinted by permission from the April 6, 1932 issue of *The Christian Century*. p. 447.

하나님의 위엄과 영광을 분명하게 말하지 않는 개혁주의 신학이란 존재하지 않는다. 마찬가지로 하나님의 "타자성"을 경험하지 않은 개혁주의 경건성은 존재하지 않는다. 개혁주의 신앙의 하나님은 인간에 의해 길들여지거나 명령을 받을 수 없다. 그는 살아계신 하나님이시다.

(3) 성서의 신학

개혁주의 신학자들이 중세 가톨릭과의 논쟁에서 제시한 제1의 명제는, 성서를 신학에 있어서 결정적 권위라고 명확하게 선언한 것이다. 베르네(Berne, 1528)의 처음 두 명제는 다음과 같이 선언하고 있다.

> (1) 오직 그리스도만이 머리인 거룩한 기독교회는 하나님의 말씀으로 태어났으며, 말씀에 머무르며, 낯선 사람의 음성을 듣지 않는다.
> (2) 그리스도의 교회는 어떤 율법이나 계명도 하나님의 말씀에서 분리시키지 않는다. 그러므로 모든 인간의 전통들은 하나님의 말씀에 근거를 두거나 그것에 의해 규정되지 않는 한 우리에게 아무런 힘을 지니지 못한다.

취리히의 종교개혁을 가능케 한 쯔빙글리는, 주지하다시피, 기독교 복음을 충분히 제시하기 위하여 의도적으로 성서를 가지고 말씀을 선포하기 시작했다. 그는 성서의 본문을 문자적 혹은 자연적 의미로 해설하는 일에 인문주의 학자로서 그가 지닌 재능을 유감없이 발휘하였다.

칼빈이 성서신학자가 되려 했었다는 점에는 의심의 여지가 없을 것이다.[153] 그는 스스로를 "나, 칼빈, 제네바 교회의 말씀의 사역자"라고 밝혔다.[154] 신학자로서 칼빈의 활동이 지니는 가장 두드러진 특징들 가운데 하나는 주석가, 조직신학자 그리고 설교자의 활동을 종합한 것이다. 이러한 종합은, 모든 신학은 하나님의 말씀 아래 놓여야 한다는 칼빈의 신념과, 신학은 실천적 학문이라는 그의 주장에 그 뿌리를 두고 있다. "칼빈의 신학적 방법론의 현대성"(The Modernity of Calvin's Theological Method)이라는 통찰력 있는 논문에서 리스트(Gilbert Rist)는 칼빈주의 신학은 성서 본문과 말씀 선포 그 사이에 놓여 있다고 썼다.

> 칼빈에게 있어서 신학적 노력은 그 궁극적 관심사가 아니며, 그것은 그에 선행하는 것과 뒤따르는 것에 길을 마련해 준다. 그것은 말씀선포가 성서에 뿌리를 두도록 하기 위한 과정일 뿐이며, 신구약 성서를 유익하게 읽기 위한 하나의 열쇠, 하나의 시작 그리고 하나의 입구일 뿐이다. 신학은 만인을 위해 봉사하는 것이지, 그 자체가 목적일 수 없으며, 오직 성직자들에게만 이해 가능한 것이 되어서는 안 된다. 교리는 성서 속에 포함되어 있는 것이지 교리들 속에 있는 것이 아니다. 이 때문에 신학은 성서 본문을 반향시킬 뿐이라는 것, 즉 그것에 아무 것도 더하지

---

153) 이 단락에서 저자는 Interpretation, Vol. 25, no. 3(July 1971)에 실린 "John Calvin Theologian of the Bible"이라는 제목의 본인이 쓴 논문을 자료로 사용했다. Interpretation, Vol. 30, no. 3(July 1976), pp. 227-241에 실린 "Theology and the Bible"이라는 제목의 본인의 논문도 참조하라.
154) CR. 20:299.

않고 항상 그것을 반영할 뿐이라고 말하게 된다.[155]

신학과 설교와 주석의 상호작용은 칼빈에 의해 신중하게 고려되고 실용적으로 발전되었다. 1539년판 「기독교강요」 서문에서 칼빈은, 그의 목적은 학생들로 하여금 성서를 접할 수 있게 준비시키는 것이라고 진술하였다. 「기독교강요」는 「신학대전」의 거창한 계획과는 대조적으로 성서를 읽기 위한 입문서라는 소박한 목적으로 집필되었다. 이와 같이 「기독교강요」는 의도적으로 성서와 그 주석들을 읽고 연구하는 것과 연관되었다.

이런 목적은 「기독교강요」의 모든 판을 통하여 보다 크게 강조되기까지 했다. 1559년판 서문은 "…이 저작에서 내가 의도하는 바는 거룩한 신학의 지망생들에게 하나님의 말씀 읽는 것을 준비시키고 가르치는 것이다…"고 선언하고 있다. 보다 대중적인 독자들을 위해 집필된 1560년의 불어판 서문에서 칼빈은 "…비록 성서는 아무도 그것에 더할 수 없을 만한 완전한 교리를 포함하고 있기는 하나 「기독교강요」가 하나님의 자녀들이 성서를 충분히 옳게 이해하도록 길을 열어 줄 수 있는 열쇠"가 되기를 바란다는 바람을 표현하였다.[156] 칼빈은 대부분의 독자들이 어떤 지침서를 원한다는 것을 알고 있었다. 칼빈의 「기독교강요」는 신학적 엘리트들이 아니라, 성서 독자로서의 기독교인을 대상으로 만들어졌다.

「기독교강요」의 발전과정이 주석들의 집필과 병행되었다는 사실은 중요하다. 1539년의 로마서 주석과 1564년의 그의 죽음 사이의

---

155) Gillbert Rist: "Modernite de la Mothode theologique de Calvin" *Revue de theologique et de Philovophir*, 18(1968); 1, 20.
156) 이 서문은 「기독교강요」의 영문 번역판에 실려 있다.

기간에 칼빈은 요한1서, 2서 및 요한계시록을 제외한 신약성서 전권의 주석을 완료하였다. 그는 또한 창세기, 모세5경의 나머지 부분들의 종합, 여호수아, 시편, 이사야, 에스겔 1-20, 다니엘, 예레미야, 예레미야 애가 그리고 소선지서, 이 모두의 주석을 출판하였다. 그 외에도 그는 빈번히 설교를 하였다. 이것은 그가 욥기, 사사기, 열왕기상·하 및 사무엘하를 포함하여 주석을 출판하지 않은 많은 성서들에 대한 언급을 가능케 하였다. 「기독교강요」에서 언급되지 않은 성서들은 에스더, 나훔, 요한2서와 요한3서 뿐이다. 그러므로 「기독교강요」가 단순히 신학 논쟁들 혹은 신학적 통일성 혹은 완결성에 대한 요구의 결과로서 발전되었다고 생각하는 것은 그릇된 것이다. 예컨대, 예정에 관한 부분은 칼빈의 요한복음 연구의 결과로서 확대된 것이지 단순히 그 주제에 대한 그의 논쟁들 때문만은 아니었다.

신학은 성서의 메시지를 명료하게 할 의무를 지니고 있다. 신학은 성서 단어들의 반복 그 이상의 무엇이다. 삼위일체적 신학의 용어를 정당화하면서 칼빈은 이렇게 기록하였다.

> 사람들이 생소한 단어를 그 한 음절 한 음절 모두가 성서에 기록된 것으로 입증할 수 없다고 비판할 경우, 사실상 그들은 성서라는 천에서 뜯어내어 이어 맞추지 않은 모든 해석들을 정죄하게 되는 부당한 법칙을 우리에게 뒤집어 씌우고 있는 것이 되며… 우리는 성서로부터 우리의 생각과 말에 관한 확실한 표준을 찾아내서 그것으로 우리의 정신과 언행을 연마하고 합치해야 한다. 그러나 성서 가운데는 우리가 이해하기에 분명치도 않고 난해한 말들이 있지만 성실하고 충실하게 성서의 진리

자체에 이바지하며, 할 수 있는 대로 적게 또 적절한 경우에 사용되는 비교적 분명한 말로써 성서의 여러 주제들에 대해 설명하지 못할 까닭이 어디 있는가.[157]

칼빈의 신학은 우선적으로 성서 전체에 대한 주석이며, 다음으로는 교회가 그것을 신학들과 신조들 속에서 성서를 읽어 온 방법에 대한 주석이라고 적절하게 묘사될 수 있다. 신학은 성서의 메시지를 어떤 특정한 상황의 언어로 명료하게 하고 거기에 초점을 맞춘다.

성서를 '보다 명료한 단어들'로 설명한다 함은, 실제로는 인문주의 문화와의 대화와 스콜라 신학과의 논쟁 속에서 설명한다는 것을 의미했다. 칼빈은 당시 인문주의 문화에 참여했다. 그가 집필한 신학의 각 부분이 이 사실을 반영한다. 그의 신학은 당시의 사고방식들과의 대화 속에서 이뤄졌다. 비록 그가 그러한 것을 목적으로 하는 실용주의적 글들을 쓰지는 않았다 하더라도, 당시 문화에 민감한 신학을 위한 신학적 근거는 로고스의 보편적 행위 속에서 발견된다. "인문과학을 조금이라도 맛본 자들은 그것들의 도움으로 신적 지혜의 비밀들 속으로 훨씬 더 깊게 파고 들어간다."[158] 웬셀리우스(Wencelius)는 「칼빈의 미학」(L'esthétique de Calvin)이라는 책에서, 칼빈이 자신의 신학작품 속에서 시를 어떻게 사용하였는가를 보여 준다.[159] 신학자로서의 칼빈은 인문주의 문화와 대화를 매우 많

---

157) *LCC*, XX: 124(I. xiii, 3).
158) *LCC*, XX: 53(I, v, 2).
159) Léon Wencelius, *Lésthétique de Calvin*(Paris : Société d'Édition "Les Belles Letters", n. d.).

이 했으며 프로테스탄트에 대해 그리고 기독교적 헌신에 대해 거부한 그의 인문주의적 친구들을 위해 그는 신앙의 문제를 날카롭게 제기하였다.

그러나 신학은 성서를 명료하게 하는 임무뿐 아니라 성서의 메시지를 정리하는 임무도 지니고 있다. 이 문제는 분명히 칼빈의 주요 관심사 중 하나였다. 1559년판 「기독교강요」 서문에서 그는 그 때까지의 자신의 신학체계에 대해 결코 만족할 수 없다고 선언하였다. 그는 "…나는 기독교를 그 모든 부분에 있어서 전체를 포괄하고 또 그것을 그와 같은 순서로 배열하였으므로, 누군가 그것을 올바로 파악할 경우, 그는 특별히 성서 속에서 마땅히 찾아야 할 것과 그 내용을 연결지어야 할 목적을 결정하는 데 어려움을 느끼지 않을 것"이라는 확신에 만족스러워한다.[160] 이러한 의미에서 칼빈은 「기독교강요」에서 그의 주석들 속에 반영된 "체계" 즉 기독교 신앙의 균형잡힌 진술을 제공한 조직신학자였다.

칼빈의 성서 사용에서 볼 수 있는 또 다른 특징은 성서 전체가 정경이라는 사실의 강조이다. 칼빈은 특별히 좋아하는 성서가 있었다. 예를 들면, 로마서, 시편, 마태복음, 요한복음, 고린도전서 그리고 창세기 등이다. 그러나 다른 위대한 신학자들의 경우처럼, 그는 자신의 신학을 성서 전체에 입각하여 수립하려고 노력하였다. 비판자들은 신학자로서 그의 결점들 가운데 하나는 성서에서 명암들의 구분에 실패한 것과 모든 성서를 동일한 수준에 있는 것으로 다루려는

---

160) "Preface to the Institutes", 1559 ed., XX:4.

경향이라고 주장한다.[161]

　16세기 초에서부터 20세기의 바르트에 이르기까지 개혁주의 신학자들은 그 의도와 실제에 있어서 성서의 신학자들이었다. 개혁주의 신학이 사변적이기보다는 실천적이었던 것처럼, 철학적이기보다는 항상 성서적이었다. 이것은 그 강점이자 약점이었다. 개혁주의 학자들이 항상 모험적인 성서학자들은 아니었으나 안정성과 견실한 활동에 있어서 그들을 능가할 학자는 없었다. 그들은 성서번역 단체들의 활동, 성서본문연구, 그리고 성서주석 분야 등의 최첨단에서 활동하였다.

(4) 예정론

　일반적으로 볼 때, 개혁주의 신학자들은 예정론과 관련을 맺고 있다. 이러한 관련성은 개혁주의적 신학들, 신앙고백들 그리고 논쟁들의 좋은 바탕이 되었다. 그러므로 예정론은 개혁주의 신학의 특수한 표지(標識)로 받아들여질 수 있다. 모든 기독교인이 어느 정도 예정론의 교리를 수용하고는 있지만 개혁주의 신자들은 예정론을 강조한 측면에서나 그것을 발전시킨 열정에서 독특한 위치에 서 있다.

　예정론은 개혁주의의 신 이해의 초점을 신자와 교회에 맞추도록 한다. 주지하다시피, 개혁주의 신학자들은 하나님을 매우 역동적인 측면, 즉 활동성, 힘, 의지, 의도 등으로 이해했다. 하나님은 주, 즉 모든 것을 다스리는 창조주이시다. 신자와 교회가 지니고 있는 신앙

---

161) E. g., James Mackinnon, *Calvin and Reformation*(New York : Longmans, Green & Co., 1936) and E. Choisty, *La théocratie á Gené Genéve au temps de Calvin*(Geneva : J. g. Fliek, 1897).

의 기원은 먼저 하나님의 행위 속에서 발견되어야 하지 인간의 어떤 노력에서 발견되어서는 안 된다. 개혁주의 신학자들은, 신앙생활과 교회생활이 하나님의 백성들의 활동이라는 점을 심리적으로나 역사적으로 항상 인식하고 있었다. 그러나 그들은 또한 이 생활 근거가 우선적으로 개인들이나 공동체의 결단에 있는 것이 아니라 하나님의 선택에 있다고 주장하였다.

예정론은, 인간의 삶이 하나님의 뜻과 의도에 그 바탕을 두고 있음을 뜻한다. 개혁주의 신학자들은 하나님의 섭리에 관하여 말한다. 좀더 현대적인 용어로 표현하자면, 하나님의 목적들에 대해 이야기하고 모든 존재의 배후에는 하나님의 의지와 목적이 있다고 주장한다. 인간의 어떠한 삶도 단순히 생물학적, 역사적 요인들의 결과는 아니다. 모든 인간의 생활은 그 제일원인을 하나님의 의도에 두고 있다. 하나님은 각 사람의 존재 및 출생 이전에 이미 그를 생각하셨으며, 그에게 이름, 개성, 하나님의 자녀라는 신분 그리고 그 누구도 감히 침해할 수 없는 존엄성을 부여하셨다. 어린 아이들의 출생과 관련된 역사적, 생물학적, 심리학적 요인들의 관점에서 볼 때, 이것은 엄청난 신앙적 선언이다. 그러나 개혁주의자들은 하나님의 능력과 행위에 압도되어 있기 때문에 감히 이런 선언을 하는 것이다.

한 걸음 더 나아가서 개혁주의 신학자들은, 하나님은 모든 사람들을 존재하게 할 뿐 아니라, 그들을 혹은 적어도 일부 사람들을 고귀하고 거룩한 목적을 위해 선택했다고도 주장하였다. 개혁주의의 이해에 의하면, 인간의 비참성은 하나님 중심적이어야 할 그 순간에 죄의 결과로 말미암아 자아중심적으로 되었다는 그것이다. 자아중심적인 인간이 열심히 노력함으로써 자신을 잊을 수 없는 것과 마찬가지로, 열심히 노력함으로써 비자아중심적인 존재가 되는 길도 없다. 삶의 심오한 경험들은 인간 의지의 능력을 초월해 있다. 우리는 열심히 노력함으로써 고마움을 느끼거나 다른 사람을 사랑할 수는 없다. 감사·사랑·헌신은 항상 우리에게 주어지는 그 무엇에 의해 이끌어 내진다. 신앙도 그와 마찬가지다. 인간이 하나님을 믿는 것은 자신의 노력에 의한 것이 아니라, 어린 시절의 양육기간이나 위기의 경험에서 신뢰와 확신을 이끌어 내는 하나님의 주권적 은혜의 결과이다.

개혁주의 신학자들은 감사·사랑 및 헌신 등과 마찬가지로 신앙도 심리학적으로, 역사적으로 볼 때에는 완전히 인간의 행위라는 것을 알고 있다. 그러나 그들은 또한 신앙은 무엇보다도 인간의 반응을 이끌어 내는 하나님의 행위라고 주장한다. 구원은 하나님의 은혜의 사역이라는 점을, 루터는 신앙을 통한 은혜에 의한 칭의로 표현한 반면, 칼빈은 그것을 예정이라는 말로 표현하였다.

칼빈은, 어떤 사람들은 자신의 삶에 대한 하나님의 부르심에 응답하지 않는다는 분명한 사실을 직면했다.[162] 하나님의 활동과 세상통치의 의미를 강하게 인식한 칼빈은 이 사실을 신비로 남겨둘 수는 없었다. 그는 불신앙은 하나님의 의지에 그 근거를 두고 있으며, 또 이에 대해서는 성서적 정당성을 지니고 있다고 믿었다. 그러므로 하나님은 그의 주권으로 자신의 공의의 영광을 위해 일부 사람들을 간과하시고 그들의 죄를 정죄하여 영원한 죽음에 이르도록 예정했다

---

162) *LCC*, XX:719-729(Ⅲ, xxi, 1).

고 그는 말했다. 이것은 논리적으로는 충분성을 지니고 있으나 어려운 교리였다. 그러므로 칼빈은 자신을 포함한 개혁주의 신학자들은 그 교리로 인하여 어려움을 겪어왔다.

칼빈 신학의 몇 가지 특별한 강조점들이 칼빈의 예정론의 난점들을 완화시키는 데 도움을 주긴 하지만 완전히 해소시키지는 못한다. 우선 칼빈은 선택하는 하나님이 우리가 예수 그리스도 안에서 알고 있는 하나님이라고 주장했다.[163] 둘째, 칼빈은, 하나님이 인간을 막대기나 돌같이 다루지 않고 인격으로 다루신다고 주장했다.[164] 그러므로 예정론은 기계적인 비유들에 의해서가 아니라 인격적으로 이해되어야 한다. 가장 독특한 인간적 행위인 사랑은 예정론에서 보여지는 최고의 인간적 실마리다. 어떤 사람도 자신의 노력으로는 사랑에 깊이 빠질 수 없다. 사랑에 있어서 1차적인 것은 사랑을 이끌어 내는 타인의 삶이 주는 인상이다. "우리는 사랑에로 선택된다." 그럼에도 불구하고 사랑은 전적으로 자기 자신의 행위이기도 하다. 뿐만 아니라 어떤 사람이 누군가를 사랑할 경우, 그는 자신이 사랑하는 자의 뜻을 행할 때 가장 자유롭다. 셋째, 칼빈은, 기독교인은 특권을 위해 선택된 것이 아니라 하나님을 섬기기 위해 선택되었다고 주장했다.[165] 마지막으로, 칼빈은 예정론을 위로의 원천이라고 선포하였다. 구원은 비틀거리는 인간의 노력에 의존하는 것이 아니라, 하나님의 긍휼과 능력에 의존한다.[166]

---

163) 저자의 논문, "John Calvin's Doctrine of the Christian Life" (Yale University, 1949), pp. 171 ff을 보라.
164) *Ibid*, pp. 190 ff.
165) *LCC*, XXI: 960-961(Ⅲ, xxiii, 12).
166) "The Eternal Predestination of God", *CR* 8:260.

칼빈은 자신의 신학을 배열할 때, 예정론을 기독교인의 삶에 대한 논의 뒤에 배치시켰다. 이것은 예정론은 신앙생활의 시작이 아니라 결론에서 가장 잘 이해될 수 있음을 시사한다. 신앙생활을 가능하게 한 일들은 인간이 자랑할 수 있는 그 자신의 노력의 결과가 아니라, 하나님의 은혜의 결과라는 것이 신자의 간증이다.

예정론은 결코 교만이나 오만의 근거가 아니다. 칼빈의 이해에 의하면, 그것은 영혼의 어두운 밤에 위로의 원천일 수 있다. 예정론과 연관을 갖고 있는 교리인 성도의 견인(堅忍)에 대해서도 같은 말을 할 수 있다. 올바로 이해할 경우 이 교리도 교만이나 오만의 근거일 수 없으며, 다만 그것도 영혼의 어두운 밤을 헤매는 신자 혹은 세례 후 방탕한 자녀를 둔 부모에게 위안과 소망의 원천이 될 수 있다. 예정과 성도의 견인이 기도, 즉 하나님께 대한 신앙에 기초한 소망과 연관될 때, 그것들은 신자들에게 크게 도움을 줄 것이다. 이것이 칼빈이 그 교리들을 이해하도록 최소한으로 의도한 방법이다.

칼빈이 구성한 이 교리는 결코 완전히 만족스럽지는 않았다. 그 후 여러 세기를 걸쳐서, 홀랜드의 아르미니우스(Arminius, 1560-1609), 프랑스의 아미로(Amyraut, 1596-1664), 미국의 조나단 에드워즈(Jonathan Edwards, 1703-1758) 그리고 스위스의 칼 바르트(Karl Barth, 1886-1968) 등은 이 개혁주의의 교리를 보다 만족스럽게 진술하려고 시도했다. 그러나 완전히 성공을 거둔 사람은 없다. 성서와 기독교적 경험에 기초한 역설은 지금도 여전히 남아 있다. 인류 역사와 심리학의 관점에서 볼 때, 구원과 신앙생활은 전적으로 인간의 활동이며 인간의 업적이다. 그러나 신앙이란, 어떤 사람을 사로잡아 응답을 하도록 만드는 "능력"에 대한 반응이라는 것도 경험적인 사실이다. 개혁주의는, 하나님의 행위가 인간의 행위에 우선하며, 하나님이 먼저 우리를 사랑했으며, 그의 은혜가 "우선한다" 즉 앞선다는 것을 지치지 않고 주장하고 있다. 한 걸음 더 나아가서, 그들은 하나님의 은혜는 물리칠 수 없는 성질의 것이라고 믿는다.

언젠가 칼빈은, 예정이란 하나님의 받아들임, 끊임없이 또 물리칠 수 없이 추적하는 사랑에 대한 인식 이외에 아무 것도 아니라고 말했다.[167] 이것이 그 교리의 구원의 의미와 능력이었으며 또 그 의미와 능력이다. 로마 가톨릭 시인, 프란시스 톰슨(Francis Thompson)은 그의 시 "천국의 사냥개"(The Hound of Heaven)에서 이 교리의 진수를 훌륭하게 묘사한다.[168]

> 나는 그를 피했다. 밤과 낮 속으로
> 세월의 아취를 타고서
> 나는 그를 피했다. 미궁 속으로
> 내 마음과 눈물 속으로
> 나는 그에게서 숨었다. 부푼 희망 아래로
> 깔깔거리며 내달아
> 한 순간 내리 굴러
> 뱀의 혀로 갈라진 티탄의 슬픈 운명 아래로
> 쫓고 쫓던 강한 그 발길 아래서

---

167) "Antidote to the Council of Trent", *CR 7:479*.
168) Francis Thompson, *The Poems of Francis Thompson*(London : Holls and Carter. Ltd., 1947), pp. 101, 104-106.

서두름도

흐트러짐도 없이

신중한 듯 보이나 번개처럼

그 때 그 발길 찾아와―그 보다 더 빨리

한 목소리 들리니

"만물이 너를 버림은 네가 나를 버림이라."

……

오! 비옵나니

무한하신 설계자여

당신은 그 막대개를 그을려야만 합니까?

그것으로 그리기 전에

나의 신선함은 티끌 속에서 이제 머금었던 물기를 잃고

내 가슴은 한갓 먼지나는 샘

떨어진 눈물은 이미 냄새가 난다.

탐스런 내 마음 가지 위에

전율하던 물기어린 사고에서

이제 어이할거나?

과육(果肉)도 이렇거늘 과피(果皮)인들 그 쓴맛 어떠하랴?

안개 속 헤매며 아스라이 기억할 뿐 지금이 언제인가?

나팔 소리 간간이 들려 온다.

잊혀진 영원의 전장에서

안개가 경련하듯 허공을 헤집으니

희미한 탑들이 부스스 일어선다.

나팔부는 이 앞은 아니다

자줏빛 슬픈 운명을 입고

눈물로 관을 쓴 분을 처음 뵌 것은

나는 안다. 그분의 이름과

그 나팔 소리의 말을

결실을 당신께 바치는 것이 인간의 마음이나 삶일지라도

색바랜 주검으로 채워져야 하는가

당신의 들판은?

오랜 추적의 소리

이제 가까이 다가와

표호하는 바다로 나를 에우고

"더럽혀진 네 대지는

사금파리로 부서지는가?

슬프다. 만물이 너를 버림은 네가 나를 버림이라.

기이하고 가련한 하찮은 것아

왜 너를 특별히 사랑하는가?

부질없는 일을 볼 뿐인 것을"(그의 말)

"인간의 사랑은 인간의 공적이 있어야 하나니

너는 무슨 공적이 있느냐

한갓 한 덩이 진흙 인간인 것을?

가련하다 네 무지

사랑받기엔 보잘것없음을 모르는!

뉘라서 사랑하겠는가, 하잘 것 없는 너

나, 나 말고 뉘겠는가

네게서 취한 모든 것 내 품에 안았나니

해하려 함이 아니라

내 품에서 찾게 하고자 할 뿐

네 자녀의 모든 실수를

기쁨은 사라졌으나 너를 위해 품에 간직하였으니

일어날, 내 손을 잡고 가자.

그 발길, 내 곁에 머무니

슬픈 내 운명은

부드러이 드리운 그대 품의 그림자런가?

"사랑하는 이여, 눈감고 떠느냐

네 찾는 이, 그가 나로다!

날 대한 네 사랑 이제 사라졌으나"

(5) 창조주와 피조물 사이의 구분("유한은 무한을 파악할 수 없다" finitum non est capax infiniti)

일반적으로 말해서 칼빈의 신학과 개혁주의 신학은 창조주와 피조물, 즉 자존적 존재인 하나님과 의존적 존재인 피조물 사이의 철저한 구분에 의해 특징지어진다. 이러한 구분은 하나님의 주권 교리를 진술하는 또 하나의 방법이며, 이것은 칼빈의 신학 전체를 형성하는 데도 도움을 주었다. 이것은 그가 구원론에서 역사와 윤리, 기독론에서 예수 그리스도의 인성, 인간 행위로서의 예배, 성찬에서의 떡과 포도주에의 신적 실재의 주입에 대한 반대 등을 크게 강조한 것을 설명해 준다. 그것은 사물들을 사물들로 받아들이고, 피조된 대상을 신격화시키거나 부당하게 높이지 않고 존재의 "사물성"을 즐거워할 수 있는 능력을 갖게 한다. 그것은 개인과 교회들, 인간의 업적들을 과대 혹은 과소평가하는 것으로부터 자유롭게 해준다.

창조주와 피조물 사이의 구분에 대한 이러한 강조는, 17세기에 벌어졌던 성례전에 있어서의 그리스도의 임재의 성격 및 예수 그리스도의 인격 안에서의 신성과 인성의 관계 문제에 관한 개혁주의와 루터교 사이의 논쟁의 중심이 되었다.[169] 이 논쟁에 있어서 창조주와 피조물에 대한 개혁주의의 이러한 구분은 "Finitum non est capax infiniti"(유한은 무한을 파악할 수 없다)는 신학원리로 다듬어졌다. 그 원리의 이러한 형식이 칼빈의 저작 속에서는 발견되지 않는 듯하다. 그러나 그 저작들은 창조주와 피조물의 구분에 근거하고 있다. 그는 하나님의 임재를 천지의 창조주, 전능하신 성부로 명확하게 파악하고 있었고, 이러한 이해는 그의 성서해석에 지침을 제공했음이 분명하다. 그러나 이것은, 모든 신학적 진술의 발전을 가능케 한 하나의 원리보다는 못한 것이다. 그럼에도 불구하고, 창조주와 피조물의 구분은 그의 신학, 교회정치, 예배에 대해 가장 널리 영향을 끼치는 주제들 가운데 하나이다.

창조주와 피조물의 구분에 대한 칼빈의 강조는 하나님의 내재성에 대한 그의 강조에 의해 균형을 이룬다. 하나님은 그의 모든 피조물 속에서 목적을 가지고 사역을 수행하신다. 신적 실재와 인간적

---

169) See E. David Willis, *Calvin's Catholic Christology* (Leiden : E. J. Brill, 1966), for a discussion of the so-called *extra calvinisticum*.

실재가 예수 그리스도 안에서 하나의 행위 주체로서 연합한다. 성령은 교회와 기독교인의 인격 속에 내재하신다. 무한하고 비한정적이신 하나님은 유한하고 한정적인 그의 피조물 속에서 사역하신다. 칼빈이 계속해서 강조했듯이 하나님은 인간의 상태에 맞게 스스로를 "조절하신다."

(6) 실천적 학문으로서의 신학

기독교 역사에 나타난 신학적 걸작들 가운데 하나인 「신학대전」(Summa Theologica, 1265-1274)의 집필을 시작하면서, 13세기의 신학자 토마스 아퀴나스(Thomas Aquinas)는 "거룩한 교리는 실천적 학문인가" 하고 물었다. 그것은 사변적인 동시에 실천적이라고 결론짓기는 하지만 그는 사변적 측면을 강조하고 있다.[170] 하나님의 나라보다는 하나님에 대한 인식이 지배적인 주제이다. 개혁주의 신학의 강조점은 그와 정반대이다. 칼빈은 사변을 제한시키는 데 최선의 노력을 경주하였으며, 교화에의 능력을 건실한 신학의 기본적 시금석으로 만들었다.

신학 그 자체는 목적이 아니다. 「기독교강요」는 실천적 목적을 지니고 있었다. 우선, 그것은 성서 독자들이 하나하나의 본문들을 전체 성서에 비춰 읽을 수 있게 해 주고, 독자들이 성서의 단어들을 보다 잘 이해할 수 있는 언어로 해명하기 위해 집필된 일종의 지침서였다. 둘째, 칼빈의 신학 활동은 말씀 선포 및 목회사역과 밀접한 관

---

170) Thomas Aquinas, *Summa theologica*, trans. Fathers of the English Dominican Province(London : Burns Oates & Washborne Ltd, 1920) pt. 1, q. 1, art. 4, p. 6.

계를 맺고 있었다. 칼빈은 말씀 선포와 목회사역을 위한 신학자였다. 셋째, 신학은 인간의 삶과 사회를 하나님의 뜻에 일치하게 만드는 것을 그 목적으로 한다. 칼빈에게는 무익한 질문들에 답하는 신학은 아무런 쓸모가 없었다. 그는 사돌레트(Sadolet)에게 제기한 질문에서 그의 입장을 매우 분명하게 밝혔다.

> 귀하는 종교개혁자들이 출현한 때가 어떠한 시대이며 목회 지망생들이 학교에서 어떤 유형의 교리를 배웠는지 기억하십니까? 그 교리는 매우 복잡하게 뒤얽히고 비꼬여서, 스콜라 신학은 일종의 신비스런 마술이라고 기술하는 것이 당연하게 생각될 정도로 정교한 궤변에 불과함을 귀하 스스로도 잘 알고 있습니다. 하나의 주제를 감싸고 있는 어두움이 짙으면 짙을수록, 그리고 자신과 타인들이 성가신 수수께끼들로 인해 어리둥절하면 할수록 그의 통찰력과 학식에 대한 명성은 더 높아집니다.[171]

어거스틴이 하나님은 세상을 창조하기 이전에는 무엇을 하고 있었는가 하는 질문에 직면하였음을 칼빈은 알고 있었다. 어거스틴은, 그와 같은 질문에 대해 "그런 질문을 하는 자들을 위해 지옥을 만들고 있었다"는 경박스런 대중적 응답을 할 것이 아니라, 진지한 답변을 제시했어야 한다고 생각했다. 그러나 칼빈은 이 응답에 대해 공감하였다.[172] 그러므로 성육신에 관한 문제들에 직면했을 때 칼빈은

---

171) "Reply to Sadolet", *CR* 5:396-397; *LCC* 22:233.
172) *LCC*, XX: 160(Ⅰ, xiv, 10).

이렇게 답변하였다.

> 나의 답변은 간단하다. 이 두 가지가 하나님의 영원한 섭리에 의하여 하나로 결합되었다고 성령께서 선언하셨기 때문에, 그리스도가 어떻게 해서 우리의 구속자가 되시며 또 우리의 본성에 동참하게 되셨는가 하고 그 이상 계속 묻는 것은 합당치 않다. 왜냐하면 그 이상의 것을 알고자 하는 호기심에 집착하는 자는 하나님의 불면하시는 뜻에 만족하지 못하고 또 우리의 구속에 대한 대가로서 우리에게 주신 바 된 그리스도에 대해서도 만족하지 못함을 보여 주기 때문이다.[173]

이러한 실천적 관점과 신학적 방법론은, 부분적으로는 칼빈이 해야 할 일이 많은 바쁜 사람이었다는 데 기인했을 것이다. 사변(思辨)의 사치를 누리기에는 삶이 너무나 실제적이고 요구하는 바가 많았다. 그러나 당시 외부적 압력이라 할 수 있는, 널리 퍼져 있던 관심사에서 볼 때 그것은 설명하기 어려운 일이다. 그러한 실천적 경향은 칼빈의 개성과 신학의 본질에 관한 그의 이해에 그 뿌리를 두고 있다. 그 자신이 한 사람의 개혁자가 되기 전에는 인문주의 학자였다.[174] 그는 역사와 문학에 관심이 있었으며 법학을 전공한 사람이었다. 성서를 통하여 말씀하시는 하나님의 권위에 대한 경험은 그의 프로테스탄트에로의 회심에 있어서 중요한 요인의 하나였다. 마지

---

173) *LCC* XX: 469(Ⅱ, xii, 5).
174) Bohatec, *Budé and Calvin*. Quirinus Breen, *John Calvin, A study in French Humanism*(Grand Rapids : Eerdmeans, 1931). 칼빈 사상에 대한 인문주의적 자료들은 다른 자료들을—고대 교회의 신학자들에 대한 자료나 스콜라 신학자들과 그의 대화—희생시키면서까지 강조되어서는 안된다.

막으로는, 기독교인의 삶에 대한 그의 전반적인 이해에 기초를 이루고 있는 것은 인간 생활의 법칙으로서의 하나님의 의지였다. 따라서 기독교신앙에 대한 형이상학적 관심들과 우주론적 차원들은 칼빈에게는 거의 주목받지 못하였다. 이러한 점에서 칼빈은 그 후의 개혁주의 신학의 형태를 정해 놓았다.

칼빈은 열매들의 검증을 크게 강조하였다. 하나의 신학은 그 열매에 의하여 그 근본 성격이 드러난다. 교재 속에 기록된 신학은 반드시 생활 속에도 기록되어야 한다. 칼빈은, 한 사람의 신앙에 대한 가장 참된 시금석은 이웃사랑이라고 주장했다. 실천적 학문으로서의 신학을 강조함으로써 개혁주의 신학 전통이 충분할 정도의 지적 창의성과 풍요성을 잃기는 했으나, 신학의 초점을 인간과 국가의 모든 삶에 맞추도록 해주었으며, 이것은 다른 신학적 전통들과 구분되는 점이다.

(7) 지혜로서의 신학

말씀과 성령은 칼빈의 성서 해석과 그의 신학에서 기본적이며 핵심적인 요소들이다.

> 왜냐하면 그의 말씀과 성령의 확실성은 서로 밀접하게 짜여 있기 때문에 성령이 빛을 비춰주어 우리로 하여금 하나님의 얼굴을 보게 할 때에야 비로소 완전한 말씀의 종교가 우리 안에 거하게 되기 때문이다. 또 반대로 하나님의 형상, 즉 그의 말씀을 인식할 때에 아무 미혹에 빠질 위험없이 성령을 받아들이게 된다.[175]

---

175) *LCC*, XX: 95(I, ix, 3). Cf. Bohatec, *Budé und Calvin*, pp. 119 ff.

칼빈이 강조한 성서 단어들의 본래적 의미에 대한 연구는 어떤 대상에 대한 과학적 연구가 그러하듯이, 그 연구 자체가 성서와 종교의 객관적 지식으로 이끌어준다. 오직 성령에만 의지하게 되면 뱀의식(snake handling)에서 성교의식(sacred sex)에 이르는 등 갖가지 비합리적 탈선으로 유도된다. 성서와 신앙을 객관적으로 연구한 말씀과, 성령의 조명 아래서 스스로 자료를 인격적으로 융합하는 성령을 조화시키는 것은 리챠드(Lucien Joseph Richard)가 지적한 것처럼 지혜에로 인도한다.[176] 신학은, 개인생활에 있어서 하나님의 임재의 심오한 경험과 순종의 생활과 정신의 비판적 반성의 상호작용적 측면이 학문적 지식의 다른 어떤 분야보다 그 정도가 훨씬 더 크다. 하나님의 임재를 깊이 경험한 사람은, 하나님에 관하여 연구는 하였으나-그것이 비록 성서에서의 연구라 할지라도-하나님의 임재를 경험하지 못한 자보다는 하나님의 실재에 대해서 보다 나은 판단자이다. 칼빈은 현대 성서학자들이 가지고 있는 비평적 도구들을 갖지 못했으나 여전히 성서해석의 스승들 가운데 한 사람이다.

객관적 지식으로서의 신학이 헌신과 복종의 생활로부터 분리된 것은, 전문적 기술을 헌신과 복종으로부터 분리시키려는 신학자의 의도 때문이거나 혹은 이해라고 하는 성가신 일 없이 하나님을 경배하기를 원하는 신자의 욕구에서 비롯되었을 것이다.[177] 위탁과 헌신이 결여된 신학과 지적 이해가 결여된 신학은, 성서와 신학 연구에

---

176) Lucien Joseph Ricahard, *The Spirituality of John Calvin*(Atlanta : John Knox Press, 1974), p. 91 ff.
177) Cf. Thomas á Kempis, *Imitation of Christ,* trans. Ronald Knox and Michael OaKley(London : Burns & Oate, 1959).

있어서 말씀과 성령의 불가분의 연합을 칼빈이 강조함으로써 모두 배제되었다. 20세기에 이르러 바르트는 기도 없는 신학은 상상조차 할 수 없다고 선언하였다.[178] 그러므로 신학은 전문적 지식이나 감정이 아니라 지혜이다. 왜냐하면 신학은 정신의 비판적 반성과 하나님의 임재에의 경험 및 복종의 생활이 연합된 전체 자아의 판단이기 때문이다. 인간적 성숙, 이성, 경험, 인지의 지혜가 존재하듯이, 기독교적 성숙, 경험, 이성 및 계시의 지혜도 존재한다. 조직신학의 단어들과 명제들은 개인 생활과 공동생활에 있어서 그것들의 실현(實現)으로부터 분리될 수 없다. 그러므로 비유와 전기(傳記)는 신학의 적절한 유형들이며, 이 때문에 정확성과 명료성에 보다 큰 관심을 가진 조직신학은 계속해서 인간적이고 기독교적인 경험의 구체적, 비유적 언어를 사용하고 있는 것이다.

3. 개혁주의 신학의 발전

(1) 신학적 변화의 성격

개혁주의 신학의 저술 활동은 지금까지 450년 이상이나 계속되어 왔다. 쯔빙글리는 그의 주저 「참 종교와 거짓 종교에 관하여」(*On True and False Religion*)를 1525년 출판하였고, 칼빈은 「기독교강요」의 초판을 1530년에 펴냈다. 칼 바르트의 「교회 교의학」(*Church Dogmatics*)의 마지막 부분은 1968년에 발간되었다. 신학은 만나

---

178) Barth, *Church Dogmatics*, 4, 3, 2: p. 882.

와 같아서 그날, 그날을 위해 쓰여져야만 한다. 과거의 위대한 신학들이 후세대에 의해 간직될 수는 있으나 수정되지 않고 반복될 수는 없다. 각 세대는 자체의 시간과 공간을 위한 자신의 신학을 기술하여야만 한다. 새로운 세대와 새로운 상황 속에서 신학을 저술한다고 하는 임무는 교리의 변화와 발전의 문제를 야기한다.[179] 20세기는 말할 것도 없고, 16세기의 조직신학들과 신약의 문헌들 사이의 상이점은 너무나 커서 그것들 간에 어떤 연속성이 가능할 수 있는가 하는 의문을 야기할 정도이다. 더구나, 16세기에 기록된 신학과 20세기에 기록된 신학의 차이는 신학연구의 입문자에게도 극명하게 드러난다. 신학에 있어서 변화와 발전은, 복음이 과연 어제, 오늘 그리고 영원히 동일한 것인가 하는 물음을 제기한다. 그 답변은 항상 "예"이면서 "아니오"이어야 한다. 예수 그리스도의 말, 행위, 죽음 그리고 부활 속에서 하나님이 선포한 복음은 유일하며 단회적인 것이다. 그것은 변하지 않는다. 그러나 그 복음에 대한 기독교 공동체의 이해는 시간과 장소에 따라 변한다. 뿐만 아니라, 여러 시간, 여러 장소에서의 기독교인들의 간증과 증언을 들은 기독교인들은, 예수가 한 인간으로 살았던 그 시대의 사람들보다는 복음을 듣고 이해하는 측면이 더 나아야 한다. "나중"(later)이라는 말이 반드시 복음에 대한 보다 깊은 이해를 의미하는 것은 아니다. 그러나 그것은 새롭게 듣고 이해할 수 있는 가능성들을 제공한다.

---

179) Rainy와 Cunningham은 Newman에 대해 신중한 개혁주의적 답변을 제기했다. George A. Lindbeck, "The Problem of Doctrinal Development and Contemporary Protestant Theology" in *Man as Man and Believer*, Edward Schillebeeckx & Boniface Williams, Concilium, Theology in the Age of Renewal, vol. 21(Paramus : Paulist/Newman, 1966).

신학이 성장, 발전하는 방법은 여러 가지다.[180] 가장 단순한 차원으로서, 어떤 교리를 새로운 언어와 문화로 재진술하는 일은 새로운 뉘앙스, 심지어는 새로운 의미를 수반하게 된다. 니케아 신조는 하나님을 빛이라고 말하는데, 이 말은 4세기 지중해 문화권에서는 큰 의미를 지녔으나 지금은 별 의미가 없다.[181] 둘째, 초기 진술들 속에서는 암시적이었던 것을 명시적인 것으로 만듦으로써 교리는 성장하고 발전한다. 신약성서의 중요한 본문들 가운데 다수가 후세대에 의해 면밀하게 연구되었을 때, 훨씬 더 광범위한 의미와 적용범위를 지니고 있음이 밝혀졌다. 셋째, 교리는 기독교인의 삶과 신앙에의 도전에 대한 응답으로 발전한다. 예를 들면, 기독교 공동체는 예수를 하나님이며 인간이라고 말했다. 한동안 이것은 반성을 거치지 않은 채 매우 보편적으로 받아들여질 수 있었다. 결국, 기독교인들이나 기독교 공동체의 외부에서 제기한 질문들에 대한 응답으로서 신학자들은 예수 그리스도를 하나님이시며 인간이라 믿는 것이 어떤 의미이며, 하나의 행위 주체에 관해 두 가지 주장을 할 수 있는가 하는 것에 관하여 더 정확하게 말하지 않으면 안 되었다. 니케아와 칼케돈에서 규정된 기독론은, 어떤 의미에서는 신약성서에 나타나지 않는 것이다. 그러나 다른 의미에서 그 교리는 신약성서 속에 들어 있다는 기독교의 믿음을 명시적이고 분명하게 밝힐 필요가 있다. 넷째, 기독교의 교리는 자체의 반성과 재규정을 통하여 발전한다. 기독교 교리의 발전은 시간을 필요로 한다. 16세기 프로테스탄트 개혁

---

180) Cf. Pelikan, *Development of Christian Doctrine*, pp. 91, 99.
181) Jaroslav Pelikan, *The Light of the World : A Basic Image in Early Christian Thought*(New York : Harper & Brothers, 1962), pp. 53-72.

자들에 의해 이뤄진 기독교 신앙의 포괄적 진술은 초대교회에서는 결코 이뤄질 수 없었을 것이다. 초대 기독교 공동체는 기독교 신앙의 의미를 통해 사고하거나 타당한 개념들을 발전시키거나 개별적인 교리들을 어떤 균형잡힌 진술로 묶을 만한 시간을 갖지 못했다.

문화적·신학적 상황들의 변화는 신학의 발전을 불가피하게 한다. 예컨대, 칼빈의 사후에 신학자들은 계속해서 예정론에 대하여 반성을 거듭하였다. 즉, 그들은 하나님이 인간을 택했을 때, 하나님이 인간을 창조할 만한 가치가 있다고 생각했느냐 아니면 타락한 피조물로 생각했느냐에 관해 물었다. 이 물음에 대한 명확한 답변을 칼빈의 저작들 속에서 찾는 것은 불가능하다. 왜냐하면 그는 이 문제를 특별히 생각해 본 적이 없기 때문이다. 찰스 다윈(Charles Darwin)은 그의 「종의 기원」(Origin of the Species)을 칼빈의 사후 3세기가 지난 1859년에 출판하였다. 칼빈은 기독교의 창조 교리를 이 지구상의 인간의 기원들에 관해 지금 알고 있는 사실들과 연관시키지 않았다. 오늘날 역사가들은 칼빈의 성서영감설에 관하여 논쟁을 벌이고 있다. 그들이 이 문제에 관하여 논쟁을 벌이는 이유는, 칼빈의 사후 3세기가 지나서 다시 대두된 문학과 역사로서의 성서에 대한 비판적 연구들에 비추어서 그 문제를 되묻고 있기 때문이다.

교리 발전의 성격과 그 한계에 대한 조심스런 정의는 그리 단순하지 않다. 이 점에서의 시각 차이는 프로테스탄트와 로마 가톨릭 간의 가장 첨예한 구분점들 가운데 하나이다.[182] 가톨릭은, 어떤 의미

---

[182] 보수적 칼빈주의자인 William Cunnigham은 교회의 주관적 발전만을 인정한다. "개인들과 교회들 속에는 기독교 교리의 주관적인 발전이 있다. 그 속에서 하나님의 계시된 뜻에 대한 사람들의 지식이 자라게 되고, 또 그 속에서 신학이 확장되고 증진한다. 그러나 이런 발전

에서 그들의 교리들이 성서에 포함되어 있다고 주장하기는 하지만 프로테스탄트보다는 교리발전에 대해 더 큰 폭을 허용한다. 무염시태 교리(마리아가 죄없는 상태에서 태어났다고 하는 교리)와 성모몽소승천 교리(마리아의 육체가 부패되지 않고 하늘로 올려졌다는 교리)는 기독교 공동체가 만들어 낸 것이지 신약성서에서 발전된 것이 아니라고 프로테스탄트는 생각한다. 프로테스탄트, 특히 개혁주의자들은, 모든 기독교의 교리는 반드시 성서로 입증되어야 한다고 믿는다. 그럼에도 교리 발전에 관한 가장 훌륭한 진술들 가운데 하나는, 영향력있는 로마 가톨릭 신학자인 칼 라너(Karl Rahner)에 의해 이루어졌다.[183] 그는 인간의 사랑의 경험 속에서 교리 발전에 대한 하나의 유비(類比)를 발견하였다. 한 남자는 그의 삶이 철저하게 바뀔 정도로 한 여자를 사랑할 수 있다. 이 경험이 실제적이라는 사실, 즉 그것이 그 자신의 경험이라는 사실에는 의심의 여지가 없다. 그러나 그는 자기에게 일어난 일을 지적으로 그리고 반성적으로 이해하지 못할 수도 있다. 그는 그것에 관하여 머뭇거리면서 겨우 이야기할 수 있을 것이다. 이 경험에 대한 다른 사람들의 반성과 그 일이 있은 후의 자신의 반성은 그가 예기치 못했던 미래의 발전에 대한 의미와 아울러 그가 지적으로 알지 못했던, 깊숙이 숨겨진 경험 속의 내용들을 드러내 보일 것이다. 그 경험은, 외부에서 그 문제를 생각해 보거나 혹은 나중에 그것을 생각해 보는 사람들에게는 경험

으로 인하여 기록된 진술들 속에 실제로 담겨있거나 거기서 추론되는 것이나 또 그렇게 보여질 수 있는 것을 개인이나 교회는 보다 충분하고도 정확하게 이해하고 또 보다 철저히 깨달을 수 있게 된다.

183) Karl Rahner, *Theological Investigations*(Baltimore : Helicon Press, 1961), 1:63 ff.

될 수 없는 그런 방식으로, 그것에 관련된 자에게 속한다. 그럼에도 불구하고 나중의 반성이 그 경험 자체와 관련없는 것은 아니다. 그 반성의 결과로서 다른 사람들의 유사한 경험들이 이해될 수 있으며 최초의 연인의 경험이 확대될 수 있다.

예수의 제자들은 후세대 기독교인들에게는 매우 중요하게 여겨진 그런 방식으로 예수 그리스도 안에서 하나님의 임재를 경험하였다. 그러나 변천하는 상황 속에서 기독교인들이 신앙을 영위할 때, 그리고 그것을 연구하면서 반성할 때, 그들은 초기의 제자들이 결코 인식하거나 예상할 수 없었던 의미와 의의를 밝혀낼 수 있었다. 예수의 시대에 대한 직접적인 경험은 그 자체로서 독특한 의미를 지닌다. 기독교인들은 사도들 없이는 존재할 수 없다. 모든 참된 기독교 교리는 성서의 증거를 통해 검증되어야 한다. 그러나 수세기 동안의 기독교인들의 헌신과 반성이 예수 그리스도 안에서 하나님이 행하신 일의 의미를 밝혀 주었으며, 또한 초기 제자들이 알지 못했던 사실의 폭과 깊이를 부여했다는 것도 사실이다. 교회사는, 그 상당 부분이 기독교인들이 성서를 어떻게 읽었으며 예수 그리스도의 제자가 되기 위해 그들이 어떻게 노력했는가에 대한 기록이다. 교회사의 "후시대"가 반드시 보다 나은 신학을 소유하고 있음을 의미하지는 않는다. 그것은, 기독교인들이 이제는 예수 그리스도 안에서 하나님이 행하신 일에 대한 발전적 이해에서 비롯되는 자료들을 소유하고 있다는 것을 의미한다.

기독교 신학은 과거와의 관련성에 있어서 양 극단을 피해야 한다. 한편으로, 기독교 신학은 과거의 신학을 반복할 수는 없다. 그것은 영적으로 죽는 방법이다. 다른 한편으로, 그것은 "새로운 것에 대한 욕구와 색다른 것을 추구하는 자기도취적 탐닉"[184]을 피해야 한다. 그러므로 발전적인 개혁주의 신학은, 감사와 아울러 비판적 판단력을 가지고 받아들여야 한다. 연속성은 단조롭고 기계적인 반복을 통해 유지되는 것이 아니라, 각 세대가 자신의 언어와 자체의 삶의 여건 속에서 신앙을 엮어나가는 삶을 통해 그 신학적 유산을 소유함으로써 유지되는 것이다. 개혁주의 신학의 발전과정은, 그것이 비록 정확하게 구분되지는 않지만 다섯 시기로 나눠 이해하는 것이 제일 좋은 방법일 것이다.[185]

(2) 고전적 개혁주의 신학 1517-1564년(95개조의 반박문, 1517년 10월 31일-칼빈의 죽음, 1564년 5월 27일)

죄악된 인간이 어떻게 하나님 앞에 설 수 있는가 하는 문제를 골똘히 생각하고 있던 어거스틴파 수도회 소속의 수도사 루터(Martin Luther)의 영혼의 격랑이 프로테스탄트 종교개혁의 직접적인 계기가 되었다. 정치적·경제적·사회적 요인들이 종교개혁운동을 촉진시키기도 하고 때로는 억제하기도 했으나, 종교개혁은 그 본질적인 면에 있어서 철저한 종교적 부흥이었다. 종교개혁의 주된 관심사는 주변적인 신학적 관심이 아니라 구원 그 자체의 성격이었다. 롤랑 베인톤(Roland Bainton)이 주장한 것처럼 종교개혁은 유럽의 세속

---

[184] Schubert Ogden in a class lecture.
[185] In this section the author is indebted to the work of his teacher, Professor Albert C. Outler.

화를 저지한 종교적 부흥이었다.[186]

프로테스탄트 종교개혁의 중심 사상은 루터의 위대한 저술들인 「교회의 바빌론 포로」(The Babylonian Captivity of the Church), 「선행론」(Treatise on Good Works), 「기독교인의 자유」(The Freedom of a Christian), 「독일 기독교인 귀족에게 고함」(To the Christian Nobility of German Nation Concerning the Reform of the Christian Estate) 등에서 생동감있고 열정적으로 진술되었다. 이 저술들 속에서 루터는, 교회의 궁극적 권위는 교황이나 종교회의나 국가가 아니라 하나님의 말씀이라고 천명하였다. 그는 사람의 구원은 자신의 공적, 행위 혹은 업적이 아니라 믿음으로 말미암은 하나님의 은혜에 의해서라고 선언하였다. 그는, 신자 개개인은 자신과 이웃에 대해서 책임을 지는 하나님 앞에서의 제사장이라고 주장하였다. 어떤 사제나 제도가 인간에 대해 책임을 질 수 없으며 인간 각자가 책임을 지고 있다고 했다. 각 사람은 고독하게 홀로 죽기 때문에 자신을 위해 믿어야 한다. 루터는 평신도와 성직자의 구분뿐 아니라, 성직과 세속 직업의 구분도 철폐했다. 한 사람의 일상적인 행위는 기독교인이라는 신분에 부가적으로 덧붙여지거나 혹은 그러한 신분에도 불구하고 주어진 어떤 것이 아니다. 기독교인의 일상적 행위는, 기독교인이 자신의 신앙으로 살아나가는 방식 가운데 하나이다. 마지막으로, 루터는 성례전에 참여하는 것은 신앙의 필수요건이라고 주장했다. 신앙, 즉 인격적인 책임의 행위를 강조함으로써 그는 신앙 문제

---

186) Roland H. Bainton, "Interpretations of the Reformation", *The American Historical Review* 66(October 1960), 74-78.(Also reprinted in *The Reformation, Material or Spiritual*, ed. Lewis W. Spitz(Baston: D. C. Heath, 1962)).

에서의 마술, 즉 의식적인 책임 행위를 회피하려는 모든 시도를 제거했다.

칼빈은 제2 세대에 속하는 종교개혁자였다. 그가 출생했을 때 루터는 이미 신학 교수였으며, 성서의 권위에 대한 자신의 입장을 수립해 놓고 있었다. 그러므로 칼빈은 교회조직, 교회생활의 문제들, 개인과 사회에서의 기독교 윤리의 문제들에 대하여 더 큰 관심을 보였다. 그는 루터 및 그 이전 시대의 신학적 저술에 의존할 수 있었다. 그래서 칼빈이 기독교 신앙에 관한 포괄적 진술, 즉 가장 영향력이 큰 프로테스탄트 신학의 요약인「기독교 강요」를 집필할 수 있었던 것이다. 그러나 칼빈 역시 매우 깊고 강렬한 감정으로 그의 신학을 저술하였다. 언어 및 논리정연한 사고 등 그가 지닌 은사들은 그가 집필할 때의 강렬함 및 서두름과는 다른 "완결성"을 그의 작품들에 부여하였다. 그러나 칼빈 신학의 연구자들은 정의에서의 정확성 결여와 그 후세대가 주목하게 된 일부 신학적 문제들을 다루지 못한 실패를 밝혀냈다.[187] 루터, 칼빈 및 초기 개혁자들 대부분은 누구보다도 설교자들이었다. 그들은 학문만을 위한 신학자들이 아니었으며, 그들의 활동은 학자적 관심사가 아니라 회중의 필요를 반영하고 있다.

(3) 프로테스탄트 스콜라주의, 1564-1755년

프로테스탄트 운동의 제 일단락은 칼빈의 죽음과 더불어 막을 내

---

187) E. g., Kilian McDonnell, *John Calvin, The Church, and the Eucharist*(Princeton : Princeton University Press, 1967), 156.

렸다. 루터는 1546년에 눈을 감았다. 칼빈의 「기독교 강요」의 최종판은 1559년에 완결되었다. 위대한 종교개혁의 신앙고백들은 1560년대 말에 작성되었다. 최종적으로 확정된 것은 아니었을지라도 교회 조직의 양상들은 이 시기에 이르러 분명하게 짜여졌다. 세 가지의 새로운 압력들로 인하여 개혁주의 공동체의 삶이 형성되기 시작했다.

첫째, 교회 생활이 내적으로 발전하게 됨에 따라 신학과 교회정치의 체계화에 더 많은 관심을 기울일 필요가 있었다. 이제는 더 이상 초기의 열심이 없어지게 되었으므로 느슨하게 규정된 수많은 절차들과 신학적 개념들은 정확하게 규정되어야 했다. 두 번째의 압력은 개혁주의 공동체들 내부, 즉 개혁주의 공동체와 루터교 공동체 그리고 개혁주의와 로마 가톨릭 사이에서 발전된 논쟁들에서 비롯되었다. 예정에 관한 복잡한 논쟁들이 프랑스와 네덜란드에서 전개되었다. 1619년 도르트(Dort) 회의의 신조는 이 논쟁들에 대해 현대적인 방법으로 답변하였다. 그 논쟁의 초점 가운데 하나는 타락후 선택론자(Infralapsarians)와 타락전 선택론자(supralapsarians) 사이의 것이었다. 타락후 선택론자들은 선택에 있어서 하나님은 인간을 피조되어 타락할 존재로 생각했었다고 선언했다. 반면 타락전 선택론자들은 선택에 있어서 하나님은 인류를 창조할 만한 가치가 있는 존재로 생각했다고 주장했다. 이 후자의 견해는 칼 바르트가 은혜는 창조에 선행한다는 사실을 강조함으로써 이것을 무가치한 것은 아니라고 주장하긴 했지만,[188] 그것은 창조와 타락을 선택이나 유기(遺棄)의 수단으로 삼는 것같이 생각되기 때문에 보다 조잡한 견해로

---

188) Barth, *Church Dogmatics*, 2, 2:127 ff.

간주되었다. 오늘날 대부분의 사람들은 과거의 그와 같은 논쟁들을 난삽하고 추정적인 것으로 여기고 있다. 그러나 그것들은 또한 20세기의 반지성적(anti-intellectual) 압력의 영향을 받은 사람들이 인식하는 것보다는 훨씬 중요하고 진지한 신학 활동을 표현했었다. 17세기의 논쟁들은 교회 생활의 발전에 있어서 불가피한 것이었으며 예정론 및 그와 연관된 논제들 그리고 성만찬에 관해 루터교와 개혁주의 사이에 벌어졌던 논쟁들로 인해 그것은 더욱 치열해졌다.

로마 가톨릭은 트렌트 회의(Council of Trent, 1545-1563)에서 자체의 신앙을 면밀히 규정하였다. 중세 가톨릭은 여러 입장을 허용하는 등 신학적으로 불안정하였다. 프로테스탄트 종교개혁과 로마 가톨릭의 종교개혁은 두 개의 좁은 통로를 통해 별도로 진행되었다. 따라서 프로테스탄트와 로마 가톨릭은 모두 신학적 선택의 여지가 제한되어 있었다. 프로테스탄트의 신앙규정과 로마 가톨릭의 신앙규정이 중세 교회의 교훈과 실천에 대해서 뿐 아니라 서로에 대해서도 어느 정도 대립적으로 형성된 것은 불가피했다. 이 시기 신학발전의 세 번째 요인은, 초기의 열심이 소멸되었다는 점과 종교적 공동체들 자체가 생활에 실패함으로써 개혁운동이 지녔던 희망이 좌절되었다는 점이다. 그러므로 다른 교회 집단들과 마찬가지로 개혁주의도 자신들의 내면으로 움츠러드는 성향을 보였다. 개인적 종교생활을 강조한 기독교의 한 형태인 경건주의는 기독교적 사회에의 희망을 대신했다. 신학은 그 시대의 지적 운동들과의 대화를 중단하고 그 자체의 내적 발전에 관심을 쏟게 되었다. 세상의 사회적·정치적·경제적·지적 생활을 교회가 장악할 수 없음이 분명해지자 교회의 경건과 신학은 일반 문화로부터 등을 돌려 방어벽을 쌓는 경향을 나타내었다.

이 시대 신학에 대해 일반적으로 스콜라주의라는 용어를 적용시키는 것은 정의 규정상 어려움이 따른다. 이 말은 그 어원을 중세 스콜라주의에 두고 있다. 그러나 프로테스탄트 스콜라주의는 성서의 권위와 믿음으로 의롭게 된다는 프로테스탄트 교리들에 의해 수정된다. 여기에서 말하는 스콜라주의란, 정의의 정확성과 논리적이고 균형있고 일관된 진술을 크게 강조하는 신학의 한 유형이라는 사실을 유의하는 것으로 충분하다. 그것은 고도의 전문적 수준의 신학을 나타낸다. 이러한 장점들은 개혁주의 스콜라 신학에 큰 힘을 부여했다. 이 시대의 신학들은 오늘날에도 여전히 영향을 주며 지적 치밀함을 위해서는 필요불가결한 것들이다. 스콜라 신학의 위험은 면밀하고 정확한 정의들을 추구하다가 신학이 추상화되고 삶에서 멀어지게 된다는 점이다. 삶이란 논리 이상의 그 무엇임을 잊어버리게 된다.

계약신학이 영국의 청교도들과 코체이우스(Cocceius, 1603-1669), 비튜시우스(Witsius, 1636-1708) 등 대륙의 신학자들에 의해 발전하게 되었을 때, 스콜라 신학자들이 개혁주의로 영입되었다. 다양한 계약들을 중심으로 신학을 조직한 계약 신학은, 그 관심사를 하나님의 섭리에서 역사 속에서의 그 섭리의 실행으로 바꾸었다. 계약신학은 신학에 의해 묘사된 점차 많아지는 신의 행위의 임의성을 배제해 버리고 그 대신 인간의 책임을 강조하였다. 하나님이 아담과 더불어 맺는 행위계약은 창조주에 대한 인간 각자의 책무를 뚜렷하게 개념화하였으며 따라서 신학자들로 하여금 기독교 공동체 바깥에 있는 자들에 대하여 말할 수 있는 근거를 제공해 주었다. 계약신학은 신학을 보다 인간적이고 합리적인 것으로 만드는 데 이바지하였다. 그러나 그것은 하나님의 주권을 파괴하였으며 기독교의 삶을 율법주의적이고 합리주의적 방식으로 이해한다는 비판을 받기도 했다.[189]

스콜라 신학자들은 예정과 인간의 자유에 관한 아르미니우스(Arminius, 1560-1609)의 자유주의적 신학과 사우물(Saumul)파 신학자들의 활동, 즉 아미로(Amuyraut, 1596-1664)의 예정론 수정, 플라체우스(Placeus, 1596-1665 혹은 1655)의 아담의 죄의 직접적 전가의 반대, 카펠 2세(Louis Cappel the Younger, 1585-1658)의 성서본문 연구 및 히브리 모음 부점의 모세 저작설 부인을 배제하는 데 성공하였다.

기본적 전제들에 대해서는 이의를 제기하지 않은 채 17세기에 지배적이었던 개혁주의 신학을 수정하려고 한 시도들 중 가장 지속적인 노력은 요나단 에드워즈(Jonathan Edwards, 1703-1758)와 더불어 시작되어 뉴 잉글랜드의 신학자들에 의해 이루어졌다. 이제 신학 활동은 세 가지 새로운 발전 사항들을 고려해야만 되었다. 뉴톤(Isaac Newton, 1642-1727)은 그의 「수학 원리」(*Principia Mathematica*, 1686)에서 자체의 법칙에 따라 움직이는 질서정연한 세계를 기술하였다. 자체의 법칙에 따라 스스로 움직이며 또 이해

---

[189] Perry Miller, "The Marrow of Puritan Divinity" in *Errand into the Wilderness* (Cambridge : Harvard University Press, 1956), pp. 48-98.

가능해 보이는 우주에서 하나님은 점차 불필요한 존재가 되어 갔다. 둘째, 로크(John Locke, 1632-1704)는 이 새로운 지식을 모든 지식의 경험적 근거와 기독교의 합리성을 강조한 하나의 철학 속에 융합시켰다. 셋째, 에드워즈 자신이 관련된 대부흥 운동들은 인간의 자유와 하나님의 주권에 관한 옛 문제를 야기했다.

칼빈과는 대조적으로 에드워즈는 로크의 사상을 비롯한 인간 본성에 관한 새로운 인식들에 비추어 인간의 의지를 매우 면밀하게 분석하였다. 그는 인간의 의지는 존재 자체의 필연성 아래 놓여 있다고 주장했다. 모순된 선택에의 능력이 의지에 속한다고 말하는 것은 의미가 없다. 도덕적 무능력은 성향의 결핍 혹은 모순된 성향에의 힘에 있다. 의지는 원하는 바대로 행한다는 점에서 자유롭다. 이것은, 인간이 구원과 정죄라는 선택 사이에 놓인 존재라고 주장하는 듯한 아르미니우스주의에 대한 에드워즈의 답변인 동시에 은혜의 필요성에 대한 그의 논증이었다. 그러나 에드워즈의 합리적 개혁주의 신앙의 중심 주제는, 그가 존재, 선·미 등을 보는 관점에서 칼빈보다 더 잘 인식하고 있었던 하나님의 존재였다. 에드워즈 역시 신앙을 성서적, 역사적으로 진술하려 했으나 실패하고 말았다. 그는 지적 호기심과 신학적 자유와 창의성을 가지고 전통적 개혁주의 신앙을 새로운 문화적·종교적 상황에 맞게 조절하려고 시도하고 있었다.

개혁주의 신학을 수정하려던 에드워즈의 노력은 에드워즈 2세(Edward, Jr.), 사무엘 홉킨스(Samuel Hopkins), 벨라미(Joseph Bellamy), 드와이트(Timothy Dwight), 타일러(Bennet Tyler)를 포함한 유명한 후속 신학자들에게 이어져 테일러(Nathaniel William

Taylor, 1786-1858)의 활동에서 끝을 맺었다. 에드워즈와 더불어 이들은 인간의 자유와 은혜라는 문제 그리고 기독교의 하나님 개념의 이해가능성을 놓고 씨름하였다. 그들은 원죄와 속죄 교리에 있어서 몇 가지 조정을 시도하였다. 그들은 기독교의 선교활동이 폭발적으로 일어날 수 있는 길을 열어 놓았으며, 그 시대 사람들로 하여금 19세기가 제기한 보다 어려운 문제들에 대처할 수 있도록 준비시켜 주었다. 그러나 그들은 여전히 전통적 정통 개혁주의의 웨스트민스터 신앙고백의 울타리 안에 머물러 있었다. 1880년대에 와서 그들은 이 전통에 구속을 덜 받는 자유주의 신학자들에 의해 교체되었다.

(4) 계몽주의 및 19세기의 위기, 1775-1918년.

과학혁명, 계몽주의, 산업혁명 그리고 1차대전 등으로 인해 막을 내린 19세기의 다양한 문화적, 지적 운동들은, 지적, 문화적 역사에 있어서 가장 급진적인 변화들 가운데 하나임이 분명하다.

첫째, 반 하비(Van Harvey)가 "지식의 새로운 도덕성"이라 일컬은 것이 있었다.[190] 17, 18세기에 이르기까지 "지식의 도덕성"은 권위에의 의존을 강조하였다. 1637년 데카르트는 방법론에 관한 자신의 논문에서 진리에 도달하는 도구로서 모든 권위에 대한 회의를 주장하였다.[191] 기만당하기를 원치 않는 자는 권위있는 서적, 인물, 제

---

190) Van Austin Harvey, *The Historian and the Believer*(New York : The Macmillan co., 1966), pp. 102 ff. 이 시대에 대한 간략하고도 좋은 개관으로는 H. G. Wood, *Belief and Unbelief Since 1850*(Cambridge, England: The University Press, 1955)을 보라.
191) René Descartes, *Discourse on Method,* trans, John Veitch(London : J. M. Dent & Sons Ltd, 1949), pt. 2, pp. 11-18.

도 및 심지어는 인류의 지혜까지도 철저하게 회의한다. 철저한 회의에서 살아 남은 그것은 믿을 수 있다. 네덜란드의 유명한 신학자 보에티우스(Voetius)가 특별한 관심을 가지면서부터 이 새로운 태도는 일부 교회 집단에 경각심을 불러일으켰다.[192] 그러나 그것은 진리에 이르는 생산적인 방법이었으며 미래를 결정짓게 했다.

둘째, 변화에 대한 새로운 자세가 있었다. 그 이전까지는 변화를 비정상적인 것으로 간주했으며 고정적인 것, 즉 불변하는 것이 정상이었다. 12세기에 피오리의 요아킴(Joachim of Fiori, 1145-1202)은 이 견해에 이의를 제기하였다. 점차적으로, 변화는 정상적인 것으로 받아들이게 되었다. 20세기 중반에 이르러서는 사회 변화의 속도가 점점 빨라져서 가장 강한 자 외에는 방향감각을 상실하여 겁을 먹을 정도의 속도에 달하게 되었다.

셋째, 과학혁명은, 인간이 자기가 살고 있는 세계에 대해 마음에 품고 있던 그림을 송두리째 바꾸어 놓았다. 코페르니쿠스 이전의 세계는 신학적으로 쉽게 이해되는 세계였다. 우주와 신학 사이에는 어떤 적절한 관계가 성립되어 있었다. 하나님은 "저 위에" 계시고, 지옥은 "저 아래" 어디엔가 있었다. 그러나 코페르니쿠스(1473-1543) 이후 19세기 신학자들의 선언과 마찬가지로 하나님은 더 이상 현주소를 갖고 있지 않았다. 그뿐 아니라 파스칼이 주목한 것처럼, 무한한 우주에는 공포가 있었다.[193] 무한한 시간과 우주 역사에로의 인

---

192) John W. Beardslee Ⅲ, ed. and trans, *Reformed Dogmatics*(New York : Oxford University Press, 1965), p. 12.
193) Blaise Pascal, *Pensées*, trans. W. F. Trother(New York: Random House, Modern Library, 1941). Fragment 205, p. 74.

류의 뒤늦은 등장은 19세기에 그 이상의 문제들을 야기했다. 과학과 종교의 관계에서의 위기는 1859년 「종의 기원」이 출판된 직후인 1860년대 영국에서 시작되어 스코프스 재판(Scopes trial)과 더불어 1925년 미국 남부지역 교회에 위기를 몰고 온 다윈에 관한 논쟁들에서 감정상의 대립이 절정에 이르렀다. 스코프스 재판의 경우와 마찬가지로 이 논쟁의 상당 부분은 넌센스로 판단되어야 한다. 그러나 근본적인 문제는 그 저변에 놓여 있었다. 우주에 있어서 궁극적인 사실은 목적·의도 및 사랑인가, 아니면 비인격적인 변덕스러운 힘인가?

교회생활에 혼란을 야기한 네 번째의 발전은 성서에 비평적, 역사적 방법론을 진지하게 적용한 것이었다. 역사가들은 문자로 기록된 자료들의 편집적인 성격을 밝혀내도록 해주고 또 기록 그 자체의 성격을 이해 가능하도록 해 준 분석이라는 그들의 도구의 날을 예리하게 갈았다. 게다가 역사연구의 보다 나은 방법들과 더불어 역사 인식, 즉 자료뿐 아니라 개인, 단체 및 제도가 환경에 의해 모양을 갖추고 형성되도록 해 준 그 방식에 대한 새로운 인식도 발전되었다. 이러한 도구들이 성서에 적용되었을 때 특히 19세기의 마지막 30년 동안, 그것은 많은 신자들에게 큰 충격을 주었다. 신앙은 성서관과 매우 밀접하게 연결되어 있을 뿐 아니라, 대부분의 기독교인들에게 있어서 역사적 연구는 기독교 신앙을 침식시킬 것으로 여겨졌다. 예컨대, 예수는 이 세상에서 생활한 적이 없다든가 혹은 복음서의 기록은 그의 언행에 관한 믿을 만한 기록이 아니라는 강력한 증거가 제시될 수 있다면, 기독교는 대부분의 기독교인들에게 신앙으로 존립할 수 없게 될 것이다. 그 결과는 두려움과 걱정이었다. 그뿐 아니라, 「황금 가지」(*The Golden Bough*)에서의 프레이저(Frazar)와 같은 역사가들은 종교를 인간 발전의 단계 중 마술의 단계는 넘어섰으나 과학의 단계에는 이르지 못한 것으로 설명하였다.

다섯째, 엥겔스(Engels)와 더불어 1848년에 「공산당 선언」(*Communist Manifesto*)을 발표하고 1876년 「자본론」(*Das Kapital*)을 펴낸 마르크스(Karl Marx)가 기독교 공동체에 문제들을 제기하였다. 마르크스는 신앙의 이데올로기적 성격, 즉 종교 심지어는 기도까지도 자신의 이익을 증진시키기 위해 어떻게 사용될 수 있는가 하는 점을 밝혔다. 그는, 교회는 정의의 선도자가 아니라 불의의 보호자라고 주장했다. 나아가서, 그는 사람이 생계를 영위하는 방법과 그 경제적 지위가 그의 신학적·윤리적 사고를 형성한다고 주장했으며, 따라서 종교를 경제적 관점에서 설명했다.

여섯째, 프로이드(Sigmund Freud, 1856-1939)도 신학 공동체에 대해 문제들을 제기하였다. 현대 지식이 우주에서 인간이 차지하는 위치와(Copernicus) 인간 기원의 독특성을 제거했듯이(Darwin), 프로이드는 인간 자유의 존엄성을 제거했다고 그 자신이 선언하였다.[194] 더구나 프로이드는 종교를 인간의 필요와 공상을 충족시키는 측면에서 설명했다.[195] 포이에르바하(Ludwig Feuerbach)는 19세기 초에 「기독교의 본질」(*The Essence of Christianity*)에서 신학은 인간 정신의 투사물에 불과하다고 주장했다.

---

194) Sigmund Freud, *General Introduction to Psychoanalysis*, rev. ed.(New York : Simon & Schuster, 1969).
195) Freud, *Totem and Taboo*. p. 145.

일곱째, 19세기 서구 세계는 인류의 종교들을 새롭고 생생하게 인식하게 되었다. 기독교 공동체는 항상 유대교 및 이슬람 신앙 등과 접촉하고 또 적응하고 있었다. 이제 기독교 교리에 대해 세계의 다른 종교들이 갖고 있는 존재의 의미의 문제들이 비판적으로 제기되었다.

여덟째, 산업혁명은 지적 발달을 일으켜 사람들의 삶의 방식을 철저하게 바꿔 놓았다. 농업과 촌락들은 더 이상 기준이 될 수 없었다. 급속히 늘어나는 교통·통신시설을 갖춘 산업도시 사회는 새로운 기회들을 제공함과 동시에 과거에 인간의 삶을 받쳐 주던 많은 버팀목들을 제거하였다.

신학적 시간은 연대기적 시간과 동일한 것이 아니라는 사실을 유의해야 한다. 수많은 새로운 지적·문화적 발전들의 의미가 부분적으로 서서히 인식되었다. 사상적으로는 프로이드와 마르크스에 관해 알고 있는 많은 사람들이 자신의 인격 깊숙한 자리에서는 그들에 관해 알지 못했다. 회중 가운데는 연대기적으로는 1976년에 살고 있으나 신학적으로는 1800년, 1900년 혹은 1940년에 살고 있는 사람들이 있다. 더러는 신학적으로 1977년에 접근해서 살고 있을지도 모른다. 그러나 1960년대 후반보다는 더 적은 수이지만 일부는 2000년대에 살고자 한다.

19세기의 문화적·사회적 발전들이 기독교에 미친 영향은 매우 컸다. 근본주의, 자유주의 그리고 사회복음 등의 세 가지 신학적 동향들은 모두 이 위기에 의해 생겨났다. 그러나 이런 동향들은 자유적 혹은 보수적 정신과 동일시되어서는 안되며 사회적 관심이 사회복음과 동일시되어서도 안된다. 교회 내에는 항상 자유주의자들과 보수주의자들이 있었으며 일부 신자들은 항상 사회 문제에 관심을 보여 왔다. 그러나 계몽주의와 19세기가 미친 영향이 매우 커서 이상이한 태도들 혹은 성향들에 대한 각각의 반응들은 일정한 견해들로 발전하였다. 그것들은 문제들을 연결짓는 방법들이 아니라, 특정 기간에 형성되어서 새로운 상황에서도 단순하게 반복될 수 있는 일정한 입장이었다. 그러므로 근본주의, 자유주의 및 사회복음 등은 교회 내에 항상 존재해 온 태도들 혹은 성향들과는 구분하여 그것들의 역사적 기원의 관점에서 이해하는 것이 중요하다.[196]

근본주의는 새로운 발전들을 무시할 뿐 아니라 허용하지도 않는다. 경건주의적 근본주의자들은 마치 아무런 변화도 일어나지 않은 것처럼 기도와 성서 읽기를 계속했다. 그들은 상황에 대해 분노하지도 요동하지도 않았다. 그러나 신조주의적 근본주의자들은 분노했다. 그들은 새로운 지식을 허용하지 않고, 다윈, 프로이드 등이 잘못되었다고 선언하였다. 그들은 새로운 지식에 대립되는 기독교 신앙을 형성하고 또한 새로운 지식에 오염된 이단들을 색출하러 나섰다.

자유주의자들은 새로운 발전들을 받아들이거나 환영하였다. 그뿐 아니라, 그들은 기독교인이면서 또한 현대인이 되고자 했다. 그들은 새로운 지식을 기독교 이해와 신앙에 가능한 한 많이 융합시키려 애썼다. 자유주의자들은 새로운 지식의 영속적인 성격을 올바로 이해

---

[196] Cf. Stewart G. Cole, *The History of Fundamentalism* (New York : Richard R. Smith, 1931). Noman F. Furniss, *The Fundamentalist Controversy, 1918-1931* (New Haven : Yale University Press, 1954). Ernest R. Sandeen, *The Roots of Fundamentalism : British and American Millenarianism, 1800-1930* (Chicago : University of Chicago Press, 1970). Henry P. van Dusen, *The Vindication of Liberal Theology : A Tract for the Times* (New York : Charles Scribner's Sons, 1963).

했으며, 또 기독교 신학자들로서 이 새로운 자료들이 기독교 신앙에 대하여 갖는 의미를 밝히기 위해 씨름한 면에 있어서 그들은 기독교 신학에서 지울 수 없는 자취를 남겼다. 책임있는 신학자라면 자유주의자들을 과소평가할 수 없다. 왜냐하면 기독교 신앙은 발생된 사건들과 맞닥뜨려야 한다는 것을 올바로 이해했기 때문이다. 신학은 자유주의를 거쳐 그것을 넘어설 수는 있으나, 뒤질 수는 없다. 그러나 자유주의자들은 현대인인 동시에 기독교인이 되고자 하는 그들의 시도에서 때로는 감정적으로 받아들인 상징들을 계속 고수하려 하면서도 반면 기독교 신앙의 명확한 천명은 포기했다.

사회복음은 새로운 산업도시 사회에서의 기독교인의 삶의 방식을 만들어 내고자 하는 기독교인들의 노력이었다. 기독교인들은 시골의 소도시와 농업 사회의 삶의 방식을 이미 알고 있었다.[197] 이제 그들은 완전히 새로운 국면에 직면하게 되었다. 당신이 큰 자동차 회사의 사장이 되었을 경우 정직하다는 것은 무엇을 의미하는가? 사회복음주의자들의 초기 노력들 가운데 많은 부분은 매우 단순한 것이었다. 그들은 문제의 복잡성과 인간의 죄성을 과소평가했다. 그들은 그 운동의 가장 인기있던 전도지들 가운데 하나인 〈그의 발자국〉(His Steps)에서 "예수라면 어떻게 할까?"라고 물음으로써 새로운 상황에 대처하고자 시도하였다. 사회복음이 실패한 면들을 비판하기는 쉽다. 그러나 사회복음주의자들은 아직 완수되지 않은 임무를 시작했으며, 최고의 칭찬을 받아야 마땅한 용기와 성실성을 보여 주

---

197) Cf. Charles Howard Hopkins, *The Rise of the Social Gospel in American Protestantism, 1865-1915*(New Haven : Yale University Press, 1940).

었다.

(5) 새로운 종교개혁의 신학, 1918-1955년.

20세기에 들어서자 낙관주의적 분위기가 팽배하였고 기독교인들은 싹터나오는 형제애를 노래하고 있었으나 제1차 대전과 그에 뒤따른 경제공황이 새로운 시대를 예고하였다.[198] 1917년 칼 홀(Karl Holl)은 루터의 종교이해에 관한 한 편의 논문과 칸트 이래 진보적인 종교사상이 받아들여짐에 따라 윤리학은 다른 것이 아닌 종교로부터 발생한다고 주장한 논문-더불어 프로테스탄트 개혁자들에 관한 현대적 연구를 시작하였다. 신학의 새로운 시대를 예고한 위대한 나팔수는 칼 바르트의 「로마서 주석」(1918), 특히 1922년에 출판된 제2판이었다. 19세기 신학자들은 새로운 지식에서 깊은 감명을 받은 반면 바르트는 하나님의 말씀에서 깊은 감명을 받았다. 이 말씀은 인간의 모든 업적들과 지식을 판단한다. 하나님은 하늘에 계시고 인간은 땅에 있다. 그러므로 인간은 말을 되도록 삼가야 한다. 자유주의 신학자들은 연속성-하나님과 세상 사이의 연속성, 기독교인과 비기독교인의 연속성, 예수 그리스도 안에서의 하나님의 계시와 다른 모든 곳에서의 하나님의 계시 사이의 연속성을 강조했다. 그러나 바르트는 비연속성, 즉 그 차이점을 강조했다. 그뿐 아니라, 하나님은 창조주이시고 주권적이며 자유로운 분이시다. 그는 스스로 결정

---

198) Competent introductions to this period : William Hordern, *A Layman's Guide to Protestant Theology*, rev. ed(New York : The Macmillan Co., 1970). Daniel Day Williams, *What Present-day Theologians Are Thinking*, 3rd. ed. rev.(New York: Harper & Row, 1967). Heinz Zahrnt, *The Question of God : Protestant Theology in the Twentieth Century*, trans. R. A. Wilson(London : Colins, 1969).

한 장소와 시간에서 말씀하신다. 그는 인간의 요구에 따라 움직이지 않는다. 요컨대, 바르트는 하나님에 관한 그리고 인간의 상태 및 인간 구원 등에 관한 기독교의 고전적 주장들을 재천명하였다.

바르트가 기독교의 고전적 주장들을 재천명하였지만, 그가 그렇게 한 것은 20세기를 사는 사람으로서였다. 그는 19세기에 일어난 사실들을 받아들였다. 그는 과학혁명, 역사적·비판적 연구, 산업혁명 등을 부인하지 않았다. 그는 근본주의자도 자유주의자도 아니었다. 양자 모두가 그에게는 바람직하지 못한 것이었다.

미국 신학의 새로운 시대는 1932년에 출판된 라인홀드 니버의 「도덕적 인간과 비도덕적 사회」(*Moral Man and Immoral Society*)와 더불어 시작되었다. 종교적 자유주의자들은, 종교에 의해 불의가 극복될 수 있으리라 믿었다. 존 듀이(John Dewey)와 같은 세속적 자유주의자들은 교육을 자신의 신앙으로 삼았다. 니버는 종교와 이성 모두가 자아에 의해 불의를 유지하는데 사용될 수 있고 또 실제로 사용되고 있음을 지적한 마르크스의 분석을 받아들였다. 그뿐 아니라, 니버는 인간의 충동적 본성과 인간의 자기중심적인 힘에 비춰 볼 때 자유주의 사상의 낙관주의가 부당함을 발견하였다. 인간이 기대할 수 있는 최선의 사회는 힘이 지속적인 요인으로 작용하고 있으나 관용적인 정의가 가능하도록 힘의 중심부가 충분히 축소되고 상호간에 서로 견제와 균형을 이루는 사회이다.

바르트와 니버는 신학사에 있어서 가장 위대한 시대들 중 하나를 이끌었다. 영속적 의미를 지닌 신학 활동들이 꼬리를 물고 이어졌다. 에큐메니칼 운동은 서로 다른 전통들에 속한 신학자들을 한 자리에 모음으로써 신학업무의 새로운 보편성에 기여하였다. 계속되는 대공황의 참화 그리고 국가 사회주의와 같은 매우 악한 정치적·사회적 운동들과 제 2차 세계대전의 발발 등은 심각하고 절박한 상황을 낳았다.

(6) 신학적 혼돈과 실험의 시대, 1955년 이후

1950년대에 들어서자, 바르트 진영의 신학운동은 그 활력을 많이 잃었음이 분명해졌다.[199] 옛 자유주의를 훨씬 더 많이 반영한 불트만(Rudolf Bultmann)과 틸리히(Paul Tillich)는 1940년대 후반과 1950년대에 바르트 및 라인홀드 니버 등과 신학적 자리를 공유했다. 그뿐 아니라, 많은 사람들이 볼 때, 과거 30년 동안의 신학이 19세기에 제기되었던 문제들 중 너무 많은 것들에 대해 너무 쉽게 답변하였으므로, 이 문제들은 다시 제기되어야 함이 분명해지고 있었다. 한 가지 문제는, 예수 그리스도에 관한 역사적 지식의 성격과 범위에 관련되어 있었다. 심지어는 신학 용어조차 의문시되어, 어떤 사람은 "하나님"이라는 용어도 진실도 거짓도 아닌 무의미한 것이라고 주장하였다. 바르트 진영의 신학자들은 하나님과 인간의 죄에 관해 많은 것을 말했다. 세속적 신학자들은 세상과 인간의 책임에 관해 더 많이 말하기를 원했다. 또한 어떤 신학자들도 바르트와 니버처럼 당당한 권위를 가지고 나타나지는 못했다.

---

199) Langdon Gilkey, *Naming the Whirlwind : The Renewal of God-Language*(New York : The Bobbs-Merrill Co,. 1969), p. 6. William Hordern, *op. cit*. Daniel day Williams, *op. cit.* Heinz Zahrnt, *op. cit.*

1955년 이래 20년 동안의 신학이 흥분을 불러일으키지 않은 것은 아니었다. 그것은 매우 다양한 운동들과 관심사들, 즉 역사적 예수에 관한 새로운 연구, 신의 담화(God-talk)의 성격, 사신(死神)신학, 제2차 바티칸 회의와 그 여파, 세속의 신학 및 본회퍼의 부흥, 시민권리운동, 여성해방운동, 희망의 신학, 해방신학 및 평화운동 등을 포함하고 있다. 수많은 신학자들이 변덕스럽다는 비난을 받을 정도로 하나의 신학 혹은 운동에서 다른 것으로 신속하게 이동하였다. 다른 신학자들은 과거의 거장들에게서 새 시대에 맞는 기독교 이해에 대한 실마리를 찾으려는 기대를 안고 그 거장들과 진부한 씨름을 하였다. 이 시대의 신학적 격변은 한 신학자가 방향을 잃거나 사방에서 불어오는 교리의 바람에 흔들리지 않고 모든 새로운 운동들, 신학들과 더불어 대화와 논쟁을 벌일 수 있는 하나의 살아있는 전통에 굳게 서는 것의 중요성을 강조하였다. 그러한 신학자는 새로운 것을 추구하는 모든 것 속에서 또 다른 위대한 신학의 시대를 위한 토대들이 놓여 있음을 기대할 수 있었다.

4. 대표적인 신학자들

(1) 존 칼빈(John Calvin, 159-1564) 「기독교강요」

칼빈의 「기독교 강요」(초판 1536, 라틴어 최종판 1559)는 프로테스탄트 신학 일반에 있어서, 특히 개혁주의 신학에 있어서, 가장 영향력 있는 진술이다. 또한 그것은 문학적으로도 괄목할 만한 작품이다. 그는 라틴어의 대가로서 집필하였으며 불어를 신학을 위한 매개체로 사용한 최초의 대신학자였다. 그는 스콜라 신학자들의 특수한 어휘들에 거부감을 느끼고 의도적으로 일상의 언어를 선택하였다. 그의 목적은 설득해서 확신시키는 것이었다.[200]「기독교강요」는 완성된 부품들로 짜맞춰진 기계와 같은 통일성이 아니라, 위대한 초상화의 통일성을 가지고 있다. 통일성 있는 주제는 하나님에 관한 지식과 인간에 관한 지식으로서 그 내적 상호관계이다. 칼빈의 말처럼, 하나님을 말하지 않고는 인간을 말할 수 없고 인간을 말하지 않고는 아무도 하나님을 말할 수 없다.

「기독교강요」는 사도신경의 구분에 따라 네 부분으로 나누어진다.

Ⅰ. 창조주 하나님에 관한 지식.

Ⅱ. 구속주 하나님에 관한 지식.

Ⅲ. 그리스도의 은혜를 받는 방법.

Ⅳ. 하나님이 우리를 그리스도의 왕국으로 초대하시고 우리를 그 안에 보존하시는 영원 방편 혹은 도움.

이 네 가지의 구분에서 칼빈은 하나님에 관한 이중적인 지식에 의거하며「기독교강요」의 두 부분을 시사하고 있다.

창조주 하나님에 관한 지식 Ⅰ.1-Ⅱ.5

구속주 하나님에 관한 지식 Ⅱ.6-Ⅳ.20.

---

200) Quirinus Breen, "St. Thomas and Calvin as Theologians : A Comparison", *The Heritage of John Calvin*, ed. John H. Bratt(Grand Rapids : Eerdmans, 1973), pp. 23-39. E. David Willis, "Rhetoric and Responsibility in Calvin's Theology", *The Context of Contemporary Theology : Essays in Honor of Paul Lehmann*, ed. Alexander J. McKelway and E. David Willis(Atlanta : John Knox Press, 1974), pp. 43-63.

「기독교강요」는 일상 대화에서 사용되는 언어로 성서의 메시지를 조리있고 질서정연하게 진술하려는 노력을 보여 준다. 칼빈은 교회 조직, 말씀 선포, 예배 및 목회 사역에 관심을 가진 성직자로서 이 책을 저술하였다. 특히, 그는 성서주석자로서 글을 쓴다. 아마, 성서주석, 명료한 논리적 사고, 문학적 표현 및 목회적 관심 등의 여러 가지 주제들을 하나의 인격 속에 그와 같이 잘 조화를 이루어 힘있게 결합시킨 신학자는 역사상 없을 것이다. 성서, 논리학, 문학적 표현 및 목회적 관심 등의 이러한 통일성이 바로 「기독교 강요」의 힘이며 위대성이다. 한편 이 책의 결점으로는 철학적 호기심 및 상상력의 결여를 꼽을 수 있다.

(2) 윌리암 에임즈(William Ames, 1576-1633) 「신학의 정수」(The Marrow of Theology).

에임즈는 영국 청교도 운동의 일원으로 성장하였다. 그는 윌리엄 퍼킨스(William Perkins) 아래서 공부하였으며, 대부분의 청교도 신학자들처럼 그는 위그노파 순교자 피터 라무스(Peter Ramus, 1515-1572)의 논리에 큰 영향을 받았다. 영국에서 피신한 그는 그의 전성기를 네덜란드에서 보냈다. 여기에서 그는 어거스틴적, 개혁주의적, 그리고 청교도적 관점에서 기독교 신앙에 관하여 간결하고 빈틈없이 조직된 진술인 「신학의 정수」를 집필하였다. 볼레비우스(Johannes Wollebius, 1586-1629)의 「기독교 신학 개요」(Compend of Christian Theology, 1626)와 마찬가지로 에임즈의 「신학의 정수」는 읽고 기억하기가 쉽다. 어떤 현대 번역자는 「신학의 정수」를 "기독교적 삶에 관한 근본적인 교훈을 청교도적으로 기록한 것"이라고 묘사한다.[201] 이 책은 영국과 뉴 잉글랜드에서 폭넓게 읽혔고 큰 영향을 끼쳤다.

(3) 프란시스 튜레틴(Francis Turretin, 1623-1687), *Institutio Theologiae Elencticae*.

튜레틴은 칼빈보다 1세기 후에 신학 활동을 하였다.[202] 개혁주의 신학을 견고히 세우고 보존하는 것이 그의 의도였다. 그는 스콜라주의의 신학적 방법론들을 사용하여 자신의 목적을 추구하였는데, 그것은 정의, 논리 및 방법론 등을 강조하는 것이다. 칼빈은 신학적 정확성에 충분히 주의를 기울일만한 시간을 갖지 못하고 신앙 부흥에 대한 열정으로 신학을 저술했기 때문에 이런 발전은 꼭 필요했다. 비록 칼빈이 논리적 사고를 갖기는 했지만 그의 신학은 논리적 형식보다는 하나님과 인간 사이의 실존적 관계로 결합된 유기적 총체이다. 칼빈은 자신의 신학에 적절한 질서를 부여하려고 매우 애썼다. 그러나 모든 기독교 교리들을 고정된 매개 변수(parameter)를 가진 하나의 체계로 만드는 시도는 하지 않았다. 그러므로 그의 신학의 많은 부분은 전체적인 진술 속에 질서정연하게 자리잡고 있기는 하지만, 결론은 열린 채로 남아 있다. 따라서 「기독교강요」를 자세히

---

201) William Ames, *The Marrow of Theology*, trans, & ed. John D. Eusden(Philadelphia : Pilgrim Press, 1968), p. 3. Matthew Nethenus, Hugo Visscher, and Karl Reuter, *William Ames*, trans. Douglas Horton(Cambridge : Harvard Divinity School Library, 1965).

202) John Walter Beardslee, "Theological Development at Geneva under Francis and Jean-Alphonse Turretin, 1648-1737"(Ph. D. dissertation, Yale University, 1957). John W. Beardslee, *Reformed Dogmathics : J. Wollebius, G. Voetius, and F. Turretin* (New York : Oxford University Press, 1965).

읽어 보면 적절하게 연관되지 않은 "모순들"이나 주제들이 드러난다. "이중 예정" 교리의 경우에서와 마찬가지로, 칼빈이 그의 신학의 모순들 가운데 일부를 해결하려고 노력하긴 하였으나 외견상 모순되어 보이는 많은 역설들은 여전히 남아 있다. 이러한 처리 방식이 합리적 사고를 가진 사람들을 괴롭히고 있기는 하지만, 분명하게 모순적인 주장들이나 긴장 속에 결합된 상호관련된 주제들은 그 긴장을 무리하게 해결하려는 것보다는 오히려 진리에 더 가까울 수가 있다. 그의 신학에서 해결되지 않은 딜레마에 대한 좋은 예로서는 인간 의지의 예속성과 인간 의지의 자유에 대한 칼빈의 주장이다. 모든 용어상의 문제들이 해결되고 모든 제약들을 고려할 때조차도 죄의 불가피성과 인간의 자유 및 책임 사이의 긴장은 여전히 남아 있다.

더구나, 칼빈의 다음 세기에 벌어진 로마 가톨릭, 루터교, 재세례파 사이의 논쟁과 개혁주의 자체 내의 신학 논쟁들은 용어의 정의와 논리를 장려하게 되었다. 성직자로서 튜레틴은 밀려드는 세속주의의 물결과 싸워야 할 의무를 느꼈다. 튜레틴의 저작은 주요한 전문적 업적이었으며 오늘날 신학자들도 그 문제들에 대한 튜레틴의 분석으로부터 배울 내용이 있을 것이다. 그의 신학은 프린스톤(Princeton)신학의 토대가 되었으며 그의 「*Institutio*」는 많은 신학교에서 교재로 사용되었다. 찰스 하지(Charles Hodge)는 튜레틴의 신학이 추상적이기는 하지만, 뜨거운 경건 및 복음적 관심과 결합될 수 있다는 것을 보여 주었다.

(4) 찰스 하지(Charles Hodge, 1797-1878), 「조직신학」 (*Systematic Theology*)[203]

하지는 상상력이 풍부하거나 창조적인 신학자는 아니었지만 미국 역사상 가장 영향력있는 신학자들 중 한 사람이었다. 삼천 명 이상의 학생들이 프린스톤의 그의 강의실을 거쳐갔다. 프린스톤의 신학을 읽기 쉬운 형태로 요약한 그의 「조직신학」은 미국 신학교육에서 가장 널리 사용된 교재들 가운데 하나였다. 하지는 그의 활동을 성서학자로서 시작하였다. 그는 또한 교회사도 연구하였다. 이런 초기의 연구는 후기의 하지를 형성하는데 도움이 되었다. 왜냐하면 하지는 철학적 문제들에 대해 흥미를 가진 적이 없기 때문이다. 그는 신학을 이렇게 규정하였다.

> 성서의 사실들이 그 속에 포함되어 있고 또 그 전체에 널리 퍼져 있어 전체에 조화를 주는 원리들이나 일반 진리들을 가지고 그 사실들의 적절한 질서와 관계에서 그 사실들을 드러내는 것[204]

신학은 "성서의 사실들과 원리들"에 관여하는 것이지, 인간 존재

---

203) A. A. Hodge, *The Life of Charles Hodge, D. D. LL. D.* (New York : Charles Scribner's Sons, 1880). Hodge의 신학에 관한 유익한 논문으로는 Penrose St. Amant "The Rise and Early Development of the Princeton School of Theology"(University of Edinburgh, 1958)와 John Oliver Nelson, "The Rise of the Princeton Theology"(Yale University, 1936)이 쓰여진 바 있다.

204) Charles Hodge, *Systematic Theology*(New York : Charles Scribner and Company, 1872), 1:19. Lefferts Augustine Loetscher, *The Broadening Church : A Study of Theological Issues in the Presbyterian Church Since 1869*(Philadelphia : University of Pennsylvania Press, 1954).

자체로부터 발생하는 문제들에 관여하는 것이 아니다. 하지는 독일에서 공부하였는데, 거기서 그는 네안더(Neander)와 같은 학자들을 알게 되었고, 툴룩(Friedrich August Touluck)과는 오랫동안 우정을 나누는 사이로까지 발전하였다. 독일에서의 공부는, 19세기의 많은 미국 학생들의 경우와 마찬가지로 하지에게 자유주의적·비판적 방향으로 영향을 주었다. 그의 후견자인 프린스톤의 알렉산더(Archibald Alexander)는 그에게 "독일에는 배우러 갈 만한 가치가 거의 없다는 것을 배우기 위해 그곳을 다녀오는 것은 가치가 있을 것이다"고 충고하였다.[205]

역사적으로 볼 때, 하지는 알렉산더에게 지대한 영향을 준 튜레틴의 제자였다. 하지의 말처럼, 튜레틴은

> 대체적으로 볼 때, 우리가 알고 있는 최고의 조직신학자이다. 그의 저술 속에 널리 스며들어 있는 스콜라주의의 색조에도 불구하고 그것은 미국 현재의 신학에 크게 받아들여지고 있다.[206]

그러나 개혁주의 신학에 대한 튜레틴의 진술은 하지의 사상과 인격을 통하여 어떤 변화들을 겪고 있다. 인격적인 면에서 하지는 뜨거운 마음을 가진 사람으로서 "선천적으로 경건했다." 그가 살았던 당시의 미국의 상황은 부흥회와 천막 집회로 국내의 요구들을 충족

---

205) A. A. Hodge, *The Life of Charles Hodge, D. D. LL. D.* (New York : Charles Scribner's Sons, 1880), p. 161.
206) *Presbyterian Review*, 1845, p. 190.(Probably by Charles Hodge but it is an unsigned review).

시키려 하고 있었다. 넬슨(John Oliver Nelson)의 진술처럼, 하지의 신학은 하나님의 주권이라는 칼빈주의의 교리를 회심에 적용하였으며 "마음의 종교"(heart religion)의 복음적 원리를 개혁주의 신학과 결합시켰다.[207] 하지는 자신의 신학이 개혁자들의 신학과 동일하다는 것에 대해 일말의 의심도 품지 않았다. 그는 독창적이기를 원하지 않았다. 그러나 신학은 그와 더불어 변화를 겪었다. 넬슨은 칼빈이 역사의 번개가 번쩍거리고 있던 불확실한 시대에 신학을 집필하였다고 했다. 하지는 아무런 비판적 딜레마에도 직면하지 않았던 안정되고 안락한 사회를 위해 신학을 저술하였다. 비록 하지가 프린스톤이 있는 북부보다는 남부에 훨씬 더 큰 상처를 준 남북전쟁을 겪은 19세기의 인물이기는 하지만 이런 판단에는 장점이 있다. 19세기의 큰 충격은 하지가 죽었을 때에야 겨우 느껴지기 시작했다. 그가 다윈에게 관심을 갖기는 했으나 진화론 논쟁의 실제적인 영향은 나중에 나타났다. 비록 하지의 신학이 새로운 상황에서 단순히 반복됨으로써 근본주의로 변할 수는 있을지라도 그는 보수적이기는 했으나 근본주의자는 아니었다. 하지 신학의 열정적이며 실용주의적 성격들은 하지의 아들 에이 하지(A. A. Hodge)와 그의 뒤를 이어 프린스톤 신학의 지도자가 된 유능한 학자 벤쟈민 워필드(Benjamin B. Warfield)가 참여한 근본주의 논쟁에서 상실되고 말았다.

---

207) Nelson, "The Rise of the Princeton Theology", p. 141.

(5) 윌리엄 아담스 브라운(William Adams Brown, 1865-1943), 「기독교 신학 개요」(Christian Theology in Outline)[208]

브라운은 뉴욕의 유니온 신학교를 1890년에 졸업하였다. 그 후 그는 베를린에서 위대한 교회사가이며 자유주의 신학의 저명한 대표자인 하르낙(Adolf Harnack) 밑에서 공부하였다. 브라운은 1892년 뉴욕의 유니온 신학교에 교수로 돌아와서 1936년 은퇴하기까지 계속 그곳에서 재직하였다. 그의 교수생활은, 유니온 신학교의 몇몇 교수들을 이단으로 정죄하고 그 신학교와 미국 장로교회와의 관계를 단절하는 데까지 나아간 1890년대의 근본주의와 자유주의의 논쟁 와중에서 시작되었다. 그의 적극적인 활동은, 미국의 신학적 풍토가 라인홀드 니버와 칼 바르트 및 브루너 등의 저술들의 영향 아래서 막 변화하고 있을 때 끝났다.

브라운은 복음주의적 자유주의의 대표자로서 유명하다. 이 신학은 (1) 진리에의 헌신, (2) 가설 설정, (3) 연속성의 원리 강조, (4) 자유적 정신 등의 네 가지 특성을 19세기 유산에 빚지고 있다. 또 이 신학의 복음주의적 배경으로는 (무디가 브라운 사상의 발전과정에서 묘사한 것) (1) 기독교적 경험의 권위, (2) 예수 그리스도의 중심성, (3) 역사적 신앙에 대한 충성, (4) 선교열 등을 들 수 있다. 복음주의적 자유주의의 두 가지 특징은 "그리스도에게로 돌아가자"는 슬로건과 기독교적 경험의 신학에 대한 강조였다.[209] 복음주의적 자유주의는 진화론, 역사적-비평적 연구, 산업혁명 및 19세기의 다

---

208) Cauthen, *The Impact of American Religious Liberalism*, p. 41 ff.
209) *Ibid*, pp. 5 ff. van Dusen, *The Vindication of Liberal Theology*.

른 새로운 발전 등을 사실로서 받아들였다. 동시에 이 신학은 예수 그리스도의 유일성과 하나님의 은혜에 의한 구원의 필요성을 주장했다. 브라운은, 신학자들이 직면했던 가장 중요한 메시지의 영속적인 요소들을 과거와 단절된 사람들 및 과거를 소중히 여기면서도 이 보물을 현재의 사고 세계에 연결시키는 방법을 항상 명확히 알지 못하여 교회에서 편안히 지내는 사람들에게 호소력 있게 제시하는 것이라고 믿었다.[210] 이 때문에 브라운은, 클라크(William Newton Clarke)를 따라서, 과거의 "스콜라적" 신학 용어를 버리고 일상의 순수한 영어를 사용하려고 하였다. 브라운의 신학은 근본주의자들이나 보수주의자들에게는 만족스럽지 못한 것이었다. 그러나 그 신학의 명확한 기독교적 성격과 20세기 초반 40년간 미친 영향력에 관해서는 의심의 여지가 없다.

(6) 칼 바르트(Karl Barth, 1886-1968) 「교회 교의학」(Church Dogmatics)[211]

바르트는 브라운과 마찬가지로 자신의 신학자로서의 생애를 자유주의자로서 그리고 하르낙의 제자로서 시작하였다. 그는 우선 목회자였으므로, 설교자의 메시지에 관한 관심이 그의 활동의 지속적인 특징이었다. 그가 자신의 회중에게 하나님의 말씀을 선포하려고 했

---

210) William Adams Brown, *Christian Theology in Outline*(New York : Charles Scribner's Sons, 1906), p. viii.
211) Arnold B. Come, *An Introduction to Barth's Dogmatics for Preachers*(Philadelphia : Westminster Press, 1963). Hans Urs von Balthasar, *The Theology of Karl Barth*, trans. John Drury(Garden City : Doubleday & Co., 1972). Thomas F. Torrance, *Karl Barth : An Introduction to His Early Theology, 1931-1973*(London : SCM Press, Ltd, 1962).

던 제1차 세계대전 기간중에 그는 자유주의와 결별하기 시작했다. 하르낙 등의 자유주의자들의 전쟁에 대한 모호한 태도가 그를 환상에서 깨어나도록 만들었다. 우리가 알고 있는 바와 같이, 그의 「로마서 주석」(제2판, 1922)은 신학 세계를 뒤흔들어 놓았다. 바르트는, 복음을 지성적인 것으로 만들려는 자유주의자들의 노력에 대해 확신을 갖지 못했다. 신학 작업이란 기독교의 메시지를 순수하게 만드는 것이었다.[212] "교의학 그 자체는 사도들과 예언자들이 말한 것에 대하여 묻지 않지만 '사도들과 예언자들에 의거해서' 우리가 말해야만 하는 것에 대하여는 묻는다."[213] 신학은 메시지의 진정성을 조사하는 교회의 검증이다. 교의학 혹은 신학은 교회에서 선포되는 형태의 하나님의 말씀과 인간의 말을 검토한다. 성서는 계시된 하나님의 본래 말씀에 대한 증거이기 때문에, 성서에 나오는 하나님의 말씀을 가지고 교회에서 선포되는 내용을 헤아려 봄으로써 신학이 그 일을 하게 된다. 바르트는 이교도나 불신자보다는 이단에 대해 보다 많은 관심을 나타내었다. 교회가 안고 있는 커다란 문제는 청중에게나 혹은 현대인에게 있는 것이 아니라 그 자체의 메시지의 진정성에 있는 것이다.

바르트는, 자신의 「교회 교의학」 결론부에서 신학을 교회의 메시지와 그 활동에 대한 책임이라고 규정한다.

> 신학에 있어서 공동체는 그 자체에게와 그에게서 말씀을 듣는 세상에

---

212) Barth, *Church Dogmatics*, 1, 1:26-47.
213) *Ibid*, 1, 1:16.

게 적합성 또는 바꿔 말하면 그 공동체의 하나님 찬양, 말씀 선포, 가르침, 전도 및 선교 활동 등에 대해서 뿐 아니라 이것들과 분리될 수 없는 행위들에 대해 그리고 그 때문에 충분하고 포괄적인 의미에서 그리고 그 공동체의 기원, 주제 및 내용 등과 관련해서 그 증거에 대하여 비판적 설명을 제시한다. 신학이라는 사역에 있어서 공동체는 그 임무의 기준을 가지고 즉 궁극적으로는 그 기준을 제시한 주의 말씀에 비추어서 그 공동체의 모든 활동을 검증한다.

바르트는 자신의 신학적 방법론을 간명하게 진술하고 있는데, 이것은 그의 전체적 신학 입장에 대한 훌륭한 요약이다.

> 모든 점에 있어서 나는 가능한 한 솔직하게 성서의 증언을 들으며, 가능한 한 공정하게 교회의 증언을 듣고 그러고 나서 그 결과에 대해 깊이 생각하고 체계화한다.[214]

(7) 라인홀드 니버(Reinhold Niebuhr, 1892-1971)와 리챠드 니버 (H. Richard Niebuhr, 1894-1962)

이 두 사람은 그 의도와 실제에 있어서 단순한 개혁주의 신학자는 아니었다.[215] 이들은 루터교와 개혁주의의 강조점들을 혼합한 전

---

214) *Ibid*, 4, 3, 2:879.
215) Reinhold Niebuhr와 Richard Niebuhr의 작품에 관한 좋은 입문서로서는 다음을 들 수 있다: June Bingham, *Courage to Change : An Introduction to the Life and Thought of Reinhold Niebuhr*(New York : Charles Scribner's Sons, 1961). Ronald H. Stone, *Reinhold Niebuhr : Prophet to Politicians*(Nashville, Tennessee Abingdon, 1972). Nathan A. Scott, ed., *The Legacy of Reinhold Niebuhr*(Chicago : University of Chicago Press, 1975). John D. Godsey, *The Promise of H. Richard Niebuhr*(Philadelphia : J. B. Lippincott Co.,

통 속에서 태어났다. 그들은 미국 문화의 지적·실용주의적 전통들 속에서 자랐으며 의도적으로 가톨릭적(에큐메니칼적) 환경 속에서 신학 교육을 받았다. 그들은 20세기의 가장 영향력 있는 미국의 신학자들이었으며 비범한 능력으로 개혁주의 전통의 요소들을 전달하였다. 리챠드 니버는 독창성과 열정을 가지고 하나님의 주권을 해설하였으며, 그 열정은 그 무엇보다 더 주목받을 만했다. 그는 또한 문화와 신앙, 계시와 이성을 현대적으로 연관시켰다. 이 점에 있어서 그는 바르트의 신학보다는 칼빈에 더 가깝다. 현대의 어떤 신학자보다 유능한 신학자인 라인홀드 니버는 개혁주의적 죄관을 올바로 다루었다. 또한 그는 전형적인 개혁주의적 방법이기는 하지만 적절하고 유능하게 칭의와 성화로서의 구원, 긍휼로서의 하나님의 은혜를 결합시켰다. 라인홀드 니버는 정치·경제·사회 문제들을 조명할 수 있는 기독교적 범주들의 힘을 보여 주었다. 그는 근래의 다른 어떤 신학자들보다도 교회 바깥에 있는 지식인들과 직장인들의 주목을 많이 받았다. 리챠드 니버의 「계시의 의미」(*Meaning of Revelation*)와 라인홀드 니버의 「인간의 본성과 운명」(*Nature and Destiny of Man*)은 20세기의 고전이다.

1970). James W. Fowler, *To See the Kingdom : The Theological Vision of H. Richard Niebuhr*(Nashville : Abingdon, 1974).

5. 개혁주의 신앙고백들

16, 17세기의 개혁주의 공동체는 자체의 신앙고백들을 작성하느라 분주했다.[216] 그러나 하나의 신앙고백은 특정한 시간, 특정한 장소에서 이뤄진 특정한 한 공동체의 기독교 신앙에 대한 이해였으므로 하나의 신앙고백에 대해 그 이상의 큰 지위를 부여하는 데는 크게 주저하는 모습이었다. 18세기에는 신앙고백의 작성이 점차 줄어들었으나 20세기에 들어서면서 다시 활발해졌다. 18, 19세기에 신앙고백의 작성이 줄어든 까닭은 여러 가지가 있다. 대각성 운동들과 부흥운동들은 지식보다는 감정을 강조하였으며, 문화운동들이 신앙을 침식하고 있었으나 교회는 이에 효율적으로 대처하지 못하였다. 또한 17세기 신앙고백의 "완결적" 성격은 그것들을 영속성과 보편성을 지닌 것처럼 보이게 했다.

개혁주의 신앙고백들의 가장 중요한 특징은 그것들의 수효와 다양성이다. 대다수가 한 지역에서 8년 동안 멜랑히톤과 루터에 의해 작성된 루터교 신앙고백들과는 달리, 개혁주의 신앙고백들은 매우 다양한 시간과 장소에서 수많은 다른 사람들에 의해 작성되었다. 신학자들은 개혁주의 신앙고백들에 관한 하나의 정립된 신학을 쓰는 일을 단념했다. 오직 개혁주의 신앙고백들에 관한 신학들만이 가능했다. 개혁주의 신앙고백들의 공식적인 목록을 제시할 수 있는 사람은 없다. 왜냐하면 경계를 설정할 만한 권위를 가진 사람이 없기 때

---

216) Schaff, *The Creeds of Christendom*, vols, 1 & 3. Arthur C. Cochrane, *Reformed Confessions of the 16th Centray* (Philadelphia : Westminster Press, 1966). Paul Jacobs, *Theologie Reformieter Bekenntnisschriften im Grundzügen* (Neukirchen : Neukirchener Verlag, 1959).

문이다. 개혁주의 공동체는 처음 150년 동안 최소한 50여 개의 주목할 만한 신앙고백들을 작성하였다.

개혁주의 신앙고백들의 신학적인 특징들은 개혁주의 신학의 특징들과 같다. 그 신앙고백들은 모두 하나님과 하나님의 주되심, 성서의 권위, 윤리 및 삶의 훈련 등을 크게 강조하였다. 일부 신앙고백들, 특히 제2 스위스 신앙고백(Second Helvetic Confession), 1560년의 스코틀랜드 신앙고백(Scots Confession of 1560) 및 하이델베르그 교리문답(Heidelberg Catechism)등은 그 공동체에 의해 소유된 것을 강조하는 것과 더불어 그 신앙을 표현하고 있다. 한편, 웨스트민스터 신앙고백(Westminster Confession)과 벨기에 신앙고백(Belgic Confession)은 그 신앙 진술이 보다 객관적이다.

신앙고백들이 개혁주의 교회 생활에 대해 지니는 중요성은 자못 크다. 신앙의 고백은 기독교적 삶과 예배의 중요한 행위이다. 그뿐 아니라, 하나님을 섬김에 있어서 교리의 중요성과 정신 생활의 중요성을 개혁주의가 강조함으로써 교회 생활에서 신앙고백의 역할을 더 크게 해 주었다(개혁주의 신앙고백의 목록은 부록 참조).

초기의 개혁주의 신앙고백들은 논쟁을 위한 명제들 혹은 신앙의 방어자료들이었다. 그것들은 개혁자들의 기본적인 언급들에 대한 간명한 진술들로 구성되어 있었다. 예컨대, "베르네의 결정"(The Conclusions of Berne, 1528)은 "그리스도를 유일한 머리로 하는 거룩한 교회는 하나님의 말씀에 의해 생겨났으며 같은 것에는 머무르나 낯선 자의 목소리는 듣지 않는다"고 선언하였다. 개혁자들은 이와 같은 명제들 속에서 그들의 신앙을 표명하였다.

종교개혁이 무르익어감에 따라 신앙고백들은 신앙에 대한 포괄적인 진술이 되어졌다. 갈리칸 신앙고백(Gallican Confession)은 그 좋은 본보기이다. 이 신앙고백은, 파리의 개혁주의 목사들이 자기들의 말씀 선포와 변론이 위기에 처하게 되자 신앙진술을 작성한 것이 그 기원이 되었다. 그들은 그 복사본을 제네바로 보내었다. 프랑스의 프로테스탄트들이 1559년 파리에서 제1차 국가 회의를 소집하였을 때 제네바에서 파견된 대표단은 본래의 18개 조항을 수정·보완한 신앙고백을 지참하고 있었다. 칼빈은 이 신앙고백의 준비에 참여하였는데 그의 신학을 반영하고 있는 이 신앙고백은 의회의 수정을 거쳐 프랑스 교회의 신앙고백으로 채택되었다. 그것은 1571년 라 로셸(La Rochelle)에서 열린 회의에서 약간의 수정을 거친 후에 재천명되었다. 특히 제네바에서 작성된 갈리칸 신앙고백은 정연하고 정확하며 균형잡힌 개혁주의의 신앙진술이다. 1561년 벨기에 신앙고백 또한 이러한 특성들을 지니고 있다.

제2 스위스 신앙고백(Second Helvetic Confession, 1561, 1566)은 놀라울 정도로 다른 신앙고백이다. 본래 취리히의 하인리히 불링거(Heinrich Bulinger, 1504-1575)의 개인적 간증으로 작성되었던 이 신앙고백은 1566년 종교회의에서 인정된 후, 대륙의 신앙고백들 가운데서 가장 널리 받아들이게 되었다. 갈리칸 신앙고백과는 대조적으로 이것은 간명하기보다는 산만하다. 그리고 이것은 신앙의 객관적인 진술과 아울러 신앙의 경험을 다루고 있으며 관용적인 정신을 보여 준다. 또한 이 신앙고백은 기독교 공동체의 삶의 정신과 조직을 폭넓게 취급하고 있다.

1560년 스코틀랜드 신앙고백(Scots Confession of 1560)은 스코틀랜드 의회의 요청에 따라 교회 개혁의 일환으로 4일만에 작성되었다. 그 작성자들은 낙스(John Knox)를 포함한 6명으로 구성된 위원회였다. 그 신앙고백은 교회 앞에서 이 문제로 목숨을 걸고 있는 신자들의 신앙고백의 동기와 인격적인 특성의 강도를 구체적으로 나타냈다. 그것은 "한 사람의 가슴에서 나온 뜨거운 표현"으로 일컬어진다. 그것은 프로테스탄트 신앙을 평범한 말로 진술하고 있으며 "확신과 결단의 열정을 나타내고 있다." 이것은 추상적이라기보다는 묘사적이며 역사적인 양식을 취하고 있다.

　　17세기의 신앙고백들은 어떤 특징적인 성격을 보여 준다. 그 신앙고백들의 배후에는 프로테스탄트와 개혁주의의 100년 동안의 신학 활동보다 더 많은 활동이 놓여 있었다. 그 신앙고백들은 종교적, 신학적으로 부흥하는 상황에서 작성된 것이 아니라, 로마 가톨릭 및 다른 프로테스탄트 교회들과의 내적·외적 논쟁을 벌였던 기성 교회내에서 작성된 것이다. 도르트 신조(Canons of Dort)는 하나님의 주되심과 인간의 자유에 관한 어려운 문제들에 관련된 논쟁을 해결하기 위해 소집된 도르트 회의(1619)에서 작성되었다(제2장 참조).

　　웨스트민스터 회의(1643-1647)에서 작성된 웨스트민스터 신앙고백과 요리문답들은 영어권 세계 장로교인들의 기본적인 개혁주의적 신앙고백이 되었고, 약간의 수정을 거친 후에는 많은 침례교도들뿐 아니라 회중교인들의 기본적인 개혁주의 신앙고백이 되었다. 이 신앙고백은 잘 전개되고 정확하며 기술적으로는 세련된 신학의 모든 장점들을 지니고 있다. 또한 이것은 영국 청교도 운동에 특별한 흔적을 남겼다. 이 신앙고백이 지닌 장점들은 또한 그 약점이기도 하다. 여러 부분에서 이 신앙고백은 하나님과 하나님의 의지에 관해 너무 많이 다루고 있으며, 또한 제2 스위스 신앙고백의 관용성과 스코틀랜드 및 제2 스위스 신앙고백이 지니는 인격적·경험적 열정을 모두 결여하고 있다.

개혁주의 신앙고백이 작성될 때 나타났던 그 풍요로운 성격은 19세기의 "완결적" 진술들로 인하여 사라지고 말았다. 지난 200년간의 도전적인 발전들은 신앙고백의 작성 속도를 점차 빠르게 했다. 그러나 소수의 신앙고백들은 경건과 학문의 심오한 배경 속에서 태어난 초기 신앙고백들의 지위를 획득했다. 최근의 신앙고백들 가운데서 보다 주목할 만한 것으로는 1930년대 독일 개혁주의 공동체에서 작성된 것들, 즉 "뒤셀도르프 명제"(Dusseldorf Theses, 1933), "종교개혁 신앙고백의 올바른 이해에 관한 선언"(Declaration Concerning the Right Understanding of the Reformation Confession of Faith, 1934), "바르멘 선언"(Barmen Declaration, 1934) 등과 "연합 그리스도 교회의 신앙진술"(Statement of Faith of the United Church of Christ, 1959), 그리고 특수한 신학적 문제들을 다룰 뿐 아니라, 현대의 사회문제들을 신앙과 연관시킨 연합장로교회의 "1967년 신앙고백"(Confession of 1967) 등을 들 수 있다.

개혁주의 전통은 또한 교리문답 교육을 강조하는 특징을 갖고 있다. 일부 교리문답들은 신앙고백 문서만큼이나 세심한 준비과정을 거쳤는데 이들은 사람들, 특히 어린이들의 교육을 위해 작성되었다. 칼빈 자신은 교리문답 교육에 우선권을 부여하였으며, 자신이 작성한 교리문답을 개정할 수 있는 시간을 갖지 못한 것을 유감스럽게 생각했다. 가장 영향력 있는 개혁주의의 교리문답으로는 하이델베르그 교리문답(Heidelberg Catechism, 1563), 웨스트민스터 소요리문답(Westminster Shorter Catechism, 1647) 등을 들 수 있다. 올레비아누스(Olevianus)와 우르시누스(Ursinus)가 작성한 하이델베르그 교리문답은 루터교 신학의 영향을 반영하고 있으며 스코틀랜드 신앙고백과 제2 스위스 신앙고백의 열정적이고 경험적인 성격도 지니고 있다. 이 교리문답은 "삶과 죽음에 있어서 유일한 위로는 무엇입니까?"라는 주목할 만한 물음으로 시작하고 있다. 웨스트민스터 소요리문답은 웨스트민스터 신앙고백의 장단점을 모두 지니고 있다.

많은 개혁주의 목사들은 교리문답 교육과 효과적인 교수법 및 자료 개발을 중요시하였다. 교리문답들의 열매는 특히 청교도시대에 풍성하게 나타났다. 교리문답 교육은 신학적 문제들에 대해서 손쉽게 익힌 구체적인 답변들을 제시하였으나 동시에 문제 그 자체를 야기했다. 교리문답 교육은 제2차대전 이전까지는 교회 생활에 있어서 신앙고백들의 역할과 더불어 개혁주의 공동체가 지닌 힘의 매우 중요한 원천이 되었다. 그러나 2차대전 이후 교리문답 교육은 새로운 교육 이론들, 세속적이고 다원화된 사회 그리고 교회의 신학적 불안 등의 공격에 의해 쇠퇴하게 되었다.

4. 신학과 개혁주의 전통

INTRODUCTION TO THE REFORMED TRADITION

ON

5
교회정치와 개혁주의 전통

5
교회정치와 개혁주의 전통

개혁주의 기독교인들, 특히 영어권 세계의 개혁주의 기독교인들은 그들 나름대로의 교회정치 형태, 예를 들면 장로교나 회중교회에 속해 있다고 널리 알려져 있다. 이것은, 개혁주의 전통이 교회의 조직생활을 매우 중시하며 따라서 개혁주의 전통을 연구할 때는 교회정치에 대해 한 장을 할애할 필요가 있음을 말해 준다.

1. 교회정치의 중요성

교회정치를 다룸에 있어서 먼저 다음과 같은 물음을 제기하는 것이 좋을 것이다. "개혁주의 기독교인들은 교회정치 혹은 교회의 조직생활을 왜 그렇게 중요시하는가?" 하나님은 기독교인들을 교회정치 속으로 그리고 그것을 통해 복종의 삶을 살도록 부르셨다는 매우 깊은 확신이 이 물음에 대한 첫 번째 답변이다. 교회의 조직생활의 궁극적인 근거는 인간의 지혜가 아닌 하나님의 뜻이다. 교회의 사역과 정치는 하나님이 교회에 주신 선물이다. 요컨대, 이러한 확신은 하나님이 성서를 통해 교회조직의 한 형태를 계시하셨다는 믿음으로 표현된다. 이 믿음은, 때때로 장로교인들이 장로교를 하나님께서 제정하신 형태라고 주장함으로써 나타난다.[217] 그러나 교회정치가 교회에 대한 하나님의 뜻이라는 확신은 반드시 이런 특정한 믿음과 결부되는 것은 아니다. 보다 일반적인 말로 표현하자면, 그것은 하나님께서 교회의 조직생활에 관심을 갖고 계시며 특정한 여러 방법으로 비록 이러한 방법들이 다양하며 정확히 규정될 수 없는 것이라 할지라도-존재하기를 원한다는 확신을 담고 있다. 교회의 조직은 단순히 기능적인 것이거나 인간의 편의를 위한 것이 결코 아니다.

칼빈은 기독교 신앙과 생활을 이해하는 데 있어서 중요한 개념을 '질서'속에서 발견하였다. 하나님은 피조물과 인간에게 적절한 삶의 질서를 확립해 놓았으나 죄로 인해 그 질서가 파괴되고 말았다. 최근의 한 연구에 의하면, 칼빈은 교회를 "질서 회복의 역사"로 인식하였다.[218] 또 다른 연구에 따르면, 칼빈은 교회를 "질서에로 선택받거나 부름받았다." "그리스도 안에서 선택받은 자는 거룩한 공동체의 조화있는 조직 속에 그 자리를 잡음으로써 자신의 인격을 발견한다."[219]

장로교인들은, 교회정치가 신학에서 차지하는 그 중요성 때문에 교회 정치를 또한 진지하게 받아들여 왔다. 부분적으로는 신앙이 그

---

217) E. g., "The Book of Discipline of the Elizabethan Presbyterians" in Charles Augustus Briggs, *American Presbyteriantis*(New York : Charles Scribner's Sons, 1885).
218) Benjamin Charles Milner, Jr., *Calvin's Doctrine of the Church*(Leiden : E. J. Brill, 1970). p. 195.
219) David Little, *Religion, Order, and Law : A Study in Pre-Revolutionary England*(New York : Harper and Row Publishers, 1969), p. 68.

표현 양식을 결정하지만, 대부분의 경우에는 표현의 양식이 신앙을 결정한다. 이 말은 특히 교회정치, 훈련 및 예배에 해당된다. 기독교인들은 신학에 대해 분명하게 말하지 못할 때조차도, 설교와 가르침은 물론이고 교회의 생활양식으로부터도 신학을 배운다. 인격은 실천과 예배에 의해 형성된다.

예컨대, 교회의 형태는 신앙의 책임감을 행사하도록 혹은 그 개인적 책임을 결정짓는 기관으로서의 교회에 의존하도록 사람을 격려하거나 좌절시킨다. 그러므로 모든 신자의 제사장 됨은 교회 생활의 형태와 양상에 의해 격려되거나 아니면 좌절된다. 회중 교회의 정치 및 군주정치와 대조되는 대의적 교회정치는 칼빈과 그 후시대의 톤웰(Thornwell) 등의 신학자들에 의해 신학적 고려사항 특히 인간학에 기초를 두게 되었다. 현대 에큐메니칼 운동에서는 교회정치에 있어서 기독론의 중요성과 기독론에 있어서 교회정치의 중요성이 분명하게 강조되었다. 교리와 교회정치는 불가분의 관계로 결합되어 서로에게 영향을 주며 서로를 만들어 나간다.

교회정치가 중요한 세 번째 까닭은 교회의 본래 모습을 유지함에 있어서 교회정치가 지니는 중요성 때문이다. 칼빈은 「기독교강요」 제4권에서와 그의 사역에 있어서, 교회의 생활체제는 교회의 본래 모습의 유지와 그 변질에도 영향을 준다는 확신을 가지고 있었다. 칼빈주의자들 스스로가 치리(治理)를 교회의 세 번째 표지로 삼으려는 시도에서 교회 생활에 질서를 부여하는 것이 교회의 존립 자체를 위해 중요함을 보여 준다.[220] 치리는 올바른 말씀의 선포와 올바

---

220) Schaff, *Creeds of Christendom*, The Belgic Confession, Article 29, 3:419.

른 성례전의 시행을 위해서 필요하며 또한 적어도 일부 칼빈주의자들에 의해서는 그러하다고 간주되어 왔다. 현대사에 있어서, 교회정치가 교회 생활에 대해 갖는 중요성은 독일 교회의 투쟁과 2차대전 이후의 인종문제와 관련해서 미국 남부의 프로테스탄트 교회들이 겪은 경험에서 밝혀졌다.

2. 교회정치의 복음에의 종속성

개혁주의 전통은, 교회정치가 중요하다고 주장할 뿐 아니라 교회정치가 복음에 철저하게 종속되어야 한다는 특징을 가지고 있다. 개혁주의 신학이 교회의 존립을 교회정치에 의존하도록 한 적은 없다. 교회의 존립에 있어서 필요불가결한 한 가지 요건은 하나님의 말씀 혹은 복음이다. 이것은 개혁주의와 루터교가 함께 지니고 있는 확신이다.

칼빈 스스로가 이 점에 관해 매우 분명한 태도를 보였다. "하나님의 말씀을 순수하게 선포하고 들으며 또 성례전이 그리스도의 말씀에 따라 시행되는 곳이면 하나님의 교회가 존재함을 의심해서는 안 된다."[221] 개인에 관해 칼빈은 "신앙고백, 일상생활 그리고 성례전에

---

[221] "하나님께서 어떤 사람들을 그의 종으로, 그의 친구로, 그의 자녀로, 예수 그리스도 안에서 이뤄진 세상과의 화목의 증인으로, 그리스도 안에서 죄와 고통과 죽음을 정복한 승리의 설교자로, 창조주의 영광과 그의 사랑과 신실하심과 자비를 온 세상에 선포하는 그의 미래 계시의 전령으로 세우셨을 때, 그 교회는 존재하게 되었다. 이 사람들이 예수 그리스도의 부활에서 선언되어진 세상 모든 사람들에 대한 판결을 공통으로 받아들이게 될 때, 교회는 존재하게 된다."

참여함으로써 우리와 더불어 같은 하나님과 같은 그리스도를 고백하는 자를 우리는 교회의 지체로 인정 한다"고 기록했다.[222]

하나님의 은혜가 우선하며 교회는 선택받은 자의 집단이라는 칼빈주의자의 주장은, 성례전의 중요성뿐 아니라 교회 정치 조직의 필요성까지도 사소한 것으로 만든다. 교회의 가장 포괄적인 정의 가운데 하나는 중요한 개혁주의 신조인 제2 스위스 신앙고백에서 나타난다.

> … (성찬에 참여하기를 원하지만 고의적이거나 무시해서가 아니라 어쩔 수 없는 사정으로 인해) 성례전에 참여하지 않았거나 때로는 타락하기는 했지만 아주 신앙을 저버리지 않은 이들, 혹은 신앙이 퇴보되고 약하므로 실수를 저지르거나 교회에 참석하지 않은 사람들을 모두 배제할 정도로, 우리는 앞에서 언급한 그러한 표지들로 교회를 제한하지는 않는다. 왜냐하면 우리는 하나님께서 이스라엘 공동체에 속하지 않은 세상의 친구들도 얼마간 가지고 계셨음을 알기 때문이다.[223]

교회의 존립을 위해서는 복음만이 필요하다는 칼빈의 확신으로 인해 종교개혁에 참여한 다른 교회들로 더불어 로마 가톨릭과의 관계에 있어서도 보편성 확립이 가능하게 되었다. 이것은 그러한 확신이 없었다면 이뤄질 수 없는 것이었다. 교회정치에 대한 충분한 합의가 기독교 연합에 꼭 필요한 것은 아니었다. 한편, 어떤 교회 조직

---

222) *LCC* XXI: 1022(Ⅳ, ⅰ, 8).
223) Leith, *Creeds of the churches*, p. 147.

이나 복음 이외의 다른 어떤 것이 교회의 존립에 필요하다는 주장은 복음과 기독교 신앙에 대한 칼빈의 이해와는 상충되는 것이었다. 교회는 하나님의 행위에 의해 조직되며 그 존립에 꼭 필요한 것은 오직 하나님의 말씀뿐이다.

개혁주의 교회들은, 때때로 1560년의 스코틀랜드 신앙고백과 1561년의 벨기에 신앙고백에서처럼 말씀 선포와 성례전의 시행 등과 아울러 치리를 교회의 세 번째 표지로 만들었다. 칼빈 자신은 치리를 높이 평가하기는 했으나 교회의 표지로 만든 적은 없다. 개혁주의 전통이 치리를 교회의 표지 가운데 하나로 만들었을 때, 그것은 적절한 말씀 선포와 성례전의 시행에 필요한 것으로 이해되었다. 맥에웬(James S. McEwen) 교수는 낙스(John Knox)에 대한 연구에서 이렇게 기록했다.

> 개혁주의 교회가 시행하기를 주장하는 치리는 결코 율법주의적 표현이 아니었다. 그것은, 하나님이 규칙이나 규정의 엄격한 준수를 기뻐한다는 어떤 사상 혹은 율법주의와는 무관한 것이다. 그뿐 아니라, 그것은 지나치게 엄격한 도덕주의적인 표현도 아니었다. 그 근거는 "누미누스적"(numinous-종교적 경건이나 성결의 또다른 표현 : 역자)이거나 "온전히 거룩함"의 의미, 즉 주님과 성찬 참여자가 하나가 되는(낙스의 표현을 따르면) 성찬에 경솔하거나 본래 악한 자들이 참여하는 것을 허용함으로써 이 거룩함이 더럽혀져셔는 안 된다는 깊은 확신이었다.[224]

---

224) James Stevenson McEwen, *The Faith of John Knox*(Loneon : Lutterworth, 1961), pp. 59-60.

3. 유일하고 거룩하며 보편적이고 사도적인 교회

모든 개혁주의 정치 형태는 유일하고 거룩하며 보편적이고 사도적인 교회라는 고대의 주장을 재천명한다. 교회정치에 있어서 교회의 역사적 실재는, 현대인에게도 그러하듯이 신앙의 조항 가운데 하나였다. 기독교인은 주님이시며 생명의 수여자인 성령은 믿지만, 용서받은 죄인들의 공동체인 교회는 믿지 않는다. 신조의 강조점은 오히려 어떤 회중을 구성하는 혼합된 집단 속에 하나님의 백성, 즉 "예수 그리스도 자신의 지상적, 역사적 임재"로서의 교회가 존재한다는 주장에 쏠려 있다.[225] 칼빈은, 신앙이 가장 암울했던 시기에도 그러한 것으로서의 교회가 존재한다는 것을 결코 의심하지는 않았다. 그는 자신의 확신을 이렇게 표현하였다.

> 비록 우리가 처해 있는 암울한 상황이 우리로 하여금 이미 교회는 없어졌다고 낙심케 하려 할지라도, 그리스도의 죽음은 열매를 맺었고 하나님은 자신의 교회를 피난처에 숨기시듯이 기적적으로 지키신다는 것을 우리는 알아야 한다. 그래서 하나님은 엘리야에게 "내가 이스라엘 가운데에 칠천 명을 남기리니 다 바알에게 무릎을 꿇지 아니한 자니라"(왕상19:18)고 말씀하셨다.[226]

20세기에 칼 바르트는, 교회는 "예수 그리스도의 지상적, 역사적

---

225) Barth, *Church Dogmatics*, 4, 1:661.
226) *LCC*, XXI: 1014(IV, i, 2).

임재의 형태"라고 대담하게 주장하였다. 그러나 그 역시 교회의 실재는 오직 신앙으로만 볼 수 있음을 인식하고 있었다. 인간적 현상으로서의 교회가 믿음의 대상이 되어서는 안된다. 그것은 단지 조직체계, 건물 및 잡다한 시설로서 존재할 뿐이다. 그러나,

> 참 기독교 즉 "살아계신 주 예수 그리스도의 살아있는 공동체"로서의 그 공동체의 존재는 신앙적 인식을 요구하며, 이 인식 이외에는 다른 어떤 것으로도 접근이 가능하지 않다. 그것이 이러한 성격을 지니는 것은 하나님의 구속하시며 자기계시적인 은혜, 성령의 역할과 사역 그리고 예수 그리스도 자신의 능력 때문이다. 오직 이 능력 안에서만 교회는 그 특성을 인식할 수 있다. 예수 그리스도가 자신을 낮추어 우리의 육신을 취하고 그 육신 속에서 하나님께 복종하고 죽임을 당하여 우리의 권리를 확립해 놓았을 때 그의 영광은 감추어져 있었다. 그래서 그 안에서 입증된 인성의 영광도 숨겨져 있다. 이것은 그의 인성 안에서 그에 의해 한자리에 모여진 공동체의 영광이 그의 궁극적 계시가 있을 때까지는 세상 사람들에게 숨겨진 것이며, 오직 신앙의 대상일 뿐이라는 것을 의미한다. 그것이 무엇인가 하는 것, 즉 그것의 신비, 다시 말해서 그것의 영적 속성은 그 일반적인 가시적 형태에 있어서 표현이나 유추가 없는 것은 아니다. 그러나 그러한 일반적인 가시적 표현이나 유추로는 분명하게 나타내어질 수 없다. 그 안에 연합된 자들과 그들의 행위는 일반적으로 모든 면에 있어서 가시적이다. 그들은 하나님의 선택되고 부름받은 자들로서 가시적이며 그들의 선한 행위로서도 가시적이다. 그러나 그 공동체의 일시적인 특성은 그와 대조되는 매우 강력한 모습의 배

후에 가려 있다.[227]

신앙의 천명으로서의 교회는 일상적인 지식으로 접근할 수 있는 교회로 평가절하 되지는 않는다. "불가시적" 교회는 가시적이며, 교회의 가시적인 면은 그 불가시성을 증거한다. 불가시성의 문제는, 인간이 교회의 경계를 설정하거나 하나님께만 알려져 있는 실재를 파악할 수 있는 능력을 갖지 못했다는 데서 기인한다. 우리가 알고 있는 교회는 최선을 다해 그 "불가시적" 실재를 드러내고 입증해야 하지만 죄악된 역사 속에서는 예수 그리스도의 참된 교회와 정확히 일치할 수가 없다.

16세기의 개혁주의 신학자들은 분열에 직면해서도 "보편적"이라는 용어를 포기하지 않았으며 교회 연합을 담대히 주장하였다. 뿐만 아니라, 개혁주의 교회들은 기독교 왕국, 즉 기독교적 사회를 부인하지도 않았다. 오히려 16세기 종교개혁 기간 중 그 교회들은 기독교 왕국을 실현하려는 노력을 재개하였다. 칼빈은 아무런 공적인 신앙을 갖지 못한 세속사회 혹은 종파에 따라 분리된 기독교 공동체 특히 한 지역에서 그런 양상을 띤 공동체의 존재는 상상도 하지 못했을 것이다. 초기의 기독교 공동체들은 그 공동체가 속한 지역에서 유일하고 거룩하며 보편적이고 사도적인 교회가 되고자 노력하였으며, 그 지역 사회를 하나의 공동체로 만들려고 하였다. 프로테스탄트와 개혁주의 공동체는 주로 말씀 안에서의 하나님의 사역과 성례전에 의해 교회를 규정지음으로써 고대의 네 가지 교회 표지에 특별

---

227) Barth, *Church Dogmatics*, 4, 1:656-657.

한 뉘앙스를 부여하였다. 그러나 고대의 표지들은 항상 천명되었다.

교회는 하나(one)이고 보편적(catholic)이다. 만약 교회가 참으로 보편적이라면 그것은 또한 하나이다. 교회의 보편성을 가장 잘 규정한 정의 가운데 하나는 오래전에 예루살렘의 시릴(Cyril of Jerusalem)에 의해 규정되었다.

> 교회는 보편적이라 불린다. 왜냐하면 교회는 세상 이쪽 끝에서 저쪽 끝까지 전세계에 퍼져 있으며, 가시적인 것과 불가시적인 것, 즉 하늘과 땅에 있는 것에 관하여 사람들이 마땅히 알아야 할 모든 교리를 충분히 가르치는 일을 중단하지 않기 때문이다. 또한 교회는 모든 유형의 인간, 즉 지배자와 피지배자, 학식있는 자와 무식한 자 모두를 종교적으로 복종하게 하며, 영적인 것이든 육적인 것이든 상관없이 모든 유형의 죄에 대한 보편적 처치법과 치유제이며 또 그 속에는 행위나 말 혹은 모든 영적 은혜라고 이름붙여진 모든 유형의 덕목을 지니고 있기 때문에 보편적이라 불린다.[228]

교회의 보편성과 통일성은 언제나 위기에 처해 있다. 처음부터 교회는 분열의 고통을 겪었으며 여러 형태로 존재해 왔다. 교회의 분열은 지난 300여년간 프로테스탄트 속에서 교파적 형태가 발전해감에 따라 크게 증가하였다. 교파는 정의상으로는 보편적 교회라고 주장하지만, 교회의 실재를 완전히 실현했다거나 유일한 형태의

---

228) From CYRIL OF JERUSALEM AND NEMESIUS OF EMESA, Volume Ⅳ, LCC, Translated and edited by W. Telfer, Published in the U.S.A. by the Westminster Press Used by permission, p. 186.

교회라고는 주장할 수 없는 하나의 기독교 공동체이다. 이러한 면을 생각해 볼 때, 교파적 형태는 스스로를 보편적 교회라고 주장할 뿐 아니라 배타적인 주장도 제기하는 형태의 교회들보다는 오히려 교회의 통일성을 덜 파괴하고 있다. 교회의 보편성과 통일성은 계층, 문화적, 인종적, 민족적 상이성들로 인하여 위험에 빠져 있다. 이러한 차이점들로 인해 야기되는 문제들은 프로테스탄트와 개혁주의 교회가 설교, 회중의 예배 참여 및 교제 등을 강조함으로써 점점 늘어나고 있다.

개혁주의 신학자들은, 교회의 통일성과 보편성이 교리, 교회정치 그리고 기독교인을 분열시키는 사회적 차이점들로 인해 아무리 위협을 받더라도 언제나 교회는 하나이며 보편적이라고 주장해왔다. 칼빈의 말처럼 "그리스도가 나뉘지 않는 한 두세 개의 교회는 있을 수 없다."[229] 20세기의 칼 바르트는 이렇게 말한다.

> 교회는 다른 어떤 인간적인 공동체와도 다르며 그러기에 보편적이고 우주적이다. 교회는 어떠한 장벽, 즉 국가, 인종, 문화의 장벽으로도 제한되지 않는다. 교회는 어느 한 사람에게만 독점적으로 속한 것이 아니라, 모든 사람에게 속해 있다.[230]

교회는 또한 거룩하다(holy). 고대 교회의 어떤 사람들은, 사람들이 거룩하기 때문에 교회가 거룩하다고 생각했다.[231] 따라서 그들은

---

229) *LCC*, XX: 1014(Ⅳ, ⅰ, 2).
230) Karl Barth, *The Faith of the Church*, p. 139.
231) Graydon F. Snyder, ed. *The Shepherd of Hermas*, Vol. 6 in *The Apostolic Fathers : A*

특정한 죄, 특히 살인, 간음, 배교의 죄를 지은 자들을 교회에서 쫓아내었다. 또 다른 사람들은 교회의 거룩함의 초점은 사제직에 있다고 말했다.[232] 만약 교회가 사람들이나 성직자들의 거룩함에 의해 좌우된다면, 그 존재는 불안정해지게 될 것이다. 성도들과 성직자들은 모두 거룩한 삶에로 부름 받았다. 그러나 어거스틴이 주장했듯이, 교회의 기본 표지인 거룩함이란 교회 내에 하나님의 영, 말씀, 기도, 성례전의 현존에 있으며, 이것들로 인해 신자들은 새롭게 된다.[233] 교회의 거룩함은 순전히 그리고 단순히, 교회는 하나님의 말씀을 듣고 희망하는 유익을 지니고 있다는 사실에 있을 것이다. 거룩함이란 인간의 것이 아니라 하나님의 사역을 일컫는다. 교회 안에 있는 사람들이라고 해서 "하나님께 가까이 나아가기에 특별히 적합한" 것은 아니다. 그들은 하나님이 부르셨기에 거기에 있는 것이다.[234]

교회는 또한 사도적(apostolic)이다. 즉 사도들과 연계되어 있다. 어떤 사람들은 사도직 계승에 의해 유지된다고 생각한다.[235] 칼빈은 사도성을 보장해 줄 수 있는 단절되지 않은 계승의 역사적 신빙성과 가능성을 일축했다.[236] 개혁주의 신학자들은 여러 세기를 이어온 남

New Translation and Commentary, Robert M. Grant, ed.(New York : Thomas Nelson, 1964), Mandate Ⅳ, pp. 67-73. 이것은 또한 3세기 Novatianists의 입장이기도 하다.
232) 이것은 4세기 Donatists가 주장한 입장이다.
See Augustine, "The Seven Books of Augustine, Bishop of Hippo, On Baptism, Against the Donatists", in *Nicene and Post-Nicene Fathers of the Christian Church*, Philip Schaff, ed., (Grand Rapids : Eerdmans, 1956), Ⅳ:411-514,
233) *Ibid*.
234) Barth, *The Faith of the Church*, pp. 137-138.
235) Kenneth Kirk, ed., *The Apostolic Ministry : Essays on the History and the Doctrine of Episcopacy*(London : Hodder & Stoughton, 1946), pp. 530-532.
236) *LCC*, XXI : 1042-45(Ⅳ, ⅱ, 2-3), See also *Letters of John Calvin*, 3:99-109(Letter

녀 성도들의 계승 사실을 귀중하게 여긴다. 세대에서 세대로 이어지는 이러한 신앙의 계승은 참으로 감동적이다. 그러나 진정한 계승은 주로 교회의 살아계신 주님께 대한 살아있는 순종에 그 뿌리를 두고 있다.

> 하나의 '본질적인' 사역, 즉 이의가 제기될 수 없는 유일한 사역이 있다. 그것은 갈릴리에서 시작된 주 예수 그리스도의 사역이… 그의 몸인 교회 안에서와 그 교회를 통해서 오늘날까지 계속되고 있는 것이다. 항상 함께 계시리라는 약속과 초대교회에서의 그 약속의 성취는 신약성서의 다른 내용과 마찬가지로 입증되었다. 교회를 그리스도의 몸이라 부를 수 있는 까닭은 바로 이러한 임재 때문이다.[237]

4. 개혁주의의 교회정치

개혁주의 신학은 교회정치가 다양한 형태를 지님에도 불구하고 어려움을 느끼지 않았다. "우리는 교회의 조직이 다양한 시대적 여건에 따라 다양한 변화를 요구하는 것이 아니라 허용한다는 것을 알고 있다"고 칼빈은 말한다.[238] 그는 고대교회의 발전사 속에서 이 사실을 밝혀내고, 다양한 교회 정치를 16세기 교회가 채택할 수 있는

---

to the King of Poland, Dec. 5, 1554).
237) T. W. Manson, *The Church's Ministry* (London : Hodder & Stoughton, 1948), pp. 21–22.
238) *LCC*, XXI : 1134(Ⅳ, vii, 15).

형태로 받아들였다. 개혁주의 신앙이 압도적으로 장로교의 정치형태와 연관을 갖고 있기는 하나 때로는 회중교회 또는 기능적인 면에서나 관할구역상으로 감독체제와 관련을 갖기도 했다.

16세기의 역사적 상황으로 인하여 개혁주의 공동체들은 매우 자유스럽게 새로운 형태의 교회 생활을 이룩할 수 있었다. 대부분의 루터교 공동체들은 중세교회의 조직을 그대로 이어받았으며, 영국의 종교개혁도 동일한 모습을 보였다. 스위스, 특히 제네바에 있어서 교리의 개혁은 바로 구교회 조직의 배척을 의미했다. 처음부터 교회를 국가로부터 분리시키려 한 제네바의 교회정치는, 국가와 교회를 다 포함하는 기독교 공동체 내에서의 "통치자의 주권"을 강조한 취리히의 교회정치보다 점차 세속화되어 가는 사회에 더 많은 영향을 주었다. 프랑스, 네덜란드 그리고 영국의 개혁주의 공동체들은 빈번히 기존 질서와 대립하였으며 이로 인해 그들 고유의 교회 생활 형태를 이룩할 수 있었다.

5. 칼빈의 교회정치

칼빈은 그 어떤 개혁자들보다도 교회 정치에 관해 많은 관심을 보였다. 그가 신학에 창조적인 공헌을 한 것 가운데 하나가 사도신경을 네 부분으로 구분하고 그것을 신학의 토대로 삼은 것이다. 이러한 구분에 따라 그는 「기독교강요」 가운데 가장 긴 제4권에서 교회, 성례전 및 국가를 다루었다. 과거의 조직을 거부하긴 했으나 아직 새로운 것이 발전되지 못한 상태였으므로 칼빈도 말씀은 선포되나 교회조직은 갖추지 못한 상황에 직면하였다. 그는 성서의 가르침을 나타내고 기독교 신앙과 생활을 뒷받침해 줄 교회의 생활 형태를 발전시키는 데 관심을 가지고 있었으며 또 그럴 수 있는 기회를 가지고 있었다. 그가 직접 목회를 담당한 지역은 제네바, 오늘의 표현대로 하자면 제네바라는 교구 지역이었다. 그는 한 국가는 말할 것도 없고 한 지역의 정치에 대해서도 책임을 맡고 있지 않았다. 그러므로 「기독교 강요」의 정치 부분은 보다 큰 지리적 영역의 필요에 대해 열려 있다.

"질서가 잘 잡힌" 교회를 제네바에 세우기 바라는 마음에서 칼빈이 집필한 「교회헌법」(*ecclesiastical ordinances*)은 그의 가장 영향력 있는 저술 가운데 하나가 되었다. 이 책에서 그는, 하나님이 제정하신 것으로 생각한 네 가지 직분을 제시하고 있다. 목사는 말씀 선포, 성례의 시행, 가르침 그리고 장로와 더불어 권징에 대한 책임을 지고 있다. 교사는 "참 교리로 믿는 자들을 가르칠" 책임을 지니고 있었다.[239] 목사와 비슷하게 교사는 포괄적인 학교 프로그램을 포함한 신학 강의를 책임진다. 장로는 목사와 더불어 "모든 사람의 생활"을 감독한다.[240] 집사는 교회의 구제 사업, 특히 가난한 사람들과 환자들을 대상으로 일한다.

이 교회정치에서 주목할 만한 한 가지 특징은 칼빈이 목사의 성실성과 자격을 강조하고 있다는 점이다. 성실성과 자격은 생활이나

---

239) *LCC*, XXII : 62.
240) *LCC*, XXII : 63.

신학 분야에서의 능력과 기독교 메시지를 전하는 능력 등을 세심하게 검토함으로써 유지되었다. 칼빈은 목회를 매우 높이 평가하였다. 때때로 그는 목회자들을 하나님의 입이라고 경솔하게 말하기도 했다.[241] 그러나 목회자의 중요성은 지위가 아니고 기능이었다. 칼빈은 목회자를 말씀 선포, 예배 인도, 교육 및 목회를 책임지는 교회의 신학자로 생각하였다. 그는 바람직한 교회를 위해서는 이러한 기능이 매우 중요하다고 생각했다. 이러한 기능이 중요했기 때문에 칼빈은 목회자에게 엄격한 요구를 제시하였다.

주목할 만한 두 번째 업적은 목사들과 장로들로 구성되는 당회이다.[242] 하나의 당회는 그 교구지역을 섬겼다. 칼빈은, 당회가 도덕, 예배 참여 및 기독교 교육 등의 분야에서 회중의 권징을 책임져야 한다고 주장하였다. 칼빈은 당회의 이러한 업무 수행에 있어서 정부로부터의 자유와 독립을 얻기 위해 싸웠으며 여러 해에 걸친 싸움 끝에(1541-1555) 어느 정도의 자유와 독립을 얻어 낼 수 있었다. 교회가 발전해 나감에 따라, 특히 지난 세기에는 점점 복잡해지는 교회 생활을 당회가 책임져야 했다. 교파가 생기고 세속문화가 발전해 감에 따라 도덕과 공공생활에 대한 당회의 힘은 약화되었다.

칼빈은, 교회는 마땅히 되어야 할 그 교회, 즉 하나님의 백성이 되어야 하다고 주장했다. 권징 자체는 결코 목적이 아니었다. 교회는 세 가지 목적을 위하여 권징을 시행하려 했다.

---

241) *CR*, 15 : 713.
242) Ian Brevard, "The Presbyterian Eldership Yesterday & Today", Coloquium(May 1967), pp. 127-143. 헝가리의 개혁주의 교회를 제외하고는 제네바 형태를 따르는 모든 개혁주의 교회들은 공동의회를 구성하고 있다.

(1) 하나님의 영광과 존엄이 다시 확증되어야 한다.
(2) 악한 사람이 선한 사람들을 오염시켜서는 안된다.
(3) 죄악에 빠진 자들은 온전해지도록 도움을 받아야 한다.[243]

칼빈은 분리되어진 순수한 교회를 추구했던 재세례파들에 대한 엄격한 권징을 받아들이기는 했으나 결코 교회의 존립을 권징에 의존하게 하지는 않았다. 칼빈의 제네바 목회는 이러한 한계 속에서 훈련된 기독교 공동체를 확립하려고 노력하였다는 점에서 유명하다.

칼빈의 교회정치의 세 번째 특징은 교리문답 교육을 강조한 점이다. 칼빈은, 기독교인들은 그들이 믿는 것이 무엇이며 왜 믿는가를 알아야 한다는 확신을 가지고 있었다. 무지 때문에 성만찬과 교회생활에 제대로 참여하는 일이 가려지기가 일쑤였다. 그러므로 자리잡힌 교회에는 정기적인 교리문답 교육 프로그램이 필요했다.[244]

이 교회정치의 네 번째 강조점은 교회의 구제사역으로서의 집사의 직분이다.[245] 칼빈의 제네바는 구걸을 법으로 금지하였으며, 사람들을 일에서 멀어지게 만든다는 이유로 축제일들을 많이 없앴다. 그러나 스스로를 돌볼 수 없는 자들을 돌보는 데 있어서 이보다 더 세심하게 배려한 공동체는 거의 없었다. 칼빈 자신은 적당한 노동과 주택 난방 등의 일을 직접 하였다.[246] 그는 사람들의 필요를 보살필 공적인 직분, 즉 집사 직분을 교회 조직 내에 제정하였다. 이 직분은

---

243) *LCC*, XXI : 1232-33(Ⅳ, xii, 5).
244) Cf. *LCC*, XXII : 69.
245) Robert M. Kingdon, "Social Welfare in Calvin's Geneva", The American Historical Review, Vol. 76, no. 1(February 1971), pp. 50-69. 칼빈이 제네바에 끼친 공로를 잘 균형있게 연구함. 집사직의 발전에 관해서는 다음을 보라.
246) *CR*, 16:498. Doumergue, *Jean Calvin* Vol. Ⅴ : *La pensée ecclesiastique pensée de Calvin*, p. 697.

충분히 발전되지는 않았다. 그러나 칼빈이 의도한 대로 발전하지는 않았다 해도 칼빈과 교회에 있어서 그것은 매우 중요하다. 미국 장로교의 발전에 있어서는 집사들이 때로는 구제 사업보다 교회의 행정 업무에 더 많이 관여하게 되었다.

칼빈의 교회정치에서 가장 주목할 만한 다섯 번째 특징은, 말씀과 성례전을 통한 성령에 의한 하나님의 행위를 가장 강조했다는 점이다. 교회는 바로 이 행위에 의해 태어났다. 교회의 모든 형식적 표지와 성례전은 하나님의 은혜에 종속된다. 예수 그리스도는 교회의 머리이다.

트린터루드(L. J. Trinterud)는 칼빈의 교회정치를 이렇게 요약하였다.

> 칼빈의 교회정치론의 기본 요소는 세 가지로 요약될 수 있다. 교회는 그리스도를 유일한 머리로 하는 공동체 혹은 몸이며, 다른 모든 지체들은 그 아래서 평등하다. 직무는, 하나님께서 부르시는 은사에 따른 수많은 직분들 가운데 나뉘어져서 온 교회에게 주어진다. 직분을 가진 자는 모두 교인들의 선출에 의해 그렇게 되며 그들은 그 교인들의 대표이다. 교회는, 전체 교회의 정당한 대표를 내기 위하여 선택된 직분자들, 목사, 장로에 의해 통제 · 감독되어야 한다.[247]

---

247) From "Presbyterianism" in *Encyclopaedia Britannica,* 14th edition(1967), 18:467.

6. 장로교회

장로회는 교회 생활의 고착된 형태가 아니라, 연속성과 다양성을 함께 지닌 하나의 발전해 가는 형태이다.[248] 장로의 종신제와 임기제가 있는 것처럼, 이 제도의 많은 특징들은 공간과 시간에 따라 서로 다르다. 미국의 장로교는 회중에서 노회, 대회 그리고 총회 순으로 발전한 반면, 스코틀랜드 장로교는 총회에서 아래로 발전하였다. 오늘날 이 다양한 발전의 결과들은 누가 보더라도 매우 분명하게 나타난다.

장로교라는 용어는, 교회정치가 주요한 논점이 되었던 17세기 상반기 스코틀랜드에서 사용되기 시작하여[249] 영어권의 개혁주의 공동체의 대부분을 지칭하는 말이 되었다. 확정적이고도 궁극적으로 장로교의 형태라고 일컬을 수 있는 어떤 한 가지 형태의 교회 생활이란 있을 수 없으며, 어떤 하나의 정의도 타당하지 못하다. 19, 20세기의 사람들이 규정한 장로교에 대한 네 가지 정의들은 다양한 스펙트럼에 나타낸 주요 특징들을 지시하는 것으로 받아들여질 수 있다.

하지(Charles Hodge)와 톤웰(James Henley Thornwell)은 19세기 미국 장로교 신학자들 중에서 가장 영향력이 큰 인물들이었다. 이들

---

248) Robert M. Kingdon, *Geneva and the Consolidation of the French Protestant Movement, 1564-1572*(Madison : University of Wisconsin Press, 1967), pp. 37 ff. G. D. Henderson, *Presbyterianism* (Aberdeen, Scotland : The University Press, 1954), pp. 92-111. Janet G. Macgregor, *The Scottish Presbyterian Polity : A Study of Its Origins in the Sixteenth Century* (Edinburgh : Oliver and Boyd, 1926), pp. 131-137.
249) G. D. Henderson, *op. cit*, pp. 94 ff.

은 모두 교회정치에 상당한 관심을 보였다. 그들은 교회정치와 실천에 관한 특정 문제들을 놓고 격렬한 논쟁을 벌이기는 하였으나 장로교 일반에 대해서는 의견이 일치하였다. 하지는 다음과 같은 일반 원리들의 관점에서 장로교를 규정하였다.

1. 교회의 모든 속성과 특권은 성령의 임재에서 비롯되며, 따라서 성령이 임재하는 곳에는 그러한 속성들과 특권들이 존재한다.
2. 성령은 성직자 안에만 임재하는 것이 아니라 하나님의 백성 안에 임재하므로 모든 능력은 일차적 의미에서(in sensu primo) 그 백성 안에 있다.
3. 이러한 특권들을 행사함에 있어서 교회는 하나님의 말씀 속에 규정된 원리들에 의해 다스려지며 그 말씀은 특정한 여러 제약들 속에서 교회의 직분과 조직 형태를 결정한다. 그러나 교회는 그러한 규정된 원리를 넘어서 방법, 기관 및 시행자를 선택할 수 있는 폭넓은 자유를 갖는다.
4. 장로교 체제의 근본 원리는 첫째, 성직의 동등성, 둘째, 교회 다스림의 실질적인 부분에 대한 교인의 권리, 셋째, 소수가 다수에게, 다수가 전체에 종속된다는 의미에서의 교회의 연합이다.[250]

톤웰은 장로교를 이렇게 규정하였다.

장로교란 용어는 우리가 지닌 교회 정치 개념들의 1차적인 특징이며, 이와 관련하여 그 용어는 보다 폭넓게 적용되기도 하고 보다 좁게 적용

---

[250] Charles Hodge, *Discussions in Church Polity*(New York : Charles Scribner's Sons 1878), p. 119. Hodge의 견해가 Thornwell과 다른 점은 p. 127을 보라.

되기도 한다. 가장 폭넓은 적용에 있어서 그 용어는, 교회의 통치가 장로들—달리 표현하자면 목회자와 공적으로 동등성을 유지하고 있는 사람들—보다 더 높은 사람들의 질서에 맡겨져 있지 않다고 생각하는 사람들을 모두 포함한다. 이러한 의미에 있어서 그 용어는 단순히 감독체제와 대립되며, 교구 감독의 신적 제정을 부인하는 모든 교파에게까지 확대된다. 그러므로 그 용어는 독립교회, 심지어는 감리교까지 포함한다. 교회 통치자들의 공식적 평등을 주장하는 자는 모두 본질적으로 장로교인이다. 좁은 적용에 있어서 그 용어는 교회의 통치를 장로들만으로 구성된 대표회의의 손에 맡기는 사람들만을 포함한다.[251]

"장로교"란 용어의 이러한 협의적 용법을 규정함으로써 톤웰은 장로교회의 정치원리를 진술하는 데까지 나아가고 있다.

1. "첫번째 원리는 교회의 통일성의 원리이다. 그리스도의 몸인 교회는 하나이다." 따라서 그 안에 융합되어 있는 자는 모두 하나의 유기적 전체를 이루는데, 이것이 거룩한 보편 교회이다. 그러므로 가시적 연합을 실현하지 못하고 그 때문에 불가시적 교회와의 일치를 목표로 하는 교회는 자기정죄적이다. 이러한 사실을 인정하지 않는 조직은 모두 비성서적인 것으로 정죄된다. 이러한 교회의 통일성의 원리는 장로교의 토대를 이룬다.

2. "장로교 체제의 둘째 원리는 그 통일성이 대표회의에서 이뤄진다는 것이다. 교회의 통치는 개인에게 맡겨져 있지도 않고 신자들의

---

251) John B. Adger & John L. Girardeau, eds., *The Collected Writings of James Henley Thornwell*(Richmond : Presbyterian Committee of Publication, 1873) vol. 4:134-135.

집단에 맡겨져 있는 것도 아니라 회의에 맡겨져 있다."

3. "세 번째 원리는 이 대표 회의를 이루는 구성원들은 장로들로서, 이들은 교인들에 의해 자유로이 선택된 통치자들이다."

4. "네 번째 원리는 힘은 주로 집단 속에 있으며 조직된 회의를 통해 행사된다…. 당회, 노회, 대회, 총회가 살아있는 힘을 행사할 때 그것들은 올바른 '교회'라고 불린다."[252]

톤웰과 하지의 장로교에 대한 이해의 차이점은 교회정치 발전에 있어서 편만해 있는 애매성들을 반영한다. 톤웰은 성서에 기초한 교회정치를 택했다. 그러나 하지는 성서를 일반 원리들의 근거라고 말하기는 했으나 실제로 성서적 근거가 없는 세부사항들을 허용하였다. 톤웰은 또한 유기적 단체로서의 교회는 모든 성서적 목적들을 위한 단체, 즉 교회 자체는 하나의 선교단체이며 그 고유의 활동을 위해서 독립된 기관을 이용하지 않는다고 주장하였다. 하지와 톤웰은 장로의 직분에 대해 결정적인 견해차를 보이고 있다. 하지에게 있어서 장로는 교인들의 대표인 평신도였다. 톤웰에게는 목사와 다스리는 장로가 모두 같은 장로였다. 본래 장로는 말씀 선포와 가르침이 부가될 수 있는 다스리는 장로이다. 톤웰의 강조점은 미국의 장로교회의 정치에 반영되었으며, 그 경우에는 다스리는 장로가 목사 안수에 참여할 것을 요구하고 있다. 장로 직분의 성격에 대한 이러한 갈등은, 장로교의 애매성에 기인하며 그 애매성은 적어도 칼빈에게까지 거슬러 올라가며 아직도 해결되지 않은 채 남아 있다.[253]

---

252) *Ibid*, pp. 134-139. Cf. pp. 234-235.
253) Thornwell이 성서를 강조한 것에 관해서는 4:21, 167, 218을 보라. 교회에 대한 Thornwell과 Hodge 사이의 갈등에 관해서는 4:224를 보라. cf. Thompson, *Presbyterians in*

두 사람의 20세기 장로교 역사가는 장로교를 다음과 같이 규정하였다. 제임스 모팻(James Moffatt)은 이렇게 말한다:

> 장로교는 장로들에 의해 통치되는 사도적 보편적 교회를 지시하는 용어이다. 현재 작용되는 그 구성 원리는 이렇게 기술될 수 있다. (a) 장로들의 동등성, (b) 대표회의 혹은 평신도 장로들을 통하여 교회 통치에 참여할 수 있는 교인들의 권리, (c) 신앙과 질서에 있어서뿐 아니라 신적 집단으로서 교회의 공동의 권위를 표현하고 시행하는 등급이 있는 일련의 교회 회의에서의 교회의 통일성.[254]

회의에서의 스코틀랜드 장로교 학자인 핸더슨(G. D. Henderson)은 장로교를 다음과 같이 규정한다:

> 엄격히 말하자면, 장로교는 특정한 프로테스탄트 교회들이 채택하고 있는 교회 통치의 한 형태이다. 그 교회는 안수받은 목회자와 평신도 장로들을 그 구성원으로 하는 등급지어진 일련의 통치기구들을 주요 특징으로 한다. 모든 장로는 토론과 의결의 문제에 있어서 목회자와 동등

---

the South 2:414 ff. 다스리는 장로에 관한 Thornwell의 견해는 *Collected Writings* 4:115 ff 와 Thompson, *op.cit*, 2:417ff을 보라. 장로직의 성격과 장로교 교회 정치사에서의 그 역할에 관해서는 Robert W. Henderson, "Concerning the Eldership, Part Ⅰ", *Rerormed World*, Vol. 32, no. 8(december 1973), pp. 363-373; Ian Brevard, "The Presbyterian Eldership Yesterday and Today" *Colloquium*(May 1967)을 보라. 장로직에 대해 서로 충돌되는 견해를 잘 논의한 것으로는 Eugine Heideman, *Reformed Bishops and Catholic Elders*(Michigan : Eerdmans, 1970), p. 124.를 보라.

254) James Moffatt, *Thd Presbyterian Churches*(Toronto : Methuen Publications, A Division of The Carlswell Company, 1928), pp. 1-2.

한 권리와 책임을 가진다.[255]

장로교에 대한 이러한 정의들에서는 네 가지 기본 원리들이 매우 두드러지게 나타난다.

1. 성서의 권위

장로교회의 지속적인 한 가지 특성은 성서의 권위에의 호소이다. 어떤 사람들은, 장로교가 성서에 규정된 교회 통치의 유일한 형태라고 주장하기도 하지만, 성서의 결정적 권위에 호소한다.

칼빈은, 교회질서는 하나님에 의해 규정된다고 분명히 말했다. 예를 들면, 그는 "그것에 의해 주님의 교회가 통치되기를 원했던 질서"[256] "그가 제정한 교회정치의 형태와 질서"[257] "주님이 그의 말씀 속에서 보이시고 제정하신 그러한 영적 통치"[258]를 말했다. 칼빈과는 밀접한 연관이 있는 1559년의 갈리아 신조는, 참된 교회는 "우리 주 예수 그리스도에 의해 확립된 질서에 따라 통치되어야 한다고 선언한다."[259]

칼빈은, 교회정치의 많은 세부 사항들은 성서에 의해 확립될 수 있었으며, 그러므로 그는 성서를 율법주의적으로 복종하는 것이나 혹은 단순히 초대교회를 모방하기를 주장하지 않았다. 다음 구절은

---

255) G. D. Henderson, *Why We are Presbyterians* (Edinburgh : Church of Scotland Publications, n. d), pp. 82–83.
256) *LCC*, XXI : 1053(Ⅳ, iii, 1).
257) *LCC*, XXI : 1110(Ⅳ, iv, 9).
258) *LCC*, XXI : 58(Footnote 1).
259) Schaff, *Creeds of Christendom*, Gallican Confession, Article 29, 3:376.

칼빈의 관점을 매우 분명히 보여 주기 때문에 자세하게 인용한다:

> 모든 인간 사회에서 공공의 평화를 조성하고 화합을 유지하려면 어떤 형태로든 조직이 필요하다는 것을 우리는 알고 있다. 나아가 우리는 사람들 사이의 거래에 있어서 어떤 절차는 항상 효율적이어서 공공질서와 심지어는 인간성 자체를 위해서도 존중되어야 한다는 것도 알고 있다. 이러한 것은 특히 교회 안에서 주시되어야 한다. 교회는 모든 것이 질서정연한 조직 아래 놓여 있을 때 가장 잘 유지된다. 화합이 이뤄지지 않으면 교회가 될 수 없다. 그러므로 만약 교회의 안정을 원한다면 "모든 것을 예법에 맞게 질서대로 하라"(고전 11:40)는 바울의 명령에 귀를 기울여야 한다.[260]
>
> 그러므로 우리는 경건하지 못한 제도(앞에서 말했듯이 참 종교를 가리고 양심을 파괴하는 제도)와 합법적 교회 질서를 구분할 수 있는, 가장 탁월하고 신뢰할 만한 표지를 가지고 있다. 즉 옳은 질서는 항상 다음의 두 가지 일 가운데 어느 하나이거나 혹은 둘 모두를 목적으로 하는 것임을 기억하면 되는 것이다. 즉 신자들의 거룩한 모임에서 모든 일이 점잖게 그리고 품위를 가지고 집행되기 위하여, 그리고 인간의 공동체 그 자체가 인간다움과 절제라는 어떤 유대에 의하여 질서를 유지하기 위해서이다. 왜냐하면 규정들이 공공의 품위를 유지하기 위하여 제정된다는 사실을 일단 이해하게 된다면, 인간의 고안물을 가지고 하나님께 대한 예배의 척도를 삼기까지 타락하는 미신은 사라지기 때문이다. 또한 이런 규정들이 공공의 유익을 목표로 한다는 사실이 인식된다

---

260) *LCC*, XXI : 1205(Ⅳ, x , 27).

면, 인간의 전통을 구원에 꼭 필요한 것으로 믿게 하여 사람들의 양심을 엄습해 오는 의무와 필연이라는 그릇된 견해는 무너지게 된다. 왜냐하면 우리가 서로 노력하여 우리들 가운데서 사랑을 자라나게 하는 것 외에는 요구되는 것이 아무 것도 없기 때문이다.[261]

한 가지 예로써, 엄숙하게 기도할 때 무릎을 꿇는 경우를 생각해 보자. 문제는 그것이 거부되거나 혹은 부인되어도 아무런 지장이 없는 인간이 만들어 낸 전통인가 하는 점이다. 나는 이것이 인간이 만든 것인 동시에 신적인 전통이라고 말한다. 사도가 우리에게 그것을 유의해서 돌보고 준수할 것을 권고한(고전 14:20) 일의 일부라는 의미에서 그것은 하나님의 전통이다. 그러나 그것이 인간의 전통인 것은, 명확하게 진술하지 않고 개괄적으로 시사했다는 점에서이다.

이 한 가지 예로써 우리는 이런 부류 전체에 대하여 어떤 견해를 가져야 할 것인가를 판단할 수 있을 것이다. 내가 말하고자 하는 바는 주님은 그의 거룩한 말씀 속에 참으로 의로운 모든 것과 그의 위엄에 대한 모든 면에서의 예배와 구원에 필요한 모든 것을 포괄적이고도 분명하게 표현하셨다. 그러므로 이러한 것들에 있어서 우리는 주님의 말씀만을 청종해야 한다. 그러나 외적 규율과 의식에 관해서 우리가 준수해야 할 것을 자세히 규정하시려 하지 않으셨기 때문에(그것들은 시대적 상황에 따라 변함을 예견하시고, 모든 시대를 통하여 유일한 오직 한 가지의 형식이 적절하다고는 판단하시지 않았기 때문에) 여기서 우리는 하나님께서 우리에게 주신 일반적인 규범에 우리를 맡기고, 교회가 필요

---

261) *LCC*, **XXI** : 1206(Ⅳ, x, 28).

로 하는 질서와 예법을 판단해야 한다. 마지막으로 이것은 우리의 구원에 필요한 것은 아니며 각 민족과 시대의 관습에 따라 교회의 덕을 세우기 위하여 적용되어야 하기 때문에 하나님께서는 이것을 특정하게 말씀하시지 않으셨다. 그러므로 교회의 유익에 따라 관례로 내려 오던 일은 변경 및 폐기되고 새로운 것이 제정되는 것이 적합할 것이다. 분명히 나는, 우리가 무모하고 갑작스럽게 또는 사소한 이유로 개혁에 착수해서는 안된다는 것을 인정한다. 그러나 무엇이 해악을 가져오고 무엇이 덕을 세우는지에 대해서는 사랑만이 최선의 판결을 내려줄 것이다. 만일 우리가 이 사랑을 우리의 지침으로 삼는다면 모든 것은 안전할 것이다.[262]

두메르그(Doumergue)는, 칼빈의 교회정치는 성서, 이성, 역사 및 앞에서 말한 기준들의 지지를 받는 판단을 그 근거로 삼고 있다고 기록하였다.[263] 그럼에도 불구하고, 하나님이 부여하셨으며 또 교회 생활에서 규범적인 가치를 지니는 교회정치의 본질적인 특정 원리들은 존재한다.

후기 칼빈주의자들과 장로교인들은 장로교의 성서적 권위를 더욱 강하게 주장하였다. 트래버스(Walter Travers)는 그의 책(*A Full and Plaine Declaration of Ecclesiastical Discipline Out of the Word of God and of the Declining of the Church of England from the Same*)에서 교회정치는 철저하게 성서적이어야 한다고 주장했다.

---

262) *LCC*, XXI : 1207-8(Ⅳ, x, 30), Cf. XXI : 1209(Ⅵ, x, 32).
263) Doumergue, *Jean Calvin* Vol, Ⅴ : *La Pensée ecclesiastique...*, pp. 48-52.

그러므로 나는 교회의 치리를 그리스도의 교회를 훌륭하게 관리하고 통치하기 위하여 하나님께서 제정하신 그리스도의 교회의 첫째 되는 것이라고 부른다. 여기서 하나님을 치리의 제정자로 보는 것에는… 보다 충분히 증명이 필요하다. 왜냐하면 이 문제를 다루기 위해 제시된 가르침은 없다고 단언하면서 그것이 전적으로 통치자와 교회에 맡겨져 있다고 주장하는 많은 사람들에 의해 거부되고 있기 때문이다. 치리의 규칙과 형태는 인간의 조례나 상상에 의해 만들어지는 것이 아니라 하나님의 말씀에서 이끌어내져야 한다. 모든 것이 하나님의 말씀에 따라 개혁되는 그러한 교회 내에서는 모든 것이 오랫동안 그 순수성을 보존한다. 그러므로 오늘날 우리들의 교회 내에 존재하는 모든 부패한 모습은 하나님의 말씀이라는 맑은 샘을 떠나 냄새나는 웅덩이나 도랑처럼 교황의 꿈과 상상을 따르기 때문에 생겨난다.

우리가 가진 특정한 법칙들이 이러한 바탕에 기초하고 있다면, 교회의 치리에 대해서도 하나님 자신의 음성과 권위로 확증될 정도로 인정받아야 한다.[264]

트래버스에 의해 편집되어 웨스트민스터 의회에 영향을 준 치리서(The Book of Discipline)는 다음과 같은 주장으로 시작된다:

모든 시대에 필요한 그리스도 교회의 치리는 그리스도에게서 전해진 것으로 성서 속에 기록되어 있다. 그러므로 참되고 합법적인 치리는 성서에서, 오직 성서에서만 이끌어내져야 한다. 다른 근거에 입각한 것은

---

[264] Walter Travers, *A Full and Plaine Declaration of Ecclesiastical Discipline Out of the Word of God and of the Declining of the Church of England from the Same*, 1617 ed., p. 6.

비합법적이며 거짓된 것으로 간주되어야 한다.[265]

그런데 트래버스는 장로교의 성서적 권위를 주장하기는 하였으나 자신은 영국 감독교회의 성직자로 계속 남아 있었다는 점이 중요하다. 만약 그것이 복음에 위배되는 것이 없다면 그가 감독교회에 그대로 남아 있었을 리가 없다.

칼빈주의자들과 장로교인들은 교회정치가 하나님의 말씀의 권위 아래 놓여야 한다고 강하게 주장했다고 요약할 수 있을 것이다. 그러나 약간의 예외를 제외하면, 그들은 장로교 체제의 수용이 교회의 존립을 위해 필요하다거나 그것만이 성서적 권위를 가졌다고 단언적으로 말하기를 거부하였다. 장로교의 주류는 성서적 율법주의와 성서에 대한 무관심 사이의 중간 노선을 취하고 있다. 장로교가 하나님의 말씀에 합치한다고 주장하긴 하지만 장로교나 어떤 교회 체제가 교회의 존립에 관계되어 있다는 생각을 거부한다.

2. 대표회의를 통한 교회의 통일성

장로교의 두 번째 원리는 교인들이 선출한 장로들로 구성된 교회 회의를 통한 교회의 통일성이다. "교회"라는 용어는 지역의 회중과 신자들의 전체 모임에 붙여진다. 지역의 회중이 없이는 교회가 존재하지 못하며, 지교회(支敎會)들이 보편적 교회에 참여하지 않는다면 그 지교회 역시 존재하지 않는다.

여기서 장로교인들은 회중교회와 감독교회를 모두 거부한다. 특

---

[265] Briggs, "Book of Discipline", Appendix, p. ⅱ. Cf. *Collected Writings of Thornuell*, 4:218.

히 웨스트민스터 회의에서 장로교인들은 회중과 회중의 대표들에 의해 선택된 회중회의는 회중과는 별개의 독립된 권위를 가지고 움직일 수 있다고 주장함으로써 회중교회에 대해 반대의 뜻을 표했다. 장로교인들은, 또한 지역 회중은 독립된 단위가 아니라 등급지어진 일련의 교회 법정 혹은 회의의 권위 아래 있다고 주장했다. 감독교회에 대하여 장로교인들은 교회의 통일성은 교회회의를 통해 확보되는 것이지 감독제도를 통해 이뤄지는 것이 아니라고 주장했다.

교회회의는 장로교 내에서, 특히 프랑스와 스코틀랜드에서 점진적으로 발전하였으며, 이 지역에서도 국가적 기반 위에서 확립되었다. 그러나 그 원리들은 칼빈에 의해 명확하게 진술된다. 개개인에 의하여 통치되는 것을 크게 반대한 칼빈은 공동 통치에 장을 제공하는 교회회의를 주장하였다. 그는 또한 목회자들만의 통치를 크게 반대하고 말씀을 선포하는 장로와 다스리는 장로들이 함께 통치할 수 있는 길을 마련한 교회회의를 옹호하였다.

장로교의 기본적인 대의적 교회 통치의 원리는 칼빈의 인간관에 그 뿌리를 두고 있다. 그의 인간관은, 한편으로는 어떤 사람도 통치를 위임받을 만큼 그렇게 선하지 않으며, 다른 한편으로는 대중은 교회생활에서 반드시 필요한 매우 중요한 결정들을 내릴 자격이 없다는 주장이다. 칼빈은 개인 통치의 허식과 횡포, 대중의 변덕과 무질서를 모두 두려워했다. 그는 국가와 교회에 있어서 신학적 근거에 입각한 귀족정치의 성격을 띤, 즉 자격을 갖춘 사람에 의한 민주정치를 찬성하였다. 하나님의 뜻은 개개인이나 모든 사람들에 의해 결정되는 것이 아니라, 특별한 자격을 갖춘, 선택된 사람들에 의해 결정이 이뤄질 경우에 그 모습이 드러나기가 더 쉽다. 사도행전 15:2에 대한 주석에서 칼빈은 이렇게 말한다.

> 모든 거룩한 회의는 처음부터 진지하고 하나님의 말씀으로 잘 훈련된 사람들이 자기 자신들의 욕망이 아니라 하나님의 권위에 의해서 논쟁을 해결하기 위하여 소집되었다.[266]

사도행전 15:6의 주석에서 칼빈은 이렇게 말한다:

> 실제로 사람들 앞에서 논쟁이 벌어졌을지도 모른다. 그러나 비록 그 문제를 듣고 해결하기 위하여 더 많은 사람들이 모였을지라도, 누가는 일반 대중들이 그 문제를 해결하느라 고심했다고 생각하지 않도록 사도와 장로만을 언급하고 있다. 그러나 다른 방도로는 해결할 수 없는 논쟁이 벌어졌을 경우 공회를 소집함에 있어서 하나의 형태와 질서가 하나님에 의해 규정되어 있음을 알아야 한다.[267]

톤웰도 이와 동일한 확신을 이렇게 표현하고 있다:

> 교회에서의 대의적 통치 형태는 그 궁극에서조차도 국가의 경우처럼 사람들이 고안해 낸 것은 아니다. 그것은 그리스도께서 직접 제정하신 것이다. 교회 대표들의 권한과 의무는 교회의 실제적인 규범인 하나님

---

266) John Calvin, *Commentary : Acts of the Apostles*, Henry Beveridge, ed.(Grand Rapids : Eerdmans, 1949). p. 44.
267) *Ibid*.

의 말씀 속에 규정되어 있다. 그들은 도구가 아니라 통치자들이라고 표현되어 있다. 그들은 주님의 법들을 연구하고 시행해야 하며 인간의 변덕을 좇아서는 안된다. 그들은 하나님의 보좌로부터 전해지는 것 이외에는 당국의 어떤 가르침도 청종해서는 안된다. 그리스도는 결코 대중으로서의 교인들에게 사법권의 집행과 치리 시행의 권한을 부여하시지 않았다. 그들은 당회나 노회에 참여할 수 없다. 그들이 자기들의 집단적인 역량을 가지고 거기에 참여하는 것은 불편할 뿐 아니라, 참여할 수 있는 어떠한 권리도 가지고 있지 않았다. 구성원으로서, 즉 회의의 구성 요소로서 참여하는 특권은 대의제도가 지향하는 그 목적에 해가 될 것이다. 즉, 그것은 전반적인 통치제도를 뒤엎을 것이다. 교인들이 해야 할 일은 그리스도가 제정하신 직분에 적합하다고 성령이 증거하는 충분한 증거를 갖춘 인물들을 선출하는 것이다.[268]

3. 목회자의 동등성

장로교의 세 번째 원리는 목회자의 동등성이다. 이 권리는 제 2 스위스 신앙고백에 매우 분명하게 표현되어 있다.

> 교회 목회자들에게 부여된 권한 혹은 기능은 모두에게 있어서 하나같이 동일하다. 분명 처음에는 감독들 혹은 장로들이 공동의 합의와 수고를 통해 교회를 다스렸다. 아무도 자신을 다른 사람보다 높일 수 없었으며 동료 감독들보다 더 큰 전력 및 권위를 차지할 수 없었다. 왜냐하면 그들은 "너희 중에 두목(다스리는 자)은 섬기는 자와 같을지니라"(눅

---

[268] *Collected Writings of Thornwell*, 4:101.

22:26)는 주님의 말씀을 기억하고 있었기 때문이다. 그들은 겸손하게 일했으며 교회 통치와 보존에 있어서 서로 도왔다… 그럼에도 불구하고 질서를 위해서 사역자 중 어느 한 사람이 회의를 소집하여 논의할 문제를 제시하고 나머지 사람들의 의견을 수렴하였다. 즉, 간단히 말해서 혼란이 야기되지 않게 하였다.[269]

동일한 요지가 갈리아 신앙고백과 벨기에 신앙고백에 표현되어 있다.

> 모든 참된 목사들은, 그들이 어느 곳에 있든지 하나의 머리 즉 유일한 주권적, 우주적 감독이신 예수 그리스도 아래서 동일한 권위와 평등한 힘을 지니며, 따라서 어떤 교회도 다른 어떤 교회에 대하여 권위나 지배권을 주장할 수 없다는 것을 우리는 믿는다.[270]
>
> 하나님의 말씀의 사역자들에 관해서 말하자면, 그들이 모두 우주의 유일한 감독이시며 교회의 유일한 머리이신 그리스도의 사역자들인 한, 그들은 어느 장소에 있든지 평등하게 동일한 힘과 권위를 갖는다.[271]

칼빈은 "감독", "장로", "목사" 및 "사역자"라는 용어들은 서로 바꾸어 사용될 수 있다고 했다. "말씀 사역을 담당하는 모든 사람들에

---

269) Leith, *Creeds of the Churches*, Second Helvetic Confession, Chapter 18, pp. 157-58.
270) Scaff, *Creeds of Christendom*, Gallican Confession, Article 30, 3:377.
271) *Ibid*, Belgic Confession, Article 31, 3:422.

게는 그것(성서)이 '감독'이라는 칭호를 부여한다."[272]

칼빈이 "하이어라키"(교회 계층 구조)라는 용어와 "교회 통치에 관련된 지배력 혹은 지배권"을 형성하는 것을 몹시 싫어했음에도 의문의 여지가 없다.[273] 초대교회에 있어서의 교회 통치의 발전에 대해 칼빈이 긍정적인 태도를 취하기는 했으나, 교회의 어떤 직분에 있어서도 "지배", 과시적인 허세 및 압제 등에는 반대하였다.

4. 목회자를 청빙하고 직분자들을 선출할 수 있는 교인들의 권리

장로교의 네 번째 권리는 자기들의 목회자를 청빙할 수 있는 교인들의 권리이다. 칼빈은 이렇게 말한다.

> 이제 문제가 되는 것은, 목사가 온 회중에 의해 선택되어야 하는가, 아니면 도덕적 견책의 책임을 지고 있는 장로들과 동료 사역자들에 의해 선택되어야 하는가, 아니면 단 한 사람의 권위에 의해 임명되어야 하는가 하는 점이다…
>
> 그러므로 우리는, 회중들의 합의와 인정을 받은 적격자가 목사로 세움을 받을 때, 그것은 하나님의 말씀에 따르는 적법한 것이 된다고 생각한다. 그러나 회중의 경솔, 악심 및 무질서 등으로 인해 잘못되지 않게 하기 위해서 다른 목회자들이 투표를 주재해야 한다.[274]

교인들의 제반 권리에 대한 칼빈의 강조는 부분적으로는 그 당시

---

272) *LCC*, XXI : 1060(Ⅳ, iii, 8).
273) *LCC*, XXI : 1072(Ⅳ, iv, 4).
274) *LCC*, XXI : 1065, 1066(Ⅳ, iii, 15).

의 상황 때문에, 또 부분적으로는 자신의 귀족주의적 성향으로 인하여 약화되었다.[275] 때때로 이 권리는 이내 내려진 결정에 대한 인정에 불과했다. 자기들의 직분자들을 선출할 수 있는 교인들의 충분한 권리는 후에 스코틀랜드와 미국의 장로교인들에 의해 노회에서 최고도로 주장되었다.[276]

5. 집사의 직분에 관하여

개혁주의 전통은 집사의 직분에 관해서 충분히 주장하기를 주저했다. 그래서 집사의 직분은 장로교의 원리가 될 수 없었다. 그러나 그 중요성은 마땅히 주목을 받아야 한다. 유진 하이데만(Eugene Heideman)은 개혁주의 교회정치에 관한 자신의 논문에서, 칼빈은 집사 직분에 교회적 중요성뿐 아니라 문화적 중요성까지 부여했다고 말했다. 그는 개혁주의 전통에 있어서 집사 직분의 역할을 이렇게 요약하고 있다.

> …개혁주의 전통에 의하면, 집사는 하나님의 의를 나타내는데, 그 의는 가난한 자와 병든 자를 도와주고 과부와 고아를 보살피며 사회정의의 메시지를 전함으로써 세상에 알려지게 되는 것이다. 따라서 집사는 자선금의 모금과 자선사업에 있어서는 다른 직분자들에 못지않은 위치에 있다. 오히려 집사는 바르게 이해될 경우, 교회의 직분자들 가운데서 핵심적인 역할을 담당한다. 그러므로 이 세 가지 직분들은, 목사를 최고위직을 누린다거나 집사를 가장 낮은 지위로 생각하는 교권적 계층 구조(하

---

275) *LCC*, XXI : 1064-66(Ⅳ, iii, 13-15)- Ⅹ : 1080(Ⅳ, iv, 12).
276) Moffatt, *The Presbyterian Churches*, pp. 26-27, 78.

이어라키)를 나타내지 않는다. 지나친 혼란을 피하기 위하여 기능이 구분되기는 하지만 그 기능들은 서로 수평적인 관계에 놓여 있다.[277]

7. 감독교회

개혁주의 신학은 때때로 감독교회 공동체들과도 조화를 이루었다. 영국의 많은 감독들, 심지어 대감독들조차도 16세기에는 신학적으로 칼빈주의자 혹은 개혁주의자였다. 개혁주의 성직자들 역시 16, 17세기에는 감독교회 형태를 시도하였다. 1560년대 스코틀랜드의 매우 자유로운 교회정치는 장로교에 관여하지 않았다. 확고하게 관여한 것은 멜빌(Andrew Melville)의 활동과 잉글랜드가 스코틀랜드 교회의 정치를 강요하려는 움직임이 있은 후에 이뤄졌다. 오늘날 헝가리의 개혁주의 교회에는 행정적인 책임은 있으나 신학적인 의미는 갖고 있지 않은 감독이 있다.

장로교회와 마찬가지로 감독교회도 발전하였으나 그 용어는 시간과 장소에 따라 서로 다른 것을 의미한다. 잉글랜드에서 청교도 혁명에 따른 종교적 정착이 이뤄진 1662년 이후 감독교회는 새로운 의미를 지니기 시작했다. 1662년 이전에는 장로에 의한 안수와 감독에 의한 안수가 함께 인정되고 있었다고 하는 충분한 증거가 있

---

277) Heideman, *Reformed Bishops and Catholic Elders*, p. 124.
John L. Giradeau가 Southern Presbyterian Review, Vols. XXX, XXXI, XXXII에서 집사직의 중요성에 대하여 쓴 논문들을 보라.

다.[278] 1662년 이후에는 안수와 교회 존립에 있어서 감독의 필요성을 점차 인식하게 되었다. 사도직 계승론은 감독의 직분과 굳게 결합되어 있었다. 칼빈과 개혁주의 전통의 고전적 문서들의 규정에 의하면, 개혁주의 신학은 기능적 감독교회와는 양립하나 케네스 커크(Kenneth Kirk)가 그의 책 「*The Apostolic Ministry*」에서 규정한 신학적 감독교회와는 양립불가능하다.[279]

근래에 수많은 칼빈 연구자들이, 칼빈의 교회정치는 감독교회의 발전에 대해 개방적임을 입증하려고 시도하고 있다. 이것은 하나의 쟁점이기 때문에 그 최선의 절차는, 이 논점을 담고 있는 칼빈의 저술 중에서 가장 중요한 구절들을 재검토해 보는 것이다.

「기독교강요」에서 칼빈은 감독의 직분을 "고대 교회의 형편과 교황 이전에 행해지던 통치의 종류"라는 주제 속에서 논하고 있다.

> 사람들은 가르침의 사명을 띤 사람이면 모두 "장로"라고 일컬었다. 각 도시에서는 장로들 중에서 한 사람을 뽑아 특별히 "감독"이라는 칭호를 주었다. 그것은 서로 대등한 지위 때문에 분쟁이 일어나지 않도록 하기 위함이었다(이러한 분쟁은 흔히 일어나고 있었다). 그렇다고 감독이란 지위가 그의 동료들에 대해 지배권을 행사할 만큼 영예롭고 위엄 있는 높은 지위는 아니었다. 오히려 감독은 원로원에서의 집정관의 역할과 같았다. 즉 일에 대한 보고서 제출, 의견 요청, 다른 사람들에 대한 상

---

278) Norman Sykes, *Old Priest and New Presbyter*(Cambridge, England : The University Press, 1956), especially chapters 4 and 5.
279) Kenneth Kirk, ed., *The Apostolic Ministry : Essays on the History and doctrine of Episcopacy*(London : Hodder & Stoughton, 1947), p. 8.

담, 권면과 격려 및 자신의 권위로써 전체 의사통제 등의 역할이었는데 감독은 장로들의 회에서 이러한 역할을 수행하고 있었다.

그리고 고대의 감독들은, 이와 같은 사실이 당시의 필요에 의해 인간적 합의로 도입된 것을 인정하였다… 그 후 분쟁의 씨를 제거하기 위하여 한 사람의 인물에게 모든 감독권이 맡겨지게 되었다. 그래서 장로들은 자기들의 위에서 통할하는 감독에게 복종하는 것을 교회의 관례상 당연한 것으로 받아들였고, 감독 또한 자기가 장로들보다도 우위에 있는 것은 주님의 정하심으로 말미암은 것이 아니고 오히려 교회의 관례에 의한 것이며 장로들과 협력하여 교회를 다스려야 함을 알고 있었다.…

각 도시들은 일정한 지역을 할당하고 거기에 장로를 세웠으며 모든 교회가 하나의 교회에 속한다고 생각하였다. 하나하나의 장로회들이 한 사람의 감독에게 종속되는 것은 다만 조직과 평화의 보존을 위함이었으며, 그 감독은 권위에서는 다른 사람들을 능가하고 있었으나 동료들의 모임에서는 그들에게 종속되었다. 그러나 그의 관할 지역이 너무 넓어서 감독으로서의 모든 직무를 구석구석까지 할 수 없을 때엔 그 지역의 곳곳에 장로들을 배치하여 보다 작은 일들을 수행하게 하였다. 그들은 그 지역에서 감독을 대신하였기 때문에 "지방 감독"이라 불렸다.[280]

모든 지방에 감독들 가운데서 대감독을 세운 것과 니케아 회의에서 대감독보다 더 높은 지위와 위엄을 가지는 총 대감독이 세워진 사실은 질서유지를 위한 것이었다. 그러나 이러한 제도가 성립되기까지에는 어려움이 많았다는 사실도 이 논의에서는 기억해야 할 것이다. 따라서 이러한 계급들이 제정된 원인은, 소수의 사람이 처리할 수 없는 문

---

[280] *LCC*, XXI : 1069-70(Ⅵ, iv, 2, 4).

제가 교회에서 일어났을 때 그것을 지방회의에 넘겨 해결하기 위함이었다. 만일 문제의 중대함과 곤란함 때문에 더욱 규모가 큰 논의가 필요하게 될 때에는 총 대감독이 전체 감독들의 회의를 소집하여 함께 의논하도록 하였다. 이 총회가 최고 의결기관이며 달리 호소할 곳이 없었다. 이와 같이 제도화된 통치 구조를 어떤 사람들은 "교회계층제도(Hierarchy)"라 불렀다. 이것은 (내가 보기에는) 적합한 명칭이 아니며 성서에서는 분명 사용되지 않는 말이다. 왜냐하면 성서는 교회정치에 관한 일로 성도가 교회의 머리가 될 생각이나 지배권을 취할 것을 꿈꾸지 않도록 경고하시기 때문이다. 그러나 명칭 문제는 그렇다 하더라도 사실 그 자체만을 살펴 본다면, 고대의 감독들은 하나님께서 말씀에 의하여 규정하신 이외의 다른 어떤 형태의 교회 규칙도 제정하려 하지 않았음을 우리는 알게 된다.[281]

맥네일(John McNeil)은 이상의 구절에서 "칼빈은 분명히, 독단적인 통치를 방지해 주는 사법적 처리적 감독제도를 인정해 주었다고 하였으나, '교회계층제도'라는 말은 싫어한다"고 했다.[282] 이것이 이 구절로부터 주장할 수 있는 내용의 전부이다. 칼빈은 기껏해야 감독교회제도를 인정하였으나 그것을 옹호하지는 않았다. 제네바의 특수 상황 때문에 칼빈이 감독교회를 옹호하지 않았다는 주장은, 칼빈

---

281) *LCC*, XXI : 1071-72(Ⅵ, iv, 4).
282) *LCC*, XXI : 1071-72(Ⅵ, iv, 4 〔Footnote 12〕). John T. McNeill, "The Doctrine of the Ministry in Reformed Theology", *Church History*, vol. 12, no. 2(June 1943), pp. 77-97. Cf. Jacquee Pannier, *Calvin el lé spiscopat* (Strasbourg and Paris : Librairie Istra, 1927). J. L. Ainslie, *The Doctrine of Ministerial Order in the Reformed Churches of the 16th and 17th Centuries* (Edinburgh : T. & T. Clark, 1940).

이 교회 생활에 있어서 제네바에서 금지되어 있던 다른 관습들을 옹호한 것을 보아도 설득력 없는 주장이다.[283]

빌립보서 1:1에 대한 칼빈의 주석은 그의 견해를 매우 잘 요약해 준다.

〈감독들〉 바울은 그 존귀함 때문에 목회자들에게 각각 다른 이름을 붙였다. 우리는 여기서 '감독'이라는 말이 한 교회에 있는 몇몇 사람들에게 적용된 것으로 보아 모든 말씀의 사역자들에게 일반적으로 사용되는 이름이라는 것을 추측할 수 있다. 그러므로 감독과 목사는 동의어이다. 또한 제롬(Jerome)은 이것을 증명하기 위해 에바그리우스(Evagrius)에게 보낸 편지에서와 그의 디도서 해설에서 이 구절을 인용했다. 그러나 후에는 각 교회에서 그 집단을 통치하기 위해 장로들이 선출한 사람에게만 감독이라고 부르는 것이 지배적인 관례가 되었다. 이것은 인간이 만든 관습에서 유래된 것이지 성서의 권위에 근거한 것은 아니다. 사실 인간의 정신이나 습관이란, 한 사람이 다른 사람들을 주관하지 않고는 말씀의 사역자들이라 할지라도 그 사이에 질서가 유지될 수 없다는 것을 나는 인정한다. 나는 지금 개개의 집단들에 대해서 말하는 것이지, 어떤 지역 전체나 전 세계에 대해 말하는 것은 아니다. 말로서 왈가왈부해서는 안되겠지만, 성령의 감동으로 전해진 말을 나쁜 형태로 변화시키는 것보다는, 방언의 창시자인 성령을 따라 말하는 것이 더 나을 것이다. 왜냐하면 그 말의 부패한 의미 때문에 모든 장로들이 동일한 사역을 위해 부름받은 동료들이 아닌 것인 양 그들 가운데 한 사

---

[283] Cf. Alexandre Ganoczy, *Calvin Théologien de L'église et du ministére* (Paris : Les Editions du Cerf, 1964), p. 429.

람은 새로운 칭호를 가지고 다른 사람들의 영역을 침범하는 그런 해악이 생겨났기 때문이다.[284]

칼빈은 감독 체제가 실제적 실천에 있어서 황제적 지위와 압제의 너울을 벗어버리고, 말씀 선포, 교육 및 목회사역 등에 적극성을 보일 경우 그 제도가 존재하는 곳에서는 그것을 받아들였다. 그는 크랜머(Cranmer)를 존경심을 갖고 대하였다.[285] 영국의 교회개혁에 관하여 섬머셋(Somerset)에게 보낸 사려깊은 장문의 편지에서 그는 감독제도를 받아들이는 듯하며, 교회를 보살펴야 할 감독의 의무에 관하여 말하고 있다.[286] 폴란드 국왕에게 보낸 유사한 편지에서 그는 교황제도와 감독을 통한 사도권 계승을 부인하나, 대 감독을 비롯한 감독의 통치는 받아들이고 있다.[287] 이러한 편지들 속에서 칼빈이 감독제도를 받아들이는 것은, 고대 교회의 감독제도의 역사적 발전에 관한 그의 논의와 일치한다. 그는 그 발전이 성서에서 명한 것이 아니라 시대의 요청에 따라 이뤄지는 발전으로 이해하였다.

개혁주의 신학 및 개혁주의 생활 양식과 감독교회가 공존해 온 것은 하나의 역사적 사실이며, 기능적 감독제도는 칼빈과 같이 권위있는 신학자에 의해 존립가능한 교회의 생활형태로 받아들여졌다. 다음의 세 가지 점 또한 사실이다. (1) 칼빈은, 특히 그의 주저「기독

---

284) John Calvin, *Calvin Commentaries : The Epistles of Paul the Apostle to the Galatians, Ephesians, Philippians and Colossians*, David W. Torrance and Thomas F. Torrance, eds, trans. T. H. L. Parker(Grand Rapids : Eerdmans, 1966), p. 227.
285) *Letters of John Calvin*, 2:345-348(Letter to Cranmer, April 1552).
286) Bulinger와 Zurich의 개혁주의 지도자들도 영국의 감독교회에 대해 긍정적이었다.
287) *Ibid*, 3:99-109(Letter to Sigismund, King of Poland, December 5, 1554).

교 강요」에서 감독교회를 결코 주장하지 않았다. (2) 그가 제네바에서 수립한 장로교회는 쉽사리 국가적 규모의 장로교회 정치로 발전하였다. (3) 베자(Beza) 등과 같은 칼빈의 절친한 동료는 칼빈 생전에 프랑스에서 장로교를 적극적으로 주장하였다. 베자도 칼빈처럼 감독교회를 타당한 교회 형태로 받아들였으나 칼빈의 경우에서처럼 그것을 주장하지는 않았다.[288]

8. 회중교회

회중교회는, 적어도 개혁주의 전통에서는 프랑스에서 교회정치 형태가 확립되던 1560년대에 그 첫 모습을 나타냈다. 쟝 모리(Jean Morely)는 저명한 논리학자 라무스(Peter Ramus)와 함께 이 정치제도를 크게 옹호하였는데, 그는 일부 프랑스 귀족들의 지지를 받고 있었다. 그는 열렬한 칼빈주의자로서 교회질서에 대한 그의 계획을 칼빈에게 제안하려고 하였으나, 칼빈이 너무 바쁜 까닭에 거기에 응답할 수 없었다. 모리는, 당회가 아니라 회중에 의해 치리가 시행되기를 원했으며, 목사의 선출에 있어서도 목사들의 모임에서 목회자를 지명한 후에 회중은 단순히 승인하는 것이 아니라 회중이 자체의 목회자를 선출하기를 원했다. 모리는 지역 회중이 아닌 다른 회의에 대해서는 회의적이었으며 회중의 삶에서 보다 폭넓은 민주주의를

---

288) Lettter of Theodore Beza to Whitgift, Archbishop of Canterbury, March 1591. Quoted by John T. McNeill, "The Doctrine of the Ministry in Reformed Theology", p. 85.

공공연히 주장하였다. 칼빈의 절친한 친구이자 그의 열렬한 옹호자인 베자(Beza)와 샹디에(Chandieu)는 모리에 대해 반대하였다. 프랑스의 교회는 장로교 노선에 따라 조직되었으며, 그의 지지자들이 1572년의 성바돌로매 대학살의 피해를 가장 크게 받은 지역에 있었기 때문에 모리의 운동은 소멸되었다.[289]

영국의 개혁주의 공동체에서는 회중교회가 조금 늦게 출현하였다. 브라운(Robert Browne)은 종교개혁에 관한 논문(A Treatise of Reformation without Traying for Anie)은 1582년에 출판되었다. 회중교회를 옹호한 중요한 인물로는 뉴 잉글랜드의 코튼(John Cotton)과 오웬(John Owen) 그리고 청교도 목사인 존 로빈슨(John Robinson)을 들 수 있다. 영국의 회중교회는 "모든 지체가 자신의 영적 책임을 지는 지역 교회"를 강조했다. 그것은 또한 이렇게 주장한다:

> 교회정치의 목적은 그리스도, 오직 그리스도만이 그의 교회를 다스리도록 하는 것이다. 그리스도가 지교회 내에서 통치하시는 도구를 교회의 언약의 지체들 모두가 기도와 토의로써 그리스도의 뜻을 함께 찾으며 성령에 의해 공통된 생각으로 인도되는 교회 모임이라고 우리는 믿는다.[290]

회중교회는 일부 상황에서는 연합적 혹은 회의적 형태의 많은 것

---

289) Kingdon, *Geneva and the Consolidation French Protestant Movement, 1564-1572.*
290) R. Newton Flew, ed., *The Nature of the Church*(London : SCM Press, 1952). pp. 183-184.

을 받아들일 수 있겠지만, 교회회의의 강압적 권위는 그 어떤 것이라도 배척하였다. 회중교회의 또 하나의 권리는 자발성, 즉 그렇게 되기를 자발적으로 선택한 자들만이 성령에 의해 이뤄진 교회에 속한다는 것이다. 삶의 거룩함도 이와 관련해서 강조되었다.[291]

모든 신자의 제사장 직분, 즉 자신과 이웃에 대하여 책임을 져야 한다는 신자의 권리와 책임에 대한 주장은 프로테스탄트 개혁주의의 주요 원리 가운데 하나였다. 이 원리는 필연적으로 교회 조직에서 나타나게 되었는데, 회중교회는 프로테스탄트의 이러한 확신의 결과였다. 회중주의자들 역시 자신들의 교회 질서를 신약성서의 관습에 기초한 것이라고 믿었다. 교회 생활의 형태로서의 회중교회는 두 가지 약점으로 인해 어려움을 겪었다. 첫째, 그것은 성도들을 대상으로 만들어진 교회 생활의 질서이므로 명목상의 기독교인들에게는 적합하지 못했다. 둘째, 그것은 지역 회중을 강조함으로써 교회의 보편성 혹은 우주적 성격을 실현하는데 어려움을 겪었다.

개혁주의 신학과 생활은 회중적 교회생활 형태와 더불어 발전하였는데, 특히 영국과 미국의 회중교회에서는 위대한 신학자들과 창조적인 성직자들을 많이 배출하였다. 그 이유로는 여러 가지를 꼽을 수 있지만, 부분적으로는 교회정치 즉 책임있는 자유 등의 조항에 그 바탕을 두고 있다. 종교개혁의 만인제사장의 교리와 회중교회제도는 아직도 미래의 교회에 많은 것을 기여하고 있음이 분명하다. 20세기의 지도적인 개혁주의 신학자인 바르트와 브루너의 저작들은 이런 경향을 지적하고 있다. 그러나 회중교회 역시 메마르고

---

291) *Ibid*, pp. 169-185.

독단적인 형태의 교회 생활이 될 가능성이 있다. 그러므로 교회 생활의 미래적 형태에 대하여 열린 마음을 가지고 듣고 믿고 순종하는 교제로서의 교회의 실존적 성격을 강조하는 신학자들은 어떤 고착된 교회 질서를 인정하기를 주저한다.

브루너와 바르트는 궁극적으로 자신들을 회중주의자들이라고 하지는 않았으나 회중제도의 강조점들을 많이 지지하였다. 브루너는 "교회(ekklesia)의 성서적 자기이해"를 발전시키려고 노력하였으며,[292] 그는 하나님의 말씀과 성령에 의해 창조되고 통치되며 성령 안에서 공동생활을 영위하는 공동체로서의 교회를 크게 강조함으로써 그렇게 했다. 그의 초기 저작에서는 이것이 조직의 거부를 수반하는 것처럼 여겨지나, 「조직신학」(Dogmatics)에서 그는 자신이 공동체를 강조한 것이 조직 교회를 거부하는 것으로 오해되어서는 안 된다고 주장한다. 그러나 조직은 부차적인 문제이며, 모든 교회의 조직은 비판되어야 한다.

> 내가 반대하는 악은 신약성서의 에클레시아, 즉 하나님의 영에 의해 만들어져서 하나님과의 교제에 그 기초를 둔 신자 상호간의 공동생활과 교회를 혼동하는 것이다.[293]

---

292) Charles W. Kegley, ed., *The Theology of Emil Brunner* in The Library of Living Theology, Vol. Ⅲ (New York : The Macmillan Company, 1962). p. 347.
293) Emil Brunner, "Reply to Interpretation and Criticism", in *The Theology of Emil Brunner*, p. 347. Cf. Emil Brunner, *Dogmatics*' Vol. 3: *The Christian Doctrine of the Church, Faith, and the Consummation*, trans. David Cairns(Philadelphia: The Westminster Press, 1960). pp. 128-129.

바르트는 예수 그리스도에 의해 각성되고 소집되고 통치되는 공동체로서의 교회를 강조하였다. 바르트는, 브루너가 초기에 교회의 영적 본성을 강조한 것에 대해 비판적인 태도를 취하고 예수 그리스도가 그의 교회에 하나의 법을 부여했다고 주장했으나, 그 역시 모든 현존하는 교회질서에 대하여 비판적인 태도를 보이고 있다.

> 어떤 교회질서도 완전하지 않다. 왜냐하면 어떤 것도 하늘로부터 직접 내려온 것이 아니며, 기독교 공동체의 기본적인 견해와 일치하지 않기 때문이다. 신약성서에 나오는 원시 공동체의 질서들조차도 (그것들이 어떤 형태를 취하든지간에) 완전하지 않았다. 서방 교회의 교황제도, 동방 교회의 대감독제도, 칼빈의 체계에서 유래된 회의적 장로교 제도, 성공회, 감리교, 신 루터교 혹은 감독교회의 또 다른 유형들, 개개의 공동체가 주권을 가진 회중제도… 이 모든 것 역시 완전하지 못하다. 교만한 자세로 서로를 멸시하며 혐오할 수 있는 근거가 없다. 한 때 그것들은 과장되기도 하고 순종을 요구하기도 한 살아 있는 법이었다. 그러므로 그것들은 예수 그리스도의 몸의 합법적인 형태들이었다. 실로 그것들은 여전히 그렇다 해도 될 것이다.[294]

바르트에게 있어서 교회는 분명히 말씀을 들음으로써 구성된 하나의 "사건"이었다. 그럼에도 불구하고 교회는 하나의 형태와 종속적이긴 하지만 실제적인 의미를 가진 지속적인 특성을 지닌다. 그것은 성령에 의해 각성되고 소집되었을 뿐 아니라, 종으로서 세상에

---

294) Barth, *Church Dogmatics*, 4, 2:718.

파송된다. 교회의 임무는 특정한 시간과 장소를 향하여 하나님의 말씀인 복음을 "선포, 해설 및 적용"하는 것이다. 바르트가 그의 「교회교의학」의 주목할 만한 부분(72, 4)에서 주장한 이 사역의 형태는 이중적이다.

말씀(SPEECH) : (1) 하나님을 찬양함, (2) "공동체의 모임에서와 예배에서" 복음을 선포함, (3) 가르침, (4) 복음을 전함, (5) 이교도 지역에 선교사를 파송함.

행동(ACTION) : (6) 기도, (7) 목회사역, (8) 교회 생활, (9) 인간의 결핍에 대한 봉사, (10) 선지자적 행위, (11) 기독교인의 교제.

칼빈으로부터 바르트에 이르기까지 교회에 관한 개혁주의적 사상에 있어서는 하나님의 주도권 및 주되심이 크게 강조되어 왔다. 교회는 예수 그리스도의 몸이며 그의 음성을 들음으로써 존속한다. 이러한 이유로 인하여 칼빈은 교회정치를 강조했음에도 불구하고, 어떤 교회정치도 교회의 존립에 필요한 표지로 만들 수 없었다. 이 때문에 바르트는, 겸손함과 자유를 지닌 기독교인들은 신앙 공동체에 도움을 주고 방해하지 않는 교회정치들을 선택하는 일의 상대적 중요성을 경시해서는 안되나 모든 교회정치에 대해서는 비판적인 태도를 지녀야 한다고 주장했다.

INTRODUCTION TO THE REFORMED TRADITION

6
예배와 개혁주의 전통

6
예배와 개혁주의 전통

 인간이라는 존재를 정의내리기란 쉽지 않다. 인간은 먹는 바에 따라 결정된다고 누군가가 말했지만, 그러한 주장에는 어느 정도의 진리가 들어 있다.[295] 어거스틴은 인간을 사랑하는 존재라고 말했다.[296] 이것은 좀더 진리에 가까운 말이다. 인간은 예배하는 존재라고 말할 수도 있을 것이다. 인격은 예배, 즉 예배 그 자체의 성격에 따라 형성된다. 왜냐하면 다른 행위에서는 거의 찾아보지 못할 정도의 인간 존재의 모든 것이 예배에 집중되기 때문이다. 심리학자들은 자주 반복되는 행위들이 미치는 매우 큰 영향력에 대해 주의를 기울였다. 그런데 교회의 공동생활 가운데서 주일에 드리는 예배라는 중심적 행위보다 더 자주 반복되는 행위는 없다.

 통찰력있는 신학자이며 인간 행위에 관한 면밀한 관찰자였던 칼빈은 예배의 실용적이며 신학적인 중요성 때문에 예배에 대해 깊은 관심을 기울였다. 웨스트민스터 회의에서 가장 첨예하게 대두되었던 논쟁들 가운데 일부는 「예배 규칙서」(Directory for the Public

---

295) Karl Barth, "Introduction", *The Essence of Christianity by Ludwig Feuerbach*, trans. George Eliot(New York : Harper Torchbooks, 1957), p. xiv.
296) St. Augustine, *City of God*, David Knowles, ed., trans. Henry Bettenson(Middlesex, England : Penguin Press, 1972), pp. 593-594.

Worship of God)에 관한 것이었다. 대부분의 회중에게 있어서는 예배의 순서를 바꾸는 것이 중심적인 관심사였다. 예배는 사람들의 신학적 확신과 윤리적 확신을 표현할 뿐 아니라, 그러한 확신을 형성하기도 한다. 신앙은 신조 속에 표현되기 이전에 예배로 표현되며, 학교에서 배우기 이전에 예배로 배우게 된다. 예배는 기독교 공동체의 공동생활의 중심이다.

독일어를 사용하는 스위스 지방과 프랑스 그리고 라인강 북부 연안 등지에서 이뤄진 종교개혁은 예배의 개혁에 특별한 관심을 보였다. 이 개혁은 성서적 근거뿐 아니라 "고대 교회의 관행"도 회복하려는 시도였다. 휴그 올드(Hughes O. Old)가 그의 최근의 논문 "개혁주의 예배의 교부적 기원"(The Patristic Roots of Reformed Worship, 1976)에서 밝힌 것처럼, 이 개혁은 한 세대의 예배 개혁에 관심을 기울였던 기독교 인문주의자들의 활동을 그 배경으로 삼았다.

1. 존 칼빈과 바르트의 예배관

어떤 일정한 개혁주의적 예배 신학이란 존재하지 않는다. 칼빈은 이 주제에 특별한 관심을 기울였다. 그의 사상이 당시 개혁주의 공동체의 사상들을 표현한 것은 아니지만, 그럼에도 불구하고 그의 사상은 개혁주의적 입장과 견해에 대한 고전적이고 영향력 있는 진술이다. 칼빈은 스트라스부르그와 제네바에 있는 교회들의 목사로서 대중적인 예배의식을 만들어야 했다. 또한 정평있는 목회자와 지도자로서 그는 널리 흩어져 있는 개혁주의 공동체를 가르쳐야 했다. 예배에 대한 그의 가르침을 그의 예배의식문 서문과 「기독교 강요」에서 주로 요약해 보자면 다음과 같다.

첫째, 칼빈은 예배가 성서적·신학적으로 충실할 것을 강조하였다. 주지하는 바와 같이, 그는 교회생활을 성서적으로 철저히 비판했다. 그는 모든 행위는 성서의 가르침에 의해 지지를 받아야 한다고 주장했다. "우리는 명령받지 아니한 것을 자유로이 선택할 수 없다."[297] 그는 특히 예배 시간과 장소 등의 부속적인 문제들을 이러한 성서적 비판에서 제외시켰다.[298] 성만찬에서의 포도주의 색깔이나[299] 그가 찬성했던, 기도할 때에 무릎꿇는 자세와 같은 많은 문제들은 덕을 세우기 위해 선택되어야 할 문제로 생각하였다.[300] 그는 예배의 모든 행위 혹은 장식물들에 대하여 불필요하게 신학적 의미를 부여하려 하지 않았다. 칼빈은 상식적인 사람이었다. 그러나 그는 신학적 의미를 가진 모든 문제에 대해 성서의 원리를 적용하는 데는 엄격하였다. 예컨대, "너는 새긴 우상을 만들지 말라"는 제2계명을 적용하여 교회의 예배와 기도생활에서 미술품들을 제거하였다.

그가 신학적 충실성을 강조한 것은 성서적 충실성을 강조한 것과 연관이 있다. 왜냐하면 후자는 전자의 중요한 판단기준이 되기 때문

---

297) "Form of Administering Baptism" in *Tracts and Treatises on the Doctrine and Worship of the Church*, Thomas F. Torrance, ed., trans. Henry Beveridge(Grand Rapids : Eerdmans, 1958), 2:118.
298) *LCC*, XXI : 892-93(Ⅲ, xx, 29); XX:398-40(Ⅱ, vii, 33-34).
299) *LCC*, XXI : 1420(Ⅳ, xii, 43).
300) *LCC*, XXI : 1208(Ⅳ, x, 30).

이다. 감정과 정서 미학과 미는 모두 신학적 건전성에 종속된다. 예배에 있어서 우선되어야 할 사실은 경외감으로 가득 채워진 신비자로서뿐 아니라, 자신을 계시한 주 예수 그리스도의 아버지 하나님으로서의 하나님께 나아가는 것이다. 모든 참된 예배는 인간의 욕구와 하나님의 자기현현에 의해 이뤄진다.

예배의 두 번째 원리는 신학적 이해가능성이다. 예배는 올바르기만 해서 되는 것은 아니다. 그것은 또한 이해되어야 한다. 칼빈은 예배에 있어서 감정적 요소를 부인하지 않았다. 신앙과 마찬가지로 예배는 전인격적 행위이다.

> 하나님을 향한 좋은 감정은 메마르고 야만적인 것이 아니라, 마음이 올바르게 감동을 받고 이성이 일깨워졌을 때 성령으로부터 나오는 활기찬 움직임이다.[301]

칼빈이 이해를 크게 강조했다는 것은 칼빈주의적 예배의 한 가지 특성이다. 그는 "마음에서 우러나지 않는 입술만의 말은 하나님께서 매우 싫어하신다"는 말로써 기도에 대해 언급하였다.[302]

이해를 가능하게 만드는 첫 단계는, 예배는 반드시 회중의 언어로 이루어져야 한다는 프로테스탄트의 주장이다. 그러나 이것은 시작에 불과하다. 음악에 있어서 멜로디는 의미를 모호하지 않게 하도록

---

301) Joannis Calvini, *Opera Selecta*, Petrus Barth, Guilelmus Baum, and Dora Scheuner, eds.(Munich : Chi. Kaiser, 1952), 2:15. English text of "Preface" in *Source Readings in Music History*, Oliver Strunk, ed.(New York : W. W. Norton Co., Inc., 1950), pp. 345-348.
302) *LCC*, XXI : 896(Ⅲ, xx, 32).

주의를 기울여야 한다.[303] 말씀을 전함에 있어서 언어는 단지 사상의 전달을 위해 사용되어야 하며, 전달자의 학식을 가지고 청중에게 감동을 주기 위해 사용되어서는 안된다.[304] 성례전적 행위들은 언제나 교육과 말씀 선포와 더불어 시행되어야 하며, 그럼으로써 그 행위 혹은 상징이 분명하게 이해되도록 해야 한다.[305]

예배의 이해가능성은 잘 훈련된 회중을 필요로 한다. 이 때문에 칼빈은 교회의 교육을 강조하였다. 첫 번째의 성찬식을 시행하기에 앞서 교리문답 교육을 먼저 실시하였다. 성서는 대중적 강연에서 가르쳤다. 교회의 지체들은 하나님의 말씀뿐 아니라 세상에서의 하나님의 사역도 이해할 수 있도록 인문과학을 교육받았다.[306]

칼빈의 예배 신학의 세 번째 주제는 덕성 함양이다. 지금까지 언급해 온 것처럼, 이것은 그의 신학에 있어서 근본적인 것이었다. 그가 교회에 제시한 예배의 형식은 "전적으로 덕성 함양을 위한 것"[307]이라고 말했다. "덕성 함양에 이바지할 수 없는 것이 교회 내에 받아들여져서는 안된다."[308] 예배가 실용적인가 아닌가를 검토하는 기준은 하나님께 대한 사랑·신뢰 및 충성, 그리고 이웃 사랑 등이 증대되는가의 여부이다.

네 번째 주제는 단순성이다. 예배는 순진한 사람들의 눈을 현혹하고 그들의 마음을 어둡게 하는 모든 과장된 허식을 세례에서 제거

---

303) *Opera Selecta*, 2:16-17; LCC, XXI : 94(Ⅲ, xx, 32).
304) Calvin, *Commentary on Corinthians*, 1 Cor. 2:3-7, 1:98-104.
305) *LCC*, XXI : 1278-80(Ⅳ, xiv, 3-4).
306) *LCC*, XXI : 53(Ⅰ, ⅴ, 2).
307) *Opera Selecta*, 2:15.
308) "Form of Administering Baptism."

해야 한다.[309] 칼빈은 성만찬 시행에서의 "화려한 것들"과 "생명력이 없고 연극 같은 잡동사니들"을 반대했다. 그것들은 사람들의 지각을 기만하여 마비시킬 뿐이다.[310] 예전에 관하여 칼빈은 "수는 적게 하고 시행하기엔 간편하고 위엄을 드러내도록 할 필요가 있는데, 그 위엄에는 명료성도 포함된다."[311]고 주장했다. 또한 교회 건축양식이 "겉치장과 하찮은 인간의 영광을 추구하려는 마음에서"[312] 결정되어서는 안된다. 칼빈의 예배는 간소하다기보다는 경제적인 것이었다. 모든 불필요한 동작·행위 혹은 언어들은 모두 제거되었다. 그뿐 아니라, 예배 때의 언어, 행위 및 도구들은 그것들이 전달 혹은 표현하려는 내용에 적합해야 한다.

칼빈이 이해가능성, 단순성 그리고 덕성 함양 등을 중시했기 때문에 예배에서의 음악의 역할에 초점을 맞추게 되었다. 쯔빙글리는 종교개혁자들 중에서 가장 유능한 음악가였으나 교회 예배에서의 음악을 제거하였다.[313] 칼빈은 음악의 사용을 조심스럽게 제한하였는데, 그것은 그가 음악에 무관심했기 때문이 아니라 인간 존재를 형성하고 감동시키는 음악의 능력을 알고 있었기 때문이었다. 그러므로 예배에 사용되는 음악은 가볍거나 경박해서는 안되고 무게 있고 장중해야 한다. 사람들이 식탁이나 가정에서 손님을 접대하려고 사용하는 음악과 교회 안에서 하나님 앞에 부르는 노래 사이에는 커

---

309) *LCC*, XXI : 1319(Ⅳ, xv, 19).
310) *LCC*, XXI : 1421(Ⅳ, xvii, 43).
311) *LCC*, XXI : 1193(Ⅳ, x, 14).
312) *LCC*, XXI : 893(Ⅲ, xx, 30).
313) Charles Garside, Jr., *Zwingli and the Arts*(New Haven : Yale University Press, 1966), pp. 26 ff.

다란 차이가 있다.[314] 칼빈의 예배서(1545)에는 찬송가가 포함되어 있기는 하나, 그는 교회음악을 시편에 국한시키는 것으로 만족하였다.[315] 왜냐하면 시편은 영감된 하나님의 말씀이기 때문이다. 예배에서 사용되는 언어들은 정직하고 덕성 함양을 위한 것이어야 했다. 칼빈은 단순한 멜로디를 원했다. 그는 음악이 메시지를 모호하게 만든다는 이유로 오르간과 대위법적 음악의 사용을 반대했다.

"…영적인 음악은 마음에서 우러나서만 불릴 수 있다. 마음은 이해를 추구한다. 성 어거스틴에 의하면, 이 점에서 인간의 노래와 새의 노래가 다르다. 피리새, 나이팅게일, 앵무새도 노래를 잘 할 수 있다. 그러나 그것들은 이해없이 그렇게 할 뿐이다. 인간에게 주어진 고유의 은사는 자기가 말하는 것을 이해하면서 노래하는 것이다. 왜냐하면 이해가 되어야 마음과 감정이 뒤따르기 때문이다. 그런데 이러한 일은, 쉬지 않고 노래하기 위해 노래를 우리의 정신에 표현시킬 뿐이다.[316]

예배는 언제나 의식적이고 책임있는 행위이며 기독교 공동체의 덕성 함양을 그 목적으로 삼는다.

바르트는 그의 「교회 교의학」에서 예배에 관해 진지한 관심을 나타내고 있다. 그와 비슷한 위치에 있는 현대의 다른 어떤 신학자들도 그와 같은 정도의 관심을 보이지는 않는다. "하나님을 예배하기 위한 모임은 모든 기독교적 삶의 중심이며 전제, 즉 기독교적 삶이

---

314) *Opera Selecta*, 2:16-17.
315) *Ibid.*, 2:17.
316) *Ibid.*, 2:17.

이뤄져 나가는 그 배경임이 자명하다."³¹⁷⁾ 예배에서 교회는 "작업복을 예복으로 바꾼다."³¹⁸⁾ 바르트는 예배의 중심과 내적 실재, 즉 하나님의 살아있는 말씀과의 믿고 바라고 순종하는 만남에 관심을 가졌다.

바르트는 말씀 선포가 인간의 행위라는 것을 매우 잘 알고 있었으나, 그 독특한 성격을 강조하였다. 하나님은 말씀 안에서 그리고 그것을 통하여 자신의 주권적 의지를 따라 행위한다. 그러므로 "말씀 선포는 반성하거나 추론하거나 논의하거나 학문적으로 가르치는 것이 아니다. 그것은 선포하고 권고하고 초청하고 명령하는 것이다."³¹⁹⁾ 바르트의 주장하는 바, 어떤 공적 선언을 요구하는 말씀 선포에서의 이러한 하나님의 말씀에 대한 인간의 응답은 무엇보다도 신앙의 고백이다. 이 고백은 개인의 신앙고백일 뿐 아니라 공동체의 신앙고백이기도 하다.

> 그것이 우선 공동체의 신앙고백이 아니라면 사실 그것은 있을 수 없다. 신앙고백에 있어서 하나님의 말씀에 대한 인간의 응답은 모두의 공통된 말이다. 형제 상호간의 위로(mutua consolatio fratrum)는 개개인 사이의 한 모퉁이에서 발생하는 것이 아니라 모두의 모두에 대한 객관적이고 의무적인 행위이다. 하나님의 말씀을 공동적으로 들음으로써 이뤄지는 이러한 공동의 반응, 즉 공동의 지식을 새롭게 함으로써 공동적으로 말해지고 받아들여진 신앙고백은 기독교인들의 공중예배에서 가

---

317) Barth, *Church Dogmatics*, 4, 2:640.
318) Ibid., 4, 2:697.
319) Ibid., 4, 3, 2:869.

장 중요한 요소이다. 그것은 신조를 공동으로 외우는 것일 수도 있고, 거기에는 분명 노래를 포함할 것이다. 그러나 그 공동체는 주님의 명령을 따라, 공동체에 의해 하나님의 말씀이 선포되고 간행되고 가르쳐지고 전파될 때 그 신앙고백은 오직 그 대상에게만 속박을 받는 자유로운 증거 속에서 결정적으로 이뤄진다. 이것이 이뤄질 때, 합법적이고 올바른 신앙고백이 그 공동체 안에서 그리고 그 공동체를 위해 형성되어지게 된다. 공동체는 신앙고백의 교제로써 구성된다. 이것은 전해지고 받아들여진 인간의 말이 강하냐 혹은 약하냐에 있는 것이 아니라, 그러한 말들이 하나님의 말씀에 대한 응답이며 또 그 말이 강하거나 약하거나 간에 이러한 인간의 말들은 예수 그리스도에 대한 증거의 문제이며 또한 하나님께서 소집한 자들에 의해 말씀이 전해지고 받아들여지는 그곳에 그가 친히 임재하시기 때문이다. 그러므로 비록 공동체가 인간의 말씀 전파와 말씀을 들음에 있어서 잘못이 있을지라도-그렇지 않은 경우가 언제 있었는가?-또 증거가 무기력하며 말씀 선포와 출판사업과 가르침과 설교가 빈약할지라도 합법적이고 올바른 공동체의 신앙고백은 이뤄지며 공동체는 구성된다.[320]

왜냐하면 예배는 "모든 점에 있어서 인간의 행위이기 때문이다. 신앙을 고백하고 세례를 주며 성만찬을 시행하고 '우리 아버지'에게 기도하는 것은 다름 아닌 인간이기" 때문이다.[321]

일단 바르트가 예배의 기본 성격을 하나님의 자유롭고 주권적인

---

320) *Ibid.*, 4, 2:700.
321) *Ibid.*, p. 709.

말씀에 대한 인간의 응답으로 못 박았기 때문에 그는 예배의 절차와 순서들을 자유롭게 다루고 있다. 인간의 행위로서의 예배는 언제나 개혁 가능한 것이다. 신적으로 제정된 예배절차란 없다. 바르트는 특유의 자유와 열정으로 이렇게 쓰고 있다.

> 세부 사항에 있어서, 말씀 선포 전후에 있는 기도들이, 회중찬송이나 오르간 음악에 의해 분리되지 않도록 찬송으로 시작해서 찬송으로 끝을 맺는 삼중적인 구조를 이룸으로써, 외적이긴 하지만 말씀 선포에 보다 긴밀하게 연결되면 더 낫지 않을까 하는 점을 숙고해야 한다. 또한 기도들은 인쇄된 책이나 종이로 판에 박힌 대로 반복될 것이 아니라 살아 있는 공동체의 살아계신 주님의 영광을 위해 매주일의 설교와 더불어 새로운 형태로 준비되도록 언제나 새롭게 작성되면 더 낫지 않을까 하는 것도 숙고해야 한다. 그리고 죄의 고백과 은혜의 약속이라는 반명제를—역순도 가능함—많은 장소에서 하나님께 대한 예배의 시작으로 사용되는, 다소 문제가 있는 작은 드라마나 개회기도라는 맥락에서가 아니라 말씀 선포라는 맥락에 놓고, 개회기도는 공동체를 소집한 하나님의 부르심에 대한 감사기도와 성령의 임재 및 활동을 위한 중보기도로 하는 것이 더 낫지 않을까 하는 점도 숙고되어야 한다. 그리고 전체 회중이 반복하는 주기도는 폐회기도 뒤에 오는 것보다는 개회기도의 끝 혹은 시작에라도 오는 것이 더 좋지 않을까. 마지막으로, 이 폐회기도는, 크리스소스톰의 예식서의 본보기를 이따금 따르거나 대체로 그리고 결정적으로 따름으로써, 그리스도의 교회 전체와 준 기독교 세계 혹은 비 기독교 세계와 여러 가지 모양으로 잘못을 저지르거나 죄를 짓거

나 고통을 당하고 있는 자들과 특히 책임 있는 위치에 있는 자들을 위한 중보기도로 만들어, 예배의 절정의 순간과 성만찬 시행으로 이어질 때 바깥 세상에 대해 문을 여는 일, 즉 가능한 한 최선의 형태로 하나님을 부르게 하는 것이 좋지 않을까 하는 점을 숙고해야 한다.[322]

바르트 역시 음악에 관해 말할 때는 그 자신의 신학과 개혁주의 전통의 전형적인 입장을 나타낸다.

> 공동체와 그 모임들을 구성하는 하나님 찬양은 한데 묶어져서 바쳐지기를 원한다. 그러므로 그것은 콘서트로 표현되고 불려지기를 원한다. 기독교 공동체는 노래를 한다. 그 공동체는 합창단이 아니며 그 노래는 합주가 아니다. 그러나 그 공동체는 내적·실제적 필요에 의해 노래를 한다. 노래는 인간 표현의 최고 형태이다. 인간의 목소리(vox humana)가 기독교 공동체의 사역에 헌신된 것은 그러한 최고의 표현이다. 이런 사역에서 노래가 불려지는 것은 이 때문이다.
>
> 이 일에 파이프 오르간이나 소형 오르간이 수반되지 않으면 안 될 그 특별한 이유란 찾기 어렵다. 이렇게 하여 공동체의 찬양은, 전세계가 그것으로 부름을 받고 또 종말에 가서 분명히 우리가 듣게 될 전 우주적 찬양에 미리 참여하게 된다고 주장할 수도 있다. 그러나 문제는 사실상 악기를 사용하는 주 목적은, 공동체가 인간의 목소리의 사역을 수행함에 있어서 야기되는 나약함을 감추려는 데 있는 것처럼 보인다. 또한 너무나 친숙한 악기 소리에 자극받은 영들이 깨끗한 영인지를 알 수 없는

---

[322] *Ibid*., 4, 3, 2:884.

어려움도 있다. 여하튼 개폐회시의 오르간 독주의 형태가 현재 매우 대중화되어 있긴 하더라도 오르간 독주가 교회 예배에 끼어들 여지는 없어야 한다.[323]

예배는 인간의 행위라는 바르트의 주장은 「교회 교의학」의 마지막 몇 면에 초점을 맞추게 한다. 그곳에서 그는 성례전을 은혜의 방편으로 본 전통적인 로마 가톨릭과 루터교 및 개혁주의 교리에 이의를 제기하고 세례는 신적 행위와 말씀에 응답하는 인간의 행위라고 주장한다.

> 이에 반해, 우리는 공동체가 베풀고 희망자가 원해서 받는 물 세례는 기독교 생활의 시초에 있어 신적 행위에 응답하는 인간적 행위, 즉 신적 행위를 만족시키는, 다시 말해서 성령 세례에 응답하거나 그것을 얻고자 아우성치는 행위라는 원리를 설정한다. 그것은 예수 그리스도에 대한 복종과 그리스도 안에서의 희망이라는 의미를 지닌 인간의 행위이다.[324]

바르트는, 칼빈이 로마 가톨릭이나 루터교의 가르침의 경우보다 세례를 기록되고 선포된 하나님의 말씀의 종속물로 더 크게 격하시켰음을 발견하였다. 더구나 바르트는 그 자신의 견해가 신 쯔빙글리 학설(New-Zwinglian)이라고 불릴 수 있는 가능성에 대해 두려워

---

323) *Ibid*., 4, 3, 2:866-867, Cf. Bard Thompson, *Liturgies of the Western Church*(New York : The World Publishing Co., 1961).
324) Barth, *Church Dogmatics*, 4, 4:105.

하지 않았다.[325] 바르트가 사망한 1968년 2월 10일의 바로 전 해인 1967년에 출판된 「교회 교의학」의 마지막 몇 단락이 불러일으킨 충격이 아직은 개혁주의 교회들의 공동체 생활과 예배에서 느껴지지 않는다.

바르트는 교회의 존립에 있어서의 예배 중심성을 강조하고 예배에 있어서 미적·사회적·심리적 고려사항들보다 신학의 중요성을 강조함으로써 예배의식에 대한 개혁주의의 이해를 새롭게 하였다.

2. 개혁주의 예배의식들

어떤 하나의 개혁주의 예배의식이란 존재하지 않는다. 어떤 하나의 신조에 대해 의미깊은 노력을 기울이지 않듯이 어떤 하나의 예배의식에도 그와 같은 노력을 기울이지 않는다. 이러한 다양성은 역사적 상황에서 그리고 예배의식에 대한 이해에서 유래한다. 칼빈은 예배의식을 이룸에 있어서 초대교회의 관행에 최고의 우선순위를 부여하였다. 그러나 신약성서나 고대 교회의 형태 중 그 어느 하나를 그대로 따르지는 않았다. 기독교의 예배와 다양한 질서 속에는 여러 가지로 다양한 관습들, 언어들 그리고 신앙고백들이 그 자리를 잡고 있다. 미국 장로교회들의 예배는 다음과 같은 개혁주의 전통의 네 가지 유형에서 유래되었다.[326]

---

325) *Ibid*., 4, 4:130.
326) *Opera Selecta*, 2:18 ff, :Thompson, *op. cit*., pp. 197 ff. for English translation.

(1) 칼빈의 순서를 한 가지의 예로 삼은 예배의식들,

(2) 파렐의 예배를 대표적인 것으로 채택한 예배의식들,

(3) 웨스트민스터 예배 규칙서,

(4) 미국인들의 경험.

1537년의 제네바 교회의 질서에 관한 조항들을 보면, 교회 예배는 발전해야 할 필요가 있다고 말한다. 1536년판 「기독교 강요」가 보여 주는 것처럼, 예배는 이미 칼빈의 주목을 받고 있었다. 그러나 칼빈이 자신의 예배의식을 처음으로 발전시킨 것은, 자신이 프랑스 교회의 목사로 지내던(1538-1541) 스트라스부르그에서였다. 그가 스트라스부르그에서 미사를 개정한 것은, 디오발트 슈바르츠(Diowald Schwarz)의 도움을 크게 받아서였다. 독일에서 슈바르츠가 개정한 내용은 1524년 스트라스부르그에서 시행되었으며 또한 이것은 부서(Martin Bucer)가 이끄는 매우 유능한 신학자들에 의해 1539년까지는 적어도 7번이나 보수적이지만 창조적으로 계속 개정되었다. 칼빈은 1539년에 이것을 받아들여 1540년과(남아 있지 않음) 1542년에 「프랑스 교회에서의 기도 형태」(*The Form of Prayers at the French Church*)를 출판하였다. 1542년 그는 제네바에서 이 책의 새로운 판을 펴냈는데, 휴그 올드(Hughes Old)는 그것을 "그보다 앞서 있었던 개혁주의 예배의식 개정들의 훌륭한 결정판인 동시에 그 후 시대 개혁주의 예배의식의 원형"이라고 했다(*The Patristic Roots of Reformed Worship*, 1976, p.viii). 1545년 칼빈은 스트라스부르그에서 또 하나의 개정 형태를 내놓았는데, 이것은 사죄의 확신과 십계명을 포함시키고 중보기도와 공동기도를 분리하며 또 성찬을 더럽

히는 일에 대한 강한 경고 등에서 제네바 예배의식과는 다르다. 이러한 차이점들을 올드는 제네바 종교개혁에서의 우상숭배 타파에 대한 저항 때문이라기보다는 칼빈의 퓨리타니즘에 대한 제네바의 저항 때문이라고 주장한다.

3. 1545년의 칼빈의 예배의식[327]

1545년의 이 예배의식 개정은 제네바에서는 허용되지 않았던 죄사함 등의 일부 행위를 포함하고 있다. 그러므로 이것은 예배의식에 관한 칼빈의 의도를 가장 완전하게 진술하는 것으로 간주될 수 있다.

〈고대교회의 관습에 따른 교회의 기도 및 찬송의 형태와 성례전 시행 및 결혼식 거행의 방법〉
　성서 구절: 우리의 도움은 주의 이름에 있나니…
　죄의 고백
　성서 봉독
　죄사함
　십계명(첫째 돌판)
　기도
　십계명(둘째 돌판)

---
327) Thompson, pp. 197 ff.

(제네바적 형태의 시편)

성령의 조명을 위한 기도

성서봉독과 설교

대기도(중보기도)와 주기도문 부연설명

사도신경

떡과 포도주 준비

성만찬 준비기도, 주기도문으로 마침

성만찬에 대한 권면과 경고

분배의 말씀과 떡과 포도주 분배

시편

감사기도

시므온의 노래

아론의 축복

칼빈의 예배의식에 있어서 가장 주목할 만한 사실은, 그것이 표준적이 아니라는 것이다. 칼빈은 제네바와 스트라스부르그에서 행해 오던 예배 관례에 자신을 맞추었다. 그가 강한 선호를 갖고 있긴 했지만, 이 예배의식에서 변형들을 용인한 사실은 예배에 있어서 어떤 하나의 권위있는 형태를 부과하려 하지 않았음을 말해 준다. 그는 주일마다 성만찬이 시행되기를 원하기는 했으나 스트라스부르그와 제네바에서는 보다 이따금씩 시행되는 것도 동의하였다. 1561년에는 죄사함이 예배에 그대로 남아 있어야 한다는 그의 바람을 기록하기도 했지만 제네바의 예배의식에서는 그것을 빼버렸다.

모든 사람은 공중 앞에서의 죄의 고백을, 죄인들에게 죄사함과 화해의 희망을 주는 어떤 약속의 표지와 결합시키는 것이 매우 유익하다는 것을 알고 있다. 처음에(제네바) 나는 그러한 관행을 도입하기를 원했으나 어떤 사람들은 그것이 새로운 회심자들을 실족시키게 될 것을 두려워했으므로 나는 그 점에 대하여 쉽게 인정했다. 그래서 그것이 제외되었다. 이제는 그것을 바꿀 수 있는 기회가 없다. 왜냐하면 죄의 고백이 끝나기도 전에 수많은 사람들이 일어나기 때문이다.[328]

「기독교강요」에서 칼빈은, 죄의 고백은 거룩한 모임의 시작에 적합한 것이라고 주장했다.[329]

화해를 위임받은 그리스도의 사자가 그곳에 있다는 것은 결코 일상적이거나 가벼운 위로가 아니다. 그들은 그를 통해 죄사함이 선포되는 것을 듣는다… 이 일이 적합한 순서를 밟아 경건하고 올바르게 이행될 경우, 그러한 열쇠들의 유용성은 당연히 크게 인정되어야 한다.[330]

그러나 칼빈은 또한 "죄사함은 죄인이 진지하게 그리스도의 희생 안에 있는 보상을 구하며 자기에게 내려주신 은혜에 만족하고 하나님이 그에게 긍휼을 베푸신다는 확신을 갖는 조건으로 이뤄진다"는 것을 조심스럽게 지적하였다.[331] 칼빈이 그의 선호를 가지고 있었다

---

328) *CR*, 10:213.
329) *LCC*, XX: 635-36(Ⅲ, iv, 11).
330) *LCC*, XX: 638(Ⅲ, iv, 14).
331) *LCC*, XX: 649(Ⅲ, iv, 22).

는 것은 매우 분명하다. 그러나 그가 모든 기독교인들에게 하나의 예배 형태를 부여하려고 하지 않았다는 것, 혹은 그 자신이 하나의 순서를 고집하지 않았다는 것 또한 분명한 사실이다.

칼빈이 잉글랜드의 서머셋에게 보낸 편지에 보면, 예배형태는 교인들의 제반 여건과 기호를 수용해야 한다고 했다.[332] 예배에서의 촛불 사용에 관해 바젤에 있는 교회에 쓴 편지에 칼빈의 입장이 훌륭하게 요약되어 있다.

> 우리는 성만찬을 시행할 때 촛불을 켜지도 않으며, 장식된 떡에 대해서는 그것의 도입이나 찬동에 기꺼이 응할 수 있다고 생각지는 않습니다. 비록 그러한 관습이 이미 확립되어 있는 곳에서 그에 반대할 수 있는 아무런 권위도 가지고 있지 않다면 우리 자신을 거기에 맞추긴 하겠지만 말입니다. 우리가 이러한 의식들을 받아들이도록 부름을 받았다면, 우리는 하나님이 우리에게 정해 주신 위치에 따라, 교회가 우리에게 이미 소유하고 있다고 말하는 순결을 유지하고 그 관습을 용인함에 있어서 어떠한 타협도 인정하지 않을 것입니다. 그러나 이와 다른 형태가 지배적인 어떤 곳에 우리가 있어야 한다면, 촛불이나 제의에 대한 적대감 때문에 교회에서 떨어져 나와 성례전에 참여하지 못하게 될 사람은 우리 가운데 한 사람도 없습니다. 우리는 그와 같이 약한 사람들에게 상처를 주지 않도록 조심해야 합니다. 지극히 경박한 동기에서 그것들을 거부한다면 우리는 분명 그러한 실수를 범하는 셈입니다. 만약 신앙의 본질에는 아무런 영향도 주지 못하는 일부 의식들을 우리가 수용하지 않음

---

332) *Letters of John Calvin*, 2:182-198(Letter to Somerset, October 22, 1548).

으로써 그곳에 세워진 프랑스인의 교회가 문을 닫게 된다면, 그것은 매우 유감스러운 일이 될 것입니다. 왜냐하면 이미 앞에서 말했듯이 하나님의 자녀들에게는 그들이 인정하지 않는 많은 것들을 따르는 일이 완전히 합법적인 행위이기 때문입니다. 이제 생각해야 할 중요한 문제는 어느 정도까지 그 자유가 확대될 수 있는가 하는 것입니다. 그것을 생각하기 전에, 우리의 지나친 열심이나 까다로움 때문에 교회의 연합이 파괴되지 않도록 모든 의식에서 서로 양보하고 신앙고백에 어떤 편견이 포함되지 않기를 우선 확실히 해야 할 것입니다.[333]

이 예배의식의 두 번째 특징은 성례전과 말씀에 있어서 신앙으로 하나님의 말씀을 듣고 받아들여야 함을 강조한 사실이다. 설교가 중심이 되어야 함은 더 말할 나위가 없다.[334] 칼빈의 예배의식에서 성서가 먼저 읽히고 그 후에 설교로써 그 설명이 이뤄졌다고 하는 증거는 분명하지 않다. 그러므로 설교, 즉 성서강해는 예배에서 하나님의 말씀이었다고 주장되어 왔다.[335] 칼빈은 목사를 하나님의 입이라고 말했다.[336] 칼빈은, 말씀을 증거할 때의 목사의 말이 결코 하나님의 말씀과 동일하지 않다는 것은 알고 있었으나,[337] 이러한 인식은 말씀 선포에 있어서 목사의 역할과 교회의 질서에 관해 그가 일반적으로 말할 때 모호해져 버렸다. 칼빈이 목사를 과대평가했다는

---

333) *Ibid*, 3:30–31(Letter to the Brethren of Wezel, March 13, 1554).
334) Cf. James Hastings Nichols, *Corporate Worship in the Reformed Tradition*(Philadelphia : Westminster, 1968), pp. 29–33.
335) Dietrich Ritschl, *A Theology of Proclamation*(Richmond: John Knox Press, 1960), p. 88 ff.
336) *Opera Selecta*, 2:16–17.
337) Leith, *Creeds of the Churches*, **Second Helvetic Confession**, Chapter 1, p. 132.

이유로 특히 그가 예배의식에 있어서 말씀 선포의 중요성을 높이 평가한 것을 무가치한 것으로 만들어서는 안된다. "종교개혁은 위대한 말씀 선포의 부흥이었으며, 아마 교회사에서 가장 위대한 부흥이었을 것이다."[338]

1545년의 스트라스부르그의 예배의식은 십계명을 포함시켰다. 개혁자들은 다음과 같은 율법의 세 가지 용도를 인식하고 있었다.

(1) 죄를 깨달아 회개에 이르게 함.
(2) 공공의 질서를 유지함.
(3) 기독교인을 의로 인도하고 격려함.

루터는 첫 번째 용도를 강조하였으며, 이 때문에 루터교 예배의식에서는 율법이 죄의 고백보다 앞선다. 칼빈은 세 번째 용도를 주요한 용법이라고 주장했으며, 그의 예배의식에서는 십계명이 죄의 고백과 사죄의 확신 다음에 위치한다.[339] 이 예배순서에서는, 죄사함을 받은 예배자들은 계속 율법과 관련을 가져야 하며 또한 하나님의 도움이 있어야 부분적으로라도 그것을 지킬 수 있다고 선언한다. 예배의식에 율법을 포함시킨 것은 칼빈의 예배의식의 특징-하나님의 말씀을 듣고 순종함-이 된다.[340] 칼빈과 동일한 신학체계에서 이뤄진 예배의 또 다른 하나의 변형인 파렐의 예배의식에서는 고백할 죄가 무엇인가를 알기 위해 먼저 하나님의 말씀을 알아야 한다는 이유로 죄의 고백을 설교와 율법 다음에 놓는다.

칼빈이 강조한 예배의 세 번째 특징은 시편을 노래하는 것이다.

---

338) Nichols, *Corporate Worship in the Reformed Tradition*, p. 29.
339) *LCC*, XX:360(Ⅲ, vii, 12).
340) Bard Thompson, *Liturgies of the Western Church*, p. 191.

칼빈은 중세풍의 성가대를 없애고 회중찬송을 강조했다. 대중들의 언어로 예배를 드리는 감격과 회중들이 부르는 찬송의 새로운 경험을 오늘날 우리가 되찾기란 어려운 일이다. 앞에서 지적해 온 바와 같이, 칼빈은 시편을 선호하였다. 1539년의 찬송집을 만들기 위해서는 그 자신이 몇몇 시편을 번역하기도 했으나, 마롯(Clement Marot)과 베자(Beza)의 훌륭한 시적 재능을 이용하였다.341) 1539년경에 칼빈이 최초로 만든 그 찬송집에는 열아홉 편의 시편이 수록되어 있었는데, 이것은 1562년에 이르러서야 베자에 의해 완성되었다. 마롯과 베자가 프랑스식의 리듬을 붙이고 구디멜(Claude Goudimel)이 곡을 붙인 그 찬송집은 종교개혁의 위대한 책들 가운데 하나가 되었다. 그것은 여러 판이 거듭되었고 독일어, 네덜란드어, 이탈리아어, 스페인어, 보헤미아어, 폴란드어, 라틴어, 히브리어 및 영어로 번역되었다. 그것은 또한 로마 가톨릭, 루터교 등에 의해서도 사용되었다.

  시편 찬송은 개혁주의 경건의 주요한 부분이 되었다. 프랑스의 프로테스탄트교도들은 투옥되거나 화형당할 때도 시편을 열정적으로 노래했기 때문에 시편 찬송은 법으로 금지되었으며 이것을 어기는 자는 혀를 잘리는 형벌을 받았다. 시편 68편은 위그노 교도들의 마르세예즈(Marseillaise)였다.

---

341) Richard R. Terry, ed., *Calvin's First Psalter*(1539) (London : Ernest Benn, Ltd., 1932). Pierre Pidoux, *Le Psaultier Huguenot du XVI Siecle, Melodies et Documents*(Basel : Edition Baereneiter, 1962), vols, 1 and 2. Millar Patrick, *Four Centuries of Scottish Psalmody*(New York : Oxford University Press, 1949). Charles Garside, Jr., *The Origins of Calvin's Theology of Music : 1536-1543*(Philadelphia : The American Philadelphical Society, 1979).

하나님은 일어나사 원수를 흩으시며

주를 미워하는 자를 주의 앞에서 도망하게 하소서.

연기가 몰려감같이 저희를 몰아내소서.

악인이 하나님 앞에서 망하게 하소서.

일부 위그노 교도들은 전쟁터에 나갈 때 시편 118편을 노래하였다.

이 날은 여호와의 정하신 것이라.

이 날에 우리가 즐거워하고 기뻐하리로다.

여호와여 구하옵나니 이제 구원하소서.

여호와여 우리가 구하옵나니 이제 형통케 하소서.

미국의 현세대는 기독교의 찬송을 군가로 사용하는 것에 대해 비판적이다. 이러한 비판적 태도는 잔혹함에 대한 보다 민감한 표현이며 또한 자유로운 사회에서 보호받는 삶의 표지일 것이다. 여하튼 칼빈주의 역사가 두메르그(Émile Doumergue)에게서 인용한 다음 구절들이 아무리 성인전(聖人傳)과 같은 형식이라 할지라도, 그것들은 위그노 교도들의 구체적인 생활에서 시편의 역할을 드러내 보여 준다.

또한 나바르의 헨리(Henry of Navarre)가 승리한 꾸트라스(Coutras) 전투(1587)를 기술함에 있어서, 잔 달브레(Jeanne d'Albret)의 아들이며 주와이에즌 공작(Duke de Joyeuse)과 가톨릭 군대 출신인 도비네(D' Aubigné)는 이렇게 표현한다.

"두 포병대 중에서 나중에 도착한 위그노 교도들의 포병대는 제1선에 포진하여 9시 이전에 공격을 개시하였다. 라베르댕(Laverdin)은 피해상황을 보고는 소속부대 장군에게 말을 타고 달려가면서 먼 거리에서 '각하, 지체하고 있기 때문에 전투에서 지고 있습니다. 우리도 포격을 개시해야 합니다.'라고 외쳤다. '대원수 각하의 판단은 언제나 정확하다.'는 대답이 주어졌다. 그는 제 위치로 달려와 그 말을 전하고는 돌격을 감행하였다.

"한편, 나바르의 왕이 전군에게 기도를 시키고 나자, 일부 군인들은 시편 118편 '이 날은 기쁜 날'을 부르기 시작하였다. 흰 모자를 쓴 수많은 가톨릭 교도들은 충분히 들릴 만큼 '겁쟁이들이여, 두려워서 참회하고 있구나' 하고 크게 떠들어댔다. 벨가르드(Bellegarde)의 부관으로서 이들과 더불어 빈번히 무릎만 문지르고 있었으나 그때는 홀로 그 전투에 혼신의 힘을 다 쏟아붓던 보(Vaux)가 공작에게 '각하, 위그노 교도들이 이러한 자세로 나올 때는 이미 죽음을 각오한 것입니다.'라고 말했다." 과연 몇 시간 후에 승리는 그들의 것이 되었다.

그런데 이 동일한 노래, 즉 '이 날은 기쁜 날'은 칼빈주의자들을 더욱 위태롭고 더욱 어려운 다른 여러 전투에서도 지탱케 해 주었다. 두려움 없이 싸움터 한 가운데로 뛰어드는 것은 영웅적인 행위이다. 그러나 인간이 이 지상에서 정복해야 할 마지막 원수의 공격을 임종의 자리에서 차분한 마음으로 웃으면서 맞아들이는 것은 더욱 영웅적인 행위이다. 우리가 이제 막 읽은 이야기의 그 저자는 그와 같은 영웅적 행위를 몸소 보여주었다. 그의 미망인은, 그가 임종하기 두 시간 전에 즐거운 표정과 평온하고 만족스런 마음으로 '이 날은 기쁜 날'이라고 말했다고 술회하고 있다. 거기에는 영웅적인 것 이상의 그 무엇이 있다. 보라! 단두대에는, 격분과 증오에 가득 차서 아우성치는 군중들과 직면하여 친구들의 애정과 염려로도 진정시킬 수 없는 싸움의 걱정이 아니라 18세기의 순교자들인 랑스(Louis Rancs), 베네체(the Francois Bénézets) 그리고 로쉐뜨(the Francois Rochettes) 등이 있었는데, 그들이 하늘을 향해 그들의 영광스러운 영으로써 '이 날은 기쁜 날'이라 부르는 찬양을 주님이 듣고 계셨다.[342]

시편은 인간이 처한 상이한 상황들에 대해 말해 주고 있다. 시편 주석 서문에서 칼빈은 시편을 영혼의 해부학이라고 부른다.

〔16세기 칼빈주의자들에게〕가장 인기가 있었던 시편은 20세기 회중들이 즐겨 선택하는 것과는 같지 않았다. 16세기 회중들은 시편 23편이나 139편이 아니라, 46, 68, 76, 124편 등을 선호하였다.[343]

시편 찬송은 개혁주의의 특징과 경건을 형성하는 데 기여하였으며 그 영향력을 아무리 과장하여도 지나치지 않다. 시편은 칼빈의 예배의식에서는 교인들의 기도였다.[344] 시편을 통해 예배자들은 하

---

342) Emile Doumergue, "Music in the Work of Calvin", *The Princeton Theological Review*, vol. 7, no. 4(October 1909), pp. 502-552. Cf. Émile Doumergue, *Lart et le sentiment dons loeuvre de Calvin* (Geneva : Slatkine Reprints, 1970, reprint of the Geneva edition of 1902). Cf. W. Stanford Reid, "The Battle Hymns of the Lord, Calvinist Psalmody of the Sixteenth Centuty" in *Sixteenth Century Essays and Studies*, vol. 2. Carl S. Meye. ed.(St. Louis : The Foundation for Refomation Research, 1971).
343) Nichols, *Corporate Worship in the Reformed Tradition*, p. 38.
344) *LCC*, XXI:894-896(Ⅲ, xx, 31-32). Cf. Preface to Geneva Psalter.

나님의 말씀에 응답하였으며 하나님께 대한 그들의 신뢰와 감사와 충성을 나타냈다.

반드시 주목해야 할 네 번째의 특징은, 칼빈의 예배에는 성례전에 말씀이 부가된다는 것이다.

> 주님은 그의 말씀으로 우리를 지도하고 가르치신다. 둘째, 그는 성례전으로 그것을 확증하신다. 끝으로 그는 그의 성령의 빛으로 우리의 정신을 조명하고 말씀을 향해 우리의 마음을 열고 성례전에 참여하게 하신다.[345]

칼빈의 예배의식은 스트라스부르그에서 개혁자들에 의해 개정된 미사 예배에서 발전하였으며 성만찬의 시행이 없이는 성만찬의 불완전한 예배로 간주되었다는 사실은 많은 것을 시사해 준다. 칼빈은 세례라는 성례전과 아울러 성만찬과 말씀 선포를 포함하는 예배를 원했다. 또한 그는 매주일 이러한 예배가 이뤄지기를 원했다. 성만찬은 "적어도 일주일에 한 번"은 시행되어야 한다는 「기독교강요」에서의 그의 주장과 같이 그것이 그의 바람이었다.[346] "말씀, 성만찬, 구제헌금이 빠진 교회의 집회는 있을 수 없다는 것이 불변의 규칙(행 2:42)이 되었다.[347]

---

345) *LCC*, **XXI**:1284(Ⅳ, xii, 8).
　Dietrich Ritschl은, "말씀과 성례전"이라는 구절은 성서적 지지를 받을 수 없다고 주장한다. 성례전과 설교 속에 생명을 부여하는 하나님의 말씀이 있다(*A Theology of Proclamation*, p. 115).
346) *LCC*, **XXI**:1421(Ⅳ, xiv, 8).
347) *LCC*, **XXI**:1422(Ⅳ, xvii, 44).

그러나 칼빈은 성례전이 빠진 말씀 예배엔 동의하였으나, 말씀 선포와 가르침 형태의 말씀이 없는 성례전에는 결코 동의할 수 없었다. 말씀 선포와 가르침 형태의 전해진 말씀들은 예배의 이해가능성과 특히 성례전에서의 말씀의 이해가능성을 위해 필요했다. 예배의 인격적이며 책임적인 성격은 인격적 결정과 책임을 회피하는 마술에 대항하기 위해 그대로 유지되어야 했다.

개혁주의 신학에 있어서 성례전은 언제나 말씀 선포와 가르침의 맥락 속에서 시행되며, 그 궁극적인 타당성은 성령의 활동에 의존한다. 칼빈은, 떡과 포도주는 성령의 능력 아래서 예수 그리스도의 임재와 부활하신 주님과 신자들의 연합의 기회가 된다고 주장하였다. 중세의 미사와 철저히 결별한 점과 성례전을 신자들이 스스로를 그리스도의 제자와 군사로 교회에 드리는 서원으로 강조한 점에서 드러낸 쯔빙글리의 견해들은 때때로 칼빈의 견해들과 충돌을 일으켜 왔다. 그러나 성만찬에 관한 쯔빙글리의 이해는 "단순한 기념"은 아니었다. 기념설은 그리스도의 사역에 대한 신앙을 명상하는 일과 그것을 신뢰하는 일을 포함했다. 쯔빙글리는 그리스도의 영적 임재설에 대해 반론을 제기하지 않았다. 보다 합리적인 쯔빙글리와 보다 신비적인 칼빈 사이에 강조점의 차이가 있기는 하지만 그것이 과장되어서는 안된다. 그렇지 않다면 쯔빙글리의 후계자인 불링거와 칼빈이 취리히에서 1549년에 맺은 취리히 협정(Zurich Consensus, Consensus Tigurinus)에서 하나의 공통된 개혁주의 입장에 합의할 수 없었을 것이다.

세례에 관한 칼빈의 가르침은 그의 성만찬 교리와 유사하다. 그는 세례가 신자들의 모임 속에서, 말씀의 가르침과 기도와 더불어 시행되기를 원했다. 세례는 단순해야 하며 눈을 현란시키거나 정신을 산란하게 하는 모든 허식이 제거되어야 했다.

칼빈에게 있어서 예배는 인격의 모든 것을 집중시킨 행위였다. 즉 그것은 지, 정, 의 등의 모든 인격적인 요소들을 포함했다. 비록 그가 말씀 선포와 성례전에서 말씀을 결합시키기는 했으나 그의 예배는 한 사람의 모든 지적 능력을 포함하는 매우 언어적인 예배의식으로 남아 있었다. 칼빈은 비교적 덜 훈련되고 덜 헌신된 예배자들을 돕기 위해 사용되었던 수많은 예배 보조물들을 예배에서 제거하였다. 칼빈주의의 예배는 최소한의 외적 도움으로 신앙의 대화를 유지할 수 있는 잘 훈련된 회중을 요구하였다.

4. 파렐의 예배의식

칼빈이 제네바에 처음 이르렀을 때 예배는 쯔빙글리의 형식을 따라 파렐이 1524년에 만든 예배의식대로 시행되고 있었다. 그 예배는 본질적으로 말씀 선포의 예배였으며, 성만찬은 이따금씩 시행될 뿐이었다. 파렐은 모국어로 된 시편 찬송을 반대하지는 않았으나 그의 예배의식에는 음악이 없었다. 쯔빙글리는 회중 참여의 방편으로 성서와 신조를 번갈아가며 노래 형식으로 부르는 형태를 이용하였다. 그 관습은 그대로 유지될 수 없었다. 그로 말미암아 나타난 예배의식은 다음의 제목이 시사하는 바와 같이 하나님의 말씀을 듣는 예배였다.

〈사람들이 하나님의 말씀을 듣기 위해 모였을 때 말씀 선포에 있어서 준수해야 할 관례〉[348]

기도
주기도문
말씀선포
하나님의 율법
죄의 고백
사도신경
중보기도
-성만찬-
권면
초청
자기반성
출교
신앙고백-주기도문
사도신경
사죄의 확신
제정의 말씀
'마음을 드려라'(Sursum Corda)
성만찬

---

348) Thompson, *Liturgies of the Western Church*, pp. 216-224.

만찬 후 의식(감사기도)

말씀 예배는, 특히 말씀 선포를 강조한 실천신학에 관한 책 (*Manuale Curatorum*, 1503)을 쓴 바젤의 울리히 줄간트(Ulrich Surgant)의 영향을 받아 종교개혁 앞 세대에 널리 보급되어 있었다. 때로는 prone이라고 불린 이 말씀 선포 예배는 어떤 고정된 순서를 가지고 있지 않았다. 이 예배는 상황에 따라 적절하게 조정되었으며, 사도신경·십계명 그리고 주기도문 등의 이해에 대한 관심을 포함하고 있었다. 파렐의 예배는 취리히에서 행해지던 쯔빙글리의 예배와 바젤에서 외콜람파디우스가 제정한 예배와 비슷했다. 현대의 비판가들은 그 예배의 간소함과 단조로움에 주목한다. 그것은 간소하긴 했지만 또한 긴장을 야기했다. 일상의 언어로 하나님의 말씀을 듣고 체계적으로 강론되는 말씀을 들으며 또 성만찬의 떡과 잔을 자기 손으로 집을 때 느껴지는 감동을 오늘 우리가 다시 회복하기란 어려운 일이다. 비록 칼빈의 신학이 쯔빙글리의 신학보다 훨씬 더 큰 영향을 미치기는 했으나, 칼빈의 예배보다는 "말씀예배"가 그 후시대 개혁주의 공동체의 역사에 훨씬 더 큰 영향을 주었다는 것도 중요한 사실이다. 때때로 이것은 놀라운 방법으로 모든 세대의 예배자의 마음과 정신을 사로잡아 왔다.

칼빈의 예배의식과 파렐의 예배의식으로 대표되는 두 가지 유형의 예배의 차이점은 상이하게 해석되고 있다. 어떤 사람들은(Old) 다양한 예배 형태들을 1542년의 제네바 예식서에서 결실을 맺게 되는 운동의 일부로 생각한다. 다른 사람들은(Hegeman)은, 성만찬이 시행되고 있지 않을 때 칼빈이 성만찬을 위한 순서를 주장했음을 강조한다. 모든 개혁주의 예배는 하나님의 말씀을 듣고 믿고 순종하는 것을 크게 강조하고 있다. 이 두 가지 강조점이 오늘날까지 계속 강조되고 있는 것은, 개혁주의 예배에는 어떤 한 가지의 일정한 형태가 존재하는 것이 아님을 말해 준다.

5. 웨스트민스터 예배 규칙서

개혁주의 예배, 특히 미국의 장로교 예배를 형성하는 데 결정적으로 영향을 미친 세 번째 요소는 청교도 혁명과 웨스트민스터 회의였다. 그 회의는 교회정치, 신앙고백, 교리문답들, 찬송집 그리고 예배 규칙서를 작성하였다. 그 회의는, 개혁주의 신학에 대한 이해에 있어서는 일치를 보였으나 예배에 관한 제반 문제에 있어서는 스코틀랜드 장로교인들, 잉글랜드 장로교인들 그리고 독립교회 교인들 사이에 견해의 차이가 있었다. 「규칙서」(Directory)는 그 견해들을 타협한 절충안이었다. 그것은 또한 상이한 여러 가지 방법으로 해석될 수 있는 애매한 규칙들로 가득 차 있다.[349] 그러나 그 규칙서는 청교도 운동의 특징들을 담지하고 있으며 예배도 그 경향을 따라 이뤄졌다.

---

349) Howard Hageman의 *Pulpit and Table* (Richmond : John Knox Press, 1962)은 이 두 가지 방식을 잘 정리해 놓았다. Hageman은 이 주제를 "The Liturgical Origins of the Reformed Churches", published in *The Heritage of John Calvin*, edited by John H. Bratt (Grand Rapids; Eerdmans, 1973)에서 보다 구체적으로 논하고 있다. *Corporate Worship in the Reformed Tradition*, Chapter 3, 4에서 Nichols가 매우 뛰어나게 논한 내용을 참조하라.

그 규칙서 서문에는, 그 회의가 예배에 관해서 표명했던 몇 가지 관심사들이 열거되어 있다. 첫째, 예배서의 사용, 특히 잉글랜드에서 공동기도서(Book of Common Prayer)를 사용하는 것은 말씀 선포를 "공동기도서 봉독보다 하위적인 것"으로 여기며 그 중요성을 평가절하한 것이라고 생각했다.[350] 그러나 그 회의는 말씀 선포의 중심성을 강조하는 경향을 나타냈다.[351] 둘째, 예배서의 사용은

> …우리 주 예수 그리스도가 직분대로 부르셔서 그의 종들 모두가 행사하도록 하신 기도의 은사를 직접 사용하지 아니하고 타인들이 작성하여 그들의 손에 넘겨준, 일정한 형식들에 만족하고 있는 게으르고 부덕한 사역자들을 만들어 내고 또 그것을 증가시킴을 의미한다.[352]

그 뿐 아니라, 예배서는 마음으로는 예배순서에 반대하는 사람들에게 그것을 강요하기 위해 사용되었다.

그 회의는 기도들과 예배 형태들을 담고 있는 예배서를 예배의 지침서인 예배 규칙서로 대체하였다. 잉글랜드 청교도들의 예배서에 대한 거부감과 이런 감정에 영향을 받은 스코틀랜드인들은 그들의 「공동규칙서」(Book of Common Order)를 그 회의의 안건으로 상정조차 하지 않았다. 그러나 웨스트민스터 예배 규칙서는 제네바의 예배순서와 스코틀랜드의 공동규칙서의 순서와 크게 다르지 않은 예

---

[350] For the text and explanatory notes, see Thomas Leishman, ed., *The Westminster Directory* (Edinburgh : W. Blackwood & Sons, Ltd., 1901). p. x iii, A copy of the Directory without notes can be found in Thompson, *Liturgies of the Western Church*, pp. 345-353.
[351] *Ibid*, p. 11.
[352] *Ibid*, p. 12.

배순서를 제시하고 있다.

〈공예배〉[353]

기도

말씀 봉독〔신구약 성서를 한 장씩 순서에 따라〕

　〔봉독을 마친 후에 그에 대한 강해가 따를 수 있음. 다만 설교와 중첩되지 않게 조심해야 한다〕

시편 찬송

일반 기도〔설교를 마칠 때까지 기도의 일부를 연기할 수 있음〕

말씀 선포

기도〔주기도문 사용〕

시편

축도

세례와 성만찬이 시행될 경우에는 마지막 찬송 후에 계속되었다. 성만찬의 순서는 다음과 같다.[354]

권면, 경고, 초대

떡과 포도주를 성별하고 축복함

제정의 말씀

감사의 기도와 떡과 포도주를 축복함

떡과 포도주를 분배

---

353) Thompson, *Liturgies of the Western Church*, pp. 356-368.
354) *Ibid*, p.368-370.

성례전을 통해 주신 예수 그리스도 안에서의 하나님의 은혜에 대한 묵상

감사기도

가난한 자들을 위한 헌금.

이 규칙서가 하나님 말씀의 봉독, 강해, 설교 등에 큰 비중을 둔 것을 주목할 만하다. 이 규칙서는 말씀 선포의 기술에 관하여 빼어난 내용을 담고 있다. 스코틀랜드인들은 잉글랜드 청교도들의 설교 관습에 대해 반대했으나, 말씀 선포에 대한 진지함과 그 효용성에 관해서 청교도들에게 이의를 제기할 사람이 없었다. 웨스트민스터 예배 규칙서는 설교자의 임무와 간명한 형태의 방법론에 대한 판단을 이렇게 요약하고 있다.

> 그러나 그리스도의 종은 어떠한 방법을 사용해서라도 그의 모든 사역을 다음과 같이 이행해야 한다.
> 1. 주님의 사역을 이행함에 있어서 수고를 아끼지 말아야 하며 나태해서는 안된다.
> 2. 고대인의 글이든 현대인의 글이든, 교회에 속한 저자의 것이든 일반 저자의 고상한 문장이든, 아무런 유익을 주지 못하는 것을 쓸데없이 인용하거나, 생소한 구절이나 어색한 억양이나 알지 못하는 방언들을 사용하지 말고 그리스도의 십자가가 아무런 효과가 없는 것이 되지 않도록, 인간의 지혜에서 나온 매혹적인 말로써가 아니라 성령의 힘과 능력이 나타나도록 진리를 전달함으로써 가장 비천한 자도 이해할 수 있게 단순하게 전달해야 한다.

3. 자신의 이익이나 영광을 추구하지 말고 그리스도의 영광과 사람들의 회심, 덕성 함양 및 구원을 바라보고, 이 거룩한 목표들을 증진시킬 수 있는 것은 아무 것도 덮어 두지 않고 만인에게 각자에 맞는 위치를 부여하고, 가장 비천한 자를 등한시하거나, 사람들의 죄 가운데 가장 큰 죄에 대해 눈감는 일 없이 만인에게 공평한 경의를 표함으로써 진실하게 행해야 한다.

4. 보급시키기에 가장 쉬운 방법으로 교리와 권면과 특히 책망의 체계를 형성하고, 각자의 인격과 지위에 적합한 경의를 표하고 자신의 열정이나 아픔이 결부되지 않도록 지혜롭게 행해야 한다.

5. 하나님의 말씀에 적합하도록 신중하게 행하고 인간의 부패함 때문에 그와 그의 사역을 더럽힐 수 있는 그러한 몸짓, 음성 및 표현을 피해야 한다.

6. 사랑으로 행함으로써 모든 것이 그의 경건한 열정에서 나온 것이며, 진심으로 사람들의 유익을 갈망하고 있음을 사람들이 알 수 있도록 해야 한다.

7. 하나님에게서 가르침을 받아 마음에 확신하는 바와 같이, 자신이 가르치는 모든 것이 그리스도의 진리이고 그 진리 안에서 양떼들에게 본이 되고, 사적인 것이나 공적인 것이나 그의 수고가 참으로 하나님의 축복을 받을 만하며, 또한 주님께서 감독자로 세우신 자기 자신과 양떼들을 조심스럽게 보살펴야 한다. 그리하여 진리의 가르침이 부패되지 않고 보존되며 많은 영혼들이 회심하고 자라게 되어 이 세상에서도 그의 수고에 대해 많은 위로를 받고 앞으로 도래할 세상에서는 그를 위해

예비된 영광의 면류관을 받을 수 있어야 한다.[355]

웨스트민스터 회의의 예배 규칙서는 전통적인 형태들의 사용을 금하지는 않았으나 그 후 3세기 동안의 영어권 세계의 장로교 관습을 결정하였다. 사도신경, 성부 찬양(Gloria Patri), 심지어는 주기도문까지도 점차 예배순서에서 떨어져 나가게 되었다. 이 규칙서는, 사역자는 자신의 기독교적 경험에 따라 예배를 인도하고 기도할 수 있으며 또 실제로 그렇게 회심한 사람이라는 것을 전제하였다. 잘 훈련된 공동체와 사역자에게는 그러한 관습이 매우 효과적인 것이었다. 치리가 힘을 잃어감에 따라 자발적인 예배순서와 자유로운 기도들은 사소한 내용들, 무감각적인 반복, 개인의 특이한 표현 등이 등장할 수 있는 기회로 바뀌고 말았다.

6. 미국의 관행

영국 출신의 영어권 세계의 장로교인들은 몸에 밴 그들 모국의 관습을 지니고 있었다. 개방된 미개척지인 신대륙은 그들 고유의 방식으로 이러한 관습들을 만들어 나갔다. 그 미개척지는 '개방되어' 있었다. 교회 건물은 거의 없었으며, 예배는 즉흥적인 순서로 시행되었다. 정착한 정규 목사는 그 예외였다. 정착지들은 널리 흩어져 있었으며 교통수단은 느렸다. 예배를 위한 외부의 도움이나 지원은 극

---

355) *Ibid*, p. 396.

소수였다.

신대륙의 실제적 필요를 충족시키기 위한 종교적 관행들이 발전되었다.[356] 성례전 시기와 주말과 월요일에는 말씀선포, 가르침, 회중집회만이 있었고, 시골의 교회생활에서 성례전은 커다란 행사가 되었다. 천막집회, 부흥회 및 장기간의 집회 등은 모두 미국의 명목상의 기독교인 혹은 비기독교인을 양육하고 특히 복음화시키는 방편으로서 발전되었다. 교회사에서 이때만큼 정규 예배가 비기독교인들을 교회의 지체가 되도록 인도하고 교회생활에 참여하도록 매개체의 역할을 한 경우는 없을 것이다. 예배는 이러한 목적을 지향하게 되었으며, 성만찬은 "회심시키는 의식"이라는 생각이 널리 퍼졌다. 웨스트민스터 회의는 성만찬을 이런 식으로 해석하는 것을 거부하였다.[357] 미국의 교회생활 일반, 특히 예배의 복음주의적 발전은 1800년에는 조직된 교회와 관련을 맺은 미국인이 당시 전인구의 10%미만이었다는 사실에 비추어 볼 때 이해할 만하다. 수많은 미국 교회가 성직자나 조직을 갖춘 어떤 교회적 선교기관에 의해 세워진 것이 아니라 "평신도"에 의해 세워졌다는 사실은 교회생활에 공적이며 비성직자적 특성을 부여하였는데, 이것 또한 독특한 것이다.

엄격하게 지켜지던 생활과 예배에 관한 규칙서가 하나도 없었기 때문에, 그들 고유의 토착적인 교회생활과 예배 형태를 발전시킬 수 있는 미국 장로교인들의 자유가 증진되었다. 1729년의 회의(the Synod of 1729)에서 웨스트민스터 예배 규칙서가 추천되었으나 여

---

356) Julias Melton의 *Presbyterian Worship in America, Changing Patterns Since 1787*(Richmond : John Knox Press, 1967)은 그 역사를 잘 개관하고 있다.
357) Leishman, *The Westminster Directory*, p. 117.

러 가지 증거를 통해 볼 때 그것은 하나의 지침서에 불과했다. 1789년의 제1차 총회에 앞서 미국 교회를 위한 새로운 「예배 규칙서」(Directory of Worship)가 준비되었다(1786-1788). 이 미국적 문서는 웨스트민스터의 전통을 계속 유지하고는 있으나 토착적인 것이 되기에 충분한 변화들을 담고 있었다. 이 작업을 책임졌던 위원회는 도시적이고 고식적이며 형식적인 성격을 보였다. 교회회의는 그 위원회의 작업을 보다 개방적이고 비형식적이며 복음주의적인 미국 스타일의 방향으로 개정하였다.[358] 새로운 양상을 지니며 부흥회를 지지하는 장로교인들은 그 다음 세기까지 계속해서 이러한 경향으로 예배에 영향을 주었다. 톤웰(Thornwell)과 기랴듀(Girardeau)가 남부에서 영향을 미친 것처럼, 청교도 역시 계속적으로 영향력을 행사하였다.

　미국의 상황에서 번성해진 예배는 부분적으로는 그 진정성 때문에 살아남았다. 그 예배는 예배자들의 헌신을 신실하게 표현하였으며 그들에게 있어서 그것은 은혜의 방편이었다. 예배는 또한 목회자에게 매우 어려운 요구사항을 부과하였으며, 그들은 어떤 고정된 형태를 지닌 예배서를 거부하고 자신의 종교적 경험과 신학적 능력으로 예배를 인도해야 했다. 인격적 경험이나 능력에 있어서의 부적격성은 이내 표면으로 드러났다. 그 세기가 지나면서 미국 교회의 고유의 산물인 그 예배는 사라지기 시작했다.

　자신들의 예배에서 만족을 얻지 못한 일부 장로교인들은 감독적

---

358) Cf. Melton, *op.cit*, pp. 17 ff and Leonard J. Trinterud, *The Forming of an American Tradition : A Re-examination of Colonial Presbyterianism*(Philadelphia ： Westminster Press, 1949), pp. 304-305.

예배 형태에 매력을 느꼈다. 또 다른 사람들은 개혁주의 전통의 풍요로움을 회복하고 교회 예배생활의 풍성함을 위하여 노력을 경주하기 시작했다. 1855년 챨스 베어드(Charles Baird)는 고전적 개혁주의 예배의식들을 집대성하여 지금까지도 유용하게 사용되는 책 (*Eutaxia, or the Presbyterian Liturgies : Historical Sketches*)을 펴냈다. 19세기 하반기에는 예배가 논쟁의 주제가 되었다. 일부 사람들은 어떤 변화에도 반대하였다. 챨스 하지(Charles Hodge)와 같은 사람들은 자유롭고 단순한 미국의 전통을 받아들이기는 하나 고전적 예배 형태들도 사용하는 중간 노선을 기꺼이 채택했다.[359] 1897년에는 찬송가 학자 루이스 벤슨(Louis Benson)과 헨리 반 다이크(Henry van Dyke)의 지도 아래 교회예배협회(Church Service Society)가 조직되었다. 1906년에는 다이크의 주재하에 만들어진 공동예배서 (The Book of Common Worship)의 임의적 사용을 미국 장로교 총회가 받아들였으며, 1929년에는 장로교에서 사용승인을 얻었다.

19세기에 장로교에서 있었던 예배에 관한 논쟁의 중심은 초기 미국 상황의 단순성과 예배를 일치시키는 문제였다. 그 논쟁에서 고전적 예배의식을 주장하는 사람들은 유럽에서 발전되어 왔기 때문에 미국의 경험에는 생소한 유형들을 때때로 미국의 예배에 부과하려 하였다. 자유주의 신학이 미국 교회에서 일반화되어진 이후로는 믿고 있는 신학과 옹호하고 있는 예배 사이의 모순들 또한 극명하게 드러나게 되었다. 때때로 예배는 책임있는 신학적 판단에 의해서라기보다는 미적, 심리학적 고려사항들에 의해 결정되었다. 미국 교회

---

359) Julius Melton, *op. cit*, p. 75.

예배의 간소함과 단순함에 관한 사회적·문화적 혼란성 때문에 개혁주의가 요구하는 예배의 진정성, 이해가능성 및 신학적 성실성 등이 때로는 잊히기도 했다.[360]

미국적 예배 유형들에 대한 비판은 궁극적으로는 너무 쉽게 주어졌다. 그 유형들은 미국의 실제 생활과 부딪치면서 형성되었다. 실제 사실에 있어서 그것들은 그 처했던 상황에 적합했던 것이거나 적합한 것이었다. 교회와 예배에 참석한 미국인들의 수치도 1800년 이전의 10% 미만에서 1950년경에는 50% 이상으로 증가하였다. 이것은 교회역사상 그 어디서도 찾아보기 힘든 기록이다. 장로교의 전통적인 예배는 하나님의 말씀을 선포하고 사람들을 헌신하게 하는 데는 효과적인 방편이었다. 19세기 후반에 들어서서 개정이 필요하긴 했으나 그러한 개정들이 회중의 신앙생활의 깊은 곳에서 우러나온 것인지 아니면 헌신을 표현하는 타당한 방편인지는 아직도 확실하지 않다.

예배의 미국화 작업은, 대륙에 뿌리를 두고 새로운 영어권 세계의 환경 속에 자신의 만족적·교회적 유산을 많이 유지하고 있었던 개혁주의 교회들에서는 비교적 덜 철저하게 진행되었다. 독일 개혁주의에서 일어난 머서스부르그운동(Mercersburg Movement)은 예배서의 회복에 대해서뿐 아니라 성례전을 강조한 예배신학에 대해서도 관심을 보였다.[361] 필립 샤프(Philip Schaff)는 개혁주의 역

---

360) Leonard J. Trinterud. "The Problem of Liturgical Reform, in The American Scene" (Mimeographed). 이것은 이 주제에 관한 자극적인 논문이었다.
361) James Hastings Nichols, ed., *The Mercersburg Theology*(New York : Oxford University Press, 1966). James Hastings Nichols, *Romanticism in America Today*(Chicago: University of Chicago Press, 1961).

사에 대한 자신의 폭넓은 지식을 이 운동에 쏟아부었다. 프린스톤(Princeton) 출신의 존 네빈(John W. Nevin)은 성례전에 관하여 쓰면서 성만찬에 있어서의 그리스도의 임재를 강조하였다. 그러한 강조는 성례전을 예수의 언행에 대한 회상, 기념 및 충성에의 서원으로 이해한 보다 '쯔빙글리적'인 미국의 맥락에서는 등한시되었던 것이다.

미국이 예배에 기여한 한 가지 독특한 공헌은 헌금을 예배의 기본적인 한 부분으로 발전시킨 것이었다. 원시교회 시대부터 예배에는 가난한 사람을 구제하기 위한 헌금이 있었다. 이 헌금은 특히 성만찬 예배의 한 부분으로서 기독교 예배 속에 자리잡고 있었다. 미국의 예배에 있어서 헌금의 새로운 양상은 모든 지체들에게 건물, 봉사, 선교 및 사역 등에 대한 책임을 부여한 교회의 자발적인 특성에서 싹텄다. 미국 교회의 재정은 국가나 귀족이나 부자들로부터 충당된 것이 아니라 교인들에게서 나온 것이었다. 그러므로 헌금은 보다 더 중요한 인격적 행위가 되었고 또한 교회의 재정을 충당하는 많은 실험적 방법이 실패한 후에 교회 예배에 헌금을 통합시킨 것은 뜻깊은 업적이었다.[362]

진정한 예배는 예배자들에게 강요될 수 없는 것이다. 그것은 언제나 깊은 경험과 헌신에서 비롯되며 예배가 지향하고 있는 목표인 신비의 드러냄에 의해 결정된다. 기독교의 예배 혹은 개혁주의 예배의 어떤 한 가지 고정된 형태란 분명 존재하지 않는다. 그러나 예수 그

---

[362] Cf. Ernest Trice Thompson, *Presbyterians in the South*, 3 Vols, 1:519ff, 2:420ff. 특정한 교회의 재정적 실험의 기록을 알려면 John H. Leith, *Greenville Presbyterian Church, The Story of a People*(Richmond : Privately Published, 1973), pp. 54-55을 보라.

리스도 안에서 하나님의 계시에 의해, 기독교 예배에 주어진 분명한 표지들은 존재한다. 또한 하나님의 백성들을 존재케 하고 그들의 운명을 부여하며 역사 안에서 신적 목표들을 이행하기 위해 그들을 선택한 천지의 창조주, 주 하나님을 인식함으로써 형성된 개혁주의 예배의 분명한 표지들도 존재한다. 모든 가식들은 제거되고, 신자는 하나님의 뜻을 듣고 이행하기 위해 하나님 앞에 단순하게 심지어는 꾸미지 않은 채 서 있는 것이다.

INTRODUCTION TO THE REFORMED TRADITION

7
문화와 개혁주의 전통

7
문화와 개혁주의 전통

리챠드 니버의 유형 분류에 의하면, 개혁주의 전통은 문화의 변혁자에 속한다.[363] 그것은 문화를 거부하지도 않고 문화와 동일시하지도 않으며 다만 문화를 변혁시키려 한다. 문화에 대한 이러한 관계는, 문화는 하나님의 창조의 일부로서 선하며, 그 때문에 변혁시킬 수 있다는 신념에 기초하고 있다. 그것은 또한, 문화는 타락했거나 혼돈되어졌으며 그 때문에 변혁을 필요로 한다는 확신에도 기초하고 있다. 역사적으로 볼 때, 개혁주의 공동체가 문화, 특히 윤리적·정치적 분야에서 문화의 변혁을 추구하는 데 열성적이었음을 보여주는 증거는 많다. 그러나 정치적·사회적 변화를 자극시킨 개혁주의 전통의 열정적인 자세가, 물리적·감정적·미학적인 것과 관계되어 있는 문화적 관심사들과 예술에 대해서는 동일한 열정과 결실을 맺을 수 없었다. 그래서 개혁주의 전통은 문화적 불모지라고 쉽사리 일축되기도 했다. 이러한 불평을 스코틀랜드의 시인이며 자타가 공인하는 존 낙스 전기의 저자 에드윈 무어(Edwin Muir, 1887-1959)보다 더 신랄하게 말한 사람은 없다.

---

363) H. Richard Niebuhr, *Christ and Culture*(New York : Harper & Brother, 1951), p. 217.

육신을 입으신 말씀은 여기서 다시 말이 되어 버렸고,

그 말은 과시와 자만의 갈고리가 되었구나.

보라, 철필을 든 제왕 칼빈을,

책 속의 세 통의

성난 편지에서 하나님을,

그리고 논리의 갈고리를

이 갈고리로 인해 신비는 부서져

이념의 도구로 구부러지는구나.

....

육신을 잃은 말은 자라서

우리에게로 내려오나니,

이교도와 그리스도인이 모두 타락되리라.

백인, 흑인, 갈색인

즐거운 자, 슬픈 자, 이론가, 연인

이 모두가 눈에 보이지 않게 타락하리라.

추상세계의 파멸이여

추상적인 인간 위에 자신의 차가운 제국을

건설할 수 있는 자만이

구원받으리라.[364]

개혁주의 전통과 문화의 관계는 복잡하다. 저명한 예술사가인 어

---

364) Edwin Muir, *Collected Poems* (New York : Oxford University Press, 1965), p. 228. First called to my attention by John M. Walker, Jr., of Roanoke Rapids, North Carolina. Cf. Émile Doumergue, *Lárt et le sentimentdans lóeuver de Calvin*, pp. 7 ff.

윈 파노프스키(Erwin Panofsky)는 예술과 종교개혁의 관계를 직접적인 인과관계로 설명하는 것에 대하여 적절하게 경고하였다.[365] 그럼에도 불구하고, 개혁주의 전통의 몇 가지 요소들은 그러한 불평들이 이유있음을 말해 준다. 그 첫째는 윤리, 도덕, 사회, 정치 등에 대한 개혁주의 전통의 편견이다. 이 편견은 개혁주의 전통의 성격과 또한 그 전통의 역사의 사회적, 정치적 맥락에 그 뿌리를 두고 있다. 칼빈 당시에는 인간의 삶을 사회적, 정치적, 종교적으로 균형잡히게 하는 것이 큰 과제였다. 이러한 문제들에 관한 칼빈의 편견을 비판하려면 이 사실을 고려해야만 한다. 둘째, 개혁주의 신학자들은 예수 그리스도의 사역을, 오로지 그러한 것은 아니었지만, 주로 죄로부터의 인류의 구원으로 이해하였다. 그들에게 있어서는 이것이 성육신의 분명한 목표였다.[366] 칼빈은, 만약 죄가 인류 역사에 들어오지 않았더라도 그리스도가 성육신하였겠는가 하는 사변을 거부하였다. 그는 창조의 완성자가 아닌 죄로부터의 구세주로서의 예수 그리스도에게 관심을 집중하였다. 이것은 개혁주의 전통의 뚜렷한 강조점이 되었다. 신학적 에너지를 이와 같이 특정한 주제에 대해 집중시킨 것은 강점인 동시에 약점이기도 했다. 그것은 하나님 앞에서의 각자의 책임, 죄인의 회심 그리고 하나님의 뜻에 의한 사회질서 정립 등을 크게 강조하였으나, 또한 인간의 정신을 충족시키고 창조의 가치를 향상시킨 예술은 등한시하는 경향을 띠게 되었다. 마지막으

---

365) See excellent article by memory of Erwin Panofsky(Princeton : The Art Museum, Princeton University, 1969), pp. 9 ff. See also Samuel Laeucuhli, *Religion and Art in Conflict*(Philadelphia : Fortress Press, 1980).
366) Cf. W. Norman Pittenger, *The Word Incarnate : A Study of the Doctrine of the Person of Christ*(New York : Harper and Brothers, 1959), pp. 252 ff.

로, 개혁주의 전통은 경제적 삶, 즉 신학적으로 건전한 척도에 따라 삶의 에너지와 시간을 할당하는 것을 크게 강조했다. 이것은, 삶의 정치적 질서만큼 중요하다고 생각되지 않는 수많은 문화적 노력에 대해서는 거의 시간과 에너지를 기울이지 않았음을 의미했다.

그러나 개혁주의 전통의 역사에 대해서 공정하게 평가하자면, 예술 분야에 있어서도 비판가들이 생각한 것보다는 훨씬 더 큰 문화적 열정을 쏟았음을 밝혀낼 수 있다. 이러한 문화적 구체화 작업은 연구해 볼 가치가 있다. 인간의 삶과 공동체에 있어서 신학이 구체적으로 분석되지 않고서는 아무도 그 신학을 알지 못한다. 왜냐하면 어떤 신학을 탁월하게 구체화시키는 것은 책 속에서가 아니라 기독교인의 삶과 기독교 공동체의 삶 속에서 나타나기 때문이다. 그 뿐 아니라, 문화적 성취면에서의 신학의 구체화 작업 역시 계시적이다. 언젠가 스테판 네일(Stephen Neill)은, 문화에 있어서의 프로테스탄트의 최고의 기념비적 작품은 렘브란트(Rembrant)의 그림, 바하(Bach)의 음악, 크리스토퍼 브렌(Chirstopher Wren)의 성 바울 대성당 등에서 찾을 수 있을 것이라고 대담하게 주장하였다.[367] 비록 이러한 열거사항이 반드시 그렇다는 것은 아니지만, 이러한 판단에 대한 유력한 여러 가지 근거들이 제시될 수는 있다. 더욱이 모든 예술가들은 많은 전거에 의존하며, 종교적인 것만을 유일한 전거로 삼는 문화적 업적이란 없다. 기독교 예술가들은 어떤 특정한 전통의 통찰력뿐 아니라, 기독교 전통 전반에도 의존한다. 나아가, 예술가는 인간 경험의 전 영역에 의존할 수 있다. 교회의 신학자에게는 예

---

367) Stephen Neill, *The Christian Society*(New York : Harper & Brothers, 1952), p. 159.

술가와는 달리 어떤 특정한 공동체의 규정으로 신학적 진술을 검증해야 할 책무가 있다. 문화적 삶을 어떤 특정한 전통에 일치시키려는 노력은 자유와 창의성을 억압하게 될 것이며, 기껏해야 선전밖에 안될 것이다. 그러므로 신앙의 문화적 표현은 예배, 교회정치 및 신학 등과 같은 교회생활의 한계 내에서의 신앙적 표현들보다는 "덜 순수하다." 그럼에도 불구하고, 기독교 신앙을 상당한 정도로 구현하고 있는 문학, 그림, 건축양식, 경제적 및 정치적 삶에 있어서의 문화적인 업적들이 있다. 신앙에 관한 이러한 문화적 표현들은 신앙에 관하여 그 무엇인가를 우리에게 말해 준다. 예컨대, 그뤼네발트(Grünewald)의 「제단의 희롱」(Isenheim Altarpiece)은 문자나 언어의 신학이 흉내낼 수 없는 방법으로 성육신의 내용(고전 1:23)을 표현하고 있다.[368] 그러므로 개혁주의 신앙의 고전적 문화 표현들 가운데 일부를 살펴 보는 것은 가치있는 일이다. 그것들은 모두 개혁주의 신앙에 대한 "순수한" 진술은 아니다. 그러나 그것들은 모두 그것들을 있게 만든 개혁주의의 신앙과 개혁주의 공동체를 구체적으로 표현하고 있으며, 신앙의 본질을 우리에게 분명하게 드러내 준다. 개혁주의 공동체가 정치적·경제적 삶에 대하여 미친 영향과 더불어, 렘브란트의 그림들, 실낙원, 천로역정, 카렌톤 교회(Chrenton Church), 뉴 잉글랜드의 집회소들, 시편집 그리고 평신도 성직자와 일반 시민을 위해 설립된 학교들과 대학들, 이러한 것들은 다소 임의적으로 뽑은 목록들이며 다른 목록들이 선택될 수도 있다. 그러나

---

368) Jane Dillenberger, *Style and Content in Christian Art*(Nashville : Abingdon Press, 1965), pp. 143-149. Paul Tillich, "Existentialist Aspects of Modern Art," *Christianity and the Existentialists,* Carl Michalson, ed.(New York : Charles Scribner's Sons, 1956), p. 143.

이러한 목록은 개혁주의 전통이 문화에 큰 영향을 끼친 모습들을 보여 주기에 적합한 것이다.

1. 시각 예술

초기부터 개혁주의 전통은 그림과 조각을 기독교 교육과 예배의 보조물로 받아들이기를 거부했다. 인문주의자로서의 개혁자들은 말씀의 능력에 대해 확신을 가지고 있었으며, 역사 연구가로서의 그들은 신학적 무지와 부패는 성상에 대한 의존 때문이라고 생각하거나 그렇게 믿었다. 성상과 그림은 신앙을 전해 줄 수 없다. 챨스 가시드(Charles Garside)는 쯔빙글리의 견해를 이렇게 요약하고 있다.

"만약 지금 믿음이 없거나 글자를 모르는 어린이에게 성상을 보여 준다면, 이와 함께 그 어린이에게 말씀을 가르쳐야 한다. 그렇지 않으면 그 어린이는 헛되이 그림이나 쳐다보게 될 것이다."(120, 22-25). 왜냐하면 만약 "당신이 불신자들 틈에서 이제 막 나와서 그리스도에 관해서 아무 것도 알지 못한 채, 성만찬 자리에 제자들과 함께 앉아 계시거나 십자가에 달린 모습으로 그려져 있는 그를 본다면, 당신은 그 그림에서 아무 것도 배우지 못하고 다만 '저기에 그려져 있는 사람은 그 모든 것에도 불구하고 미남이었다.'고 말할 것이기 때문이다."(121, 18-22). 쯔빙글리의 재치있는 말은 성상에 대한 그레고리의 옹호론에 대한 그의 경멸을 특히나 잘 보여준다. 우리는 그리스도의 성상을 가질 수는 있다.

그러나 그것에는 능력이 없다. 그 "이야기는 반드시 말씀을 통해서만 배워야 한다. 그림으로부터는 육체의 모습, 즉 몸이나 얼굴의 움직임이나 구성만을 배울 뿐이다."(121, 26-29).[369]

칼빈은 시각 예술에 대해 큰 관심을 보이지 않았다. 또한 그는 그것을 복음을 전달하는 데 필요한 효과적인 도구라고 믿지도 않았으며, 그 자신 또한 문화적 활동들을 하지 못할 만큼 책임 수행에 몹시 바쁜 사람이었다. 예술에 대한 그의 이러한 무관심은, 그가 예술에 아무런 가치도 부여하지 않았다는 것이 아니다. 그는, 시각 예술은 하나님의 선물이며 그러기에 순수하고 바르게 사용되어야 한다고 믿었다. 예술은 잘못 사용함으로써 왜곡되거나 인간 파괴에 사용되어서는 안된다.[370] 하나님의 은사로서의 예술은 기쁨과 즐거움을 가져다 준다. 칼빈은 사건들, 특히 역사적 중요성을 지니는 사건들을 나타내는 예술이 "교훈과 훈계"를 위해 어느 정도 유용성은 있으나, 그것이 의사소통과 교훈에 있어서 효과적인 매개체라는 확신을 갖고 있지는 않았다. 그는 말해지고 기록된 말씀을 선호했다. 교회 예배에 있어서는 성만찬에서의 떡과 포도주라는 상징과 세례에서의 물이라는 상징으로 충분했다. 그러나 이것은 의사소통에 관한 판단이었지 예술에 관한 판단은 아니었다. 예술의 내용은 너무 애매하고 또 너무 쉽사리 주관적인 해석에 빠지기 쉽다. 칼빈은 이것이 당시

---

369) Garside, *Zwingli and the Arts*, pp. 172-173. The Zwingli references are from Huldrych Zwingli's *Sämtliche Werke*(Berlin-Zurich : C. A. Schwetschke and Sohn 1905), Vol. 2. Page and line numbers are indicated. Cf. Second Helvetic Confession, Chapter 4.
370) *LCC*, **XX**: 112(Ⅰ, xi, 12).

의 신학적 무지 때문이라고 믿었다. 만약 중세교회가 보다 많이 말씀을 가르치고 선포하고 또 "돌로 된 성서"에 보다 적게 의존하였더라면 교회는 보다 나은 상태에 있었을 것이다. 최근에 바르트는 "기독교론의 관점에서 볼 때 그리스도의 그림을 교육의 매체로 사용하는 데는 의문의 여지가 있을 수 없다"고 주장하였다.[371]

칼빈은, 예술이 하나님의 은사라고 주장했을 뿐 아니라, 예술적 표현에 있어서의 성실성도 주장하였다. 예술로써 하나님을 표현한 것은 어느 것이나 그릇된 것이다. 왜냐하면 하나님은 그것을 금할 뿐 아니라 예술이 하나님의 영광을 훼손하지 않고는 하나님을 표현할 수 없기 때문이다. "오직 눈으로 보이는 것들만이 조각되거나 그려질 수 있다."[372] 예술의 소재는 인간의 감각이 접근할 수 있는 피조된 세상이다. 예술은 그것의 파악능력을 초월한 것을 표현하려고 노력해서는 안된다. 나아가, 예술은 현실적이어야 하는데, 그 말은 예술적 의미에서가 아니라 도덕적 의미에서 그러하다. 예술은 실재를 다루어야 하며 그것을 참되게 표현해야 한다. 예술의 성실성에 대한 칼빈의 주장은, 예술을 거짓 및 환상으로부터 실재를 구분짓는 인간의 행위로 매우 진지하게 생각했음을 의미한다.

칼빈이 현대의 추상 예술을 감상했으리라고 추정할 만한 것은 거의 없다. 그는 무제약적인 상상력의 비약에 대해서는 매우 신중했다. 그는 구체적인 것을 매우 강조했으며 의사소통의 애매한 형태를 크게 반대하였다. 그에게 있어서는 기록되거나 전해진 말이 의사소

---

371) *LCC*, XX: 105-107(Ⅰ, xi, 5-7); **Karl Barth**, *Church Dogmatics*, 4/2 p. 103.
372) *LCC*, XX: 112(Ⅰ, xi, 12).

통과 말씀 선포와 교육에 있어서 가장 명확하고 가장 효과적인 매개였다.

개혁주의 전통은 대체로 위대한 예술을 낳지 못했다. 이러한 예술적 생산성의 결핍은 예술에 대한 인식의 결핍보다는 우선순위 문제에 기인한다. 인간적 차원에서의 칼빈의 우선적 관심사는 윤리적이고 정치적인 것이었다. 그리스도의 사역은 창조의 완성이 아니라, 주로 죄인의 구원과 타락한 사회질서의 회복으로 인식되었다.[373] 개혁주의의 활력의 대부분은 윤리적, 사회적, 정치적 문제에 소모되었다. 그러나 개혁주의 공동체 내에도 주요한 예술적 업적들이 있었다.

1605년 6월 15일, 라이덴(Leiden)에서 태어난 렘브란트(Rembrant)는 다른 어떤 위대한 예술가보다도 개혁주의의 관점을 그의 예술에 잘 나타냈다. 그는 신학이 상당히 고무되고 있던 시기에 개혁주의 공동체 내에서 태어났다.[374] 그의 부모는 개혁주의 교회에서 결혼하였으며 그 역시 개혁주의 교회에서 자스키아(Saskia van Uylenburch)와 결혼식을 올렸다. 자스키아는 엄격한 개혁주의 가정에서 태어났으며, 일부 사람들에게 알려진 신학자 요하네스 마코비우스(Johannes Maccovius)가 그녀의 형부였다. 렘브란트와 자스키아의 자녀들은 개혁주의 교회에서 세례를 받았다. 렘브란트가 메노나이트 교도(mennonite)였다는 17세기의 기록 때문에 개혁주

---

373) *LCC*, XX: 464-503(Ⅱ, xii-xv).
374) W. A. Visser't Hooft, *Rembrandt and the Gospel*(London : SCM Press, 1957), pp. 60-70. Visser't Hooft는 Rembrandt와 개혁주의 공동체와 관계를 조심스럽게 윤곽으로 그려 나간다.

의 교회와의 이러한 연관성들은 주목되어야 한다. 그가 메노나이트 교도들과 가깝게 접촉하고 있었다는 것은 분명한 사실이다. 그는 메노나이트파 설교가인 코넬리우스 안슬로(Cornelius Claesz Anslo)의 그림을 그리고 드로잉했다. 그는 메노나이트 교도들의 단순성을 높이 평가했다. 그러나 여러 가지 면에서 훈련되지 않은 그의 생활방식은 고도로 훈련된 메노나이트 공동체에는 적합하지 않았다. 그의 그림에서 분명하게 나타나는 바와 같이 그는 유대인 공동체와도 긴밀한 관계를 맺고 있었다. 자스키아가 사망한 후에 렘브란트와 교회의 관계는 스토펠즈(Hendrickje Stoffels)와의 염문으로 인해 나빠지게 되었다. "1645년 하녀로서 그의 집에 들어온 스토펠즈는 그의 삶의 동반자가 되었다."[375] 렘브란트가 재혼할 경우 그녀의 재산을 자식들에게 상속한다는 자스키아의 유언 때문에 렘브란트는 스토펠즈와 결혼하지 못했다. 렘브란트는 딸 코넬리아(Cornelia)가 태어난 후에 교회회의에 소환되었으나 출두하지 않았다. 그러나 1669년 손녀의 세례식에 대부로 참석하였던 그는 1669년 10월 4일 눈을 감았다.

 렘브란트의 생애는 위대한 약속과 더불어 시작되었다. 그의 초기 예술(1631-1642)은 부와 명성과 각 분야에서의 성공을 누리고 있을 때의 그의 자신만만한 기백을 반영하고 있다. 렘브란트의 상황은 1640년대에 이르러 철저하게 바뀌었다. 그의 작품은 더 이상 대중에게 인기가 없었다. 왜냐하면 사람들이 원하는 것을 그리지 않고 자신이 보고 이해한 대로 그렸기 때문이다. 예술에 있어서의 그의

---

375) Jakob Rosenberg, *op. cit*, p. 28.

이러한 변화는 이미 가장 위대한 그림 중 하나인 〈야경꾼〉(1642)을 그릴 때부터 나타나기 시작했다. 그의 수입은 줄어들기 시작했다. 그의 어머니는 1640년에 사망했다. 자스키아는 겨우 30세의 나이로 1642년에 사망했다. 이때부터 렘브란트는 경제적으로 불안정해지기 시작해서 결국 1656년에는 파산선고를 받았다. 3년간의 개인적인 슬픔과 비극으로 인해 그의 그림은 깊이를 지니게 되었다.

렘브란트는 성서화가였다. 다른 어떤 위대한 화가도 성서에 관해서 그렇게 많이 예술로 나타내지는 못했다. "성서적 주제를 그린 작품으로 160여 점의 그림, 80여 점의 판화, 600여 점의 드로잉 등 이 분야에 있어서 모두 850여 점을 남겼다.[376] 후프트(W. A. Visser't Hooft)는 렘브란트가 하나님의 말씀의 종이 되었다고 기록하고 있다.

> 그는 프로테스탄트였다. 왜냐하면 그는 성서의 증거에 더욱 더 깊이 빠져들게 되었고 복음을 어떤 고전적 혹은 인문주의적 사상의 도움을 받지 않고 오직 바로 이 복음에 비추어서만 해석하고 십자가의 역설을 무리하게 인간의 차원으로 끌어내리려 시도하지 않았기 때문이다.[377]

렘브란트의 그림들은 칼빈이 주장했던 그 신학적 진정성과 성실성을 지니고 있다. 렘브란트의 예술을 감상하는 자는 기독교 신앙의 스캔들(고전 1:23)과 마주치게 된다. 그 소박성은 궁성이 아니라 마

---

376) *Ibid.*, p. 169.
377) Visser't Hooft, *op.cit*, p. 116.

굿간에서 나타난다.378) 십자가에 달린 사람은 잠자고 있는 그리스의 신이 아니라 숨을 거둔 남자이다. 십자가 밑에 엎드려 있는 마리아는 눈물을 머금고 있는 그리스의 여신이 아니라 사랑하는 자식을 잃은 어머니이다. 그뤼네발트의 위대한 작품 〈제단의 희생〉에서처럼 렘브란트의 예술은 '이 사람이 성육신한 하나님일 수 있을까?' 라는 신앙적 물음을 가진 작품 감상자와 직면한다. 엠마오에서의 그리스도에 관한 그림들, 특히 1648년과 1661년에 그린 작품들은 부활하신 그리스도 앞에서의 신앙과 불신의 드라마를 해명해 준다. 식탁에 앉은 한 친구는 부활하신 그리스도를 알아보았고 다른 친구는 어리둥절해하고 있다. 그리고 사환은 자기 앞에서 벌어지고 있는 신앙의 싸움에 관해서 무관심하거나 잊고 있다.379) 자기 어머니를 그린 렘브란트의 그림(1631, Rijksmuseum)은 만년에 그린 것으로, 돌아온 아들을 용서하고 반갑게 맞아들이는 아버지를 생생하게 묘사함으로써 하나님의 죄사함을 힘차게 나타내고 있다. 성숙한 단계의 모든 작품에서 그는 성서적 맥락 속에서 신앙에 관한 인간의 문제들을 파악하고 있다.

렘브란트의 초상화들 역시 개혁주의 전통과 밀접한 관계에 있는 신학적 관여를 반영하고 있다. 폴 틸리히(Paul Tillich)는 잔 식스

---

378) Rembrandt뿐 아니라, 화란의 미술가 Pieter Brueghel the Elder(1525-1569)와 Vermeer of Delft(1632-1675)도 보통 사람들의 모습과 보통 사물들을 그리기 좋아했다. 그 예로서는 Vermeer의 "요리사"(Rijks 미술관)를 보라. 보통 사람들을 감상하게 되는 이런 능력은 성서와 기독교 전통에 많은 은혜를 입었다. Erich Auerbach는, 그리스도의 이야기 속에는 "모든 일상적인 것과 최고 최상의 숭고한 비극이 심하게 얽혀져 있다"고 지적했다(p. 490). "그것은 (그리스도의 이야기) 완전히 보통 사람들 가운데 살고 있는 남자와 여자들에게 일어난다."

379) 이 신앙의 드라마는 Pennsylvania 대학교의 Roland Frye 교수에 의해 내가 처음으로 관심을 갖게 되었다.

(Jan Six)의 초상화 등에서 "그들 얼굴의 선 하나하나에 그들이 처한 독특한 역사의 특징들을 담아 인문주의적 프로테스탄트의 인간성의 이상들을 표현하고 있는" 강하고 외롭고 비극적이기는 하나 꺾이지 않는 사람들을 발견하고 있다.[380] 웬셀리우스(Wencelius)는 틸리히와 전적으로 다르지는 않지만, 식스의 초상화는 예정의 드라마를 매우 예리하게 나타내고 있다고 결론짓는다.[381] 식스의 얼굴에는 존재의 신비가 새겨져 있다. 그는 하나의, 목표, 임무 및 운명을 지닌 사람이다.

렘브란트는 자신의 작품에 개혁주의 신학을 나타내려고 하지는 않았다. 만약 그랬다면, 그의 그림, 판화 및 드로잉은 모두 선전물이 되었을 것이다. 그는 개혁주의 신학의 영향을 받은 문화 속에서 성서와 더불어 생활하였다. 그 자신의 생애는 많은 면에서 훈련되지 못했지만 배신감, 사별, 빈곤 등으로 얼룩져 있다. 그는 천재 예술가였다. 그 결과, 개혁주의 신학과 경건을 주제로 삼은 수많은 그림들, 드로잉 그리고 판화들이 나오게 되었다.

2. 문학

기독교 인문주의가 개혁주의 전통의 몇 가지 기원에 미친 영향에

---

[380] Paul Tillich, "The World Situation", in Henry P. van Dusen, ed., *The Christian Answer*(New York : Charles Scribner's Sons, 1945), p. 10.
[381] Léon Wencelius, *Calvin et Rembrandt*(Paris : Société d'Edition "Les Belles letters", n. d), pp. 85-86.

대해서는 이미 밝힌 바 있다.[382] 처음부터 개혁자들은 성서의 의미를 깊이 연구함에 있어서 동원가능한 모든 문학적 재능을 다 활용하였으며, 기독교 신앙을 표현하고 전달하는 데 있어서 언어의 능력을 높이 평가하고 장려했다. 칼빈은 신학을 불어로 저술함으로써 특히 학문에 대해 무지한 사람들이 읽을 수 있도록 논증적 논문들을 집필하는 데 불어를 사용함으로써 불어의 발전에 크게 기여하였다.[383]

개혁주의 공동체의 문학 활동은 처음에는 주로 신학 저작에 초점을 맞추었다. 모든 개혁자들은 논문과 편지를 많이 썼다. 칼빈 자신은 6편의 시편을 프랑스 시로 번역하였으며[384] 지금까지 남아 있는 것으로는 적어도 한 편의 시를 썼다.[385] 그는 자신이 시간도 없을 뿐 아니라 시적 재능도 없다는 것을 발견하고는 시편을 시로 번역하는 일을 마롯(Marot)과 베자(Beza)에게 넘겨주었다. 이외에는 그가 기독교인의 문학적인 상상력을 고무한 일이 거의 없다. 다른 업무가 주는 압박이 그 부분적 이유가 되었을 것이다. 칼빈은 인간의 죄악됨을 밝혀내고 읽는 사람이나 듣는 사람의 감정을 움직이는 시의 능력을 인정하였다.[386] 그러나 기독교적 상상력이 시와 드라마로 기독교 신앙을 전달하고 보다 깊은 의미를 밝혀내는 데 크게 기여할 수 있으리라는 큰 확신을 칼빈이 갖고 있었다는 증거는 분명하게 나타

---

382) Page 34.
383) Jacques Pannier, *Calvin Ecrivain, Sa place et son role dans l'Histoire de la Langue et de la Litterature Francaise*(**Paris : Librairie Fischbacher, 1930**).
384) **Doumergue**, *Jean Calvin*, Vol. Ⅱ : *Les premiers essais*, **p. 509.**
385) Paul Henry, *The Life and Times of John Calvin*, trans. Henry Stebbing. Vol. 1(New York : Robert Carter & Brothers, 1851), p. 241. *Opera Selecta*, 1:496-498.
386) Léon Wencelius, *Lésthetique de Calvin*(Paris : Société d'Edition "Les Belles Leture", n.d), p. 374.

나지 않는다.

개혁주의 맥락에서 만들어지고 그 고유의 가치와 신앙의 구체적 표현으로 인해 유명해지게 된, 기독교적 상상력이 만들어낸 두 가지 작품은 존 밀턴(John Milton)의「실낙원」(Paradise Lost)과 존 번연(John Bunyan)의「천로역정」(Pilgrim's Progress)이다.[387] 밀턴(1608-1674)은 비정통적인 칼빈주의자였다. 그는 칼빈주의에 얽매이지 않은 음유시인으로 불렸으나 하나님께서 인간을 다루시는 면을 바르게 밝힘에 있어서 그는 그 전통에 속한다.[388] 그는 이탈리아를 방문했으며 르네상스의 학문을 연구한 청교도였다. 그는 잉글랜드 청교도의 대표적 위치에서 생활하였다. 또한 그는 장로교와 결별하고 웨스트민스터 회의를 풍자하기도 했으나 잉글랜드 공화국 시절에는 청교도들의 대변인이 되었다. 만약 언론과 출판의 자유가 허용되기만 한다면 투쟁에서 승리할 수 있다는 진리의 능력에 대한 확신을 그는 수많은 청교도들과 더불어 공유하고 있었다. 그의 아레오파기티카(Areopagitica)는 사상, 언론 및 출판의 자유를 얻기 위한 투쟁에 있어서 위대한 기념비들 가운데 하나이다. 그는 자신의 생활 속에서 결혼의 파탄, 거룩한 공동체를 세우려던 청교도들의 노력의

---

387) On Milton see Roland Mushat Frye, *God, Man, and Satan : Patterns of Christian Life and Thought in "Paradise Lost", "Pilgrim's Progress", and the Great Theologians* (Princeton : Princeton University Press, 1960); Gordon Rupp, *Six Makers of English Religion 1500-1700* (London : Hodder and Stoughton, 1957); Roland H. Bainton. *The Traval of Religions Liberty: Nine Biographical Studies* (Philadelphia : Westminster Press, 1951). On Bunyan see Frye, *op.cit.*, Rupp. *op.cit.*, Roger Sharrock, *John Bunyan*(London : Hutchinson's University Library, 1954).

388) **Joseph Moody McDill**, *Milton and the Pattern of Calvinism*(**Folcroft, Pa : Folcroft Press, 1969**).

좌절과 실망 등의 비극을 체험하였다. 그는 폭군의 처형을 정당하다고 했기 때문에 왕정복고 시에는 거의 목숨을 잃을 뻔하였다. 청교도의 실패(역사적 재난)와 시력상실(육체적 재난)에 대하여 "성도"가 어떻게 의미를 찾을 수 있겠는가. 한때 밀턴은 아더 왕과 원탁에 관한 위대한 잉글랜드 서사시를 쓰려고 했었다. 그러나 이러한 재난 후에 그는 기독교적 서사시, 즉 창조와 타락과 구속의 드라마를 쓰기로 결심하였다. 적어도 그후 3세기 동안은 영국 문학에서 지울 수 없는 자국을 남길 만한 상상력으로 그는 이 일을 완성하였다. 오늘날에도 여전히 대중적인 기독교는 밀턴의 비유적 표현과 성서를 다소 혼동하고 있다. 조직신학을 저술하지는 않았지만, 그는 「실낙원」제9권에서 유혹, 악, 인간의 자만의 본성을 드러내듯이 어떤 조직신학도 해낼 수 없는 방법으로, 반성과 관찰이라는 비판적 능력을 상징과 비유의 힘에 결합시켰다.

번연(1628-1688)은 밀턴과는 달랐다. 그는 르네상스 학문의 전문가가 아니라, "전문적 설교자"였다. 그는 청교도 혁명 이후 잉글랜드 공화정이 실패하여 영국의 "푸르고 쾌적한 땅"에 거룩한 공동체를 세우려던 희망이 좌절된 시기에 살았다. 번연 자신은 그가 이해한 대로 복음을 전하기 위해 베드포드(Bedford) 감옥에서 나날을 보냈다. 기독교적 삶에 대한 그의 비전은 인간 역사의 위대한 드라마에의 참여라기보다는 눈물의 골짜기를 통해서 천국의 도성으로 나아가는 기독교인의 순례여행이었다.

그러나 번연은 베드포드 침례교회의 흔히 있는 직업 설교자는 아니었다. 천로역정은 천재의 작품이었다. 아무도 학교에서 그것을 쓰도록 가르쳐 주지 않았다. 그것은 한 기독교인의 놀라운 상상력과 기독교적 경험이 가르쳐준 지혜의 선물이다. 그 배경에는 하나님이 없는 삶의 두려움, 인간 존재가 하나님으로부터 왔다는 인간 존재에 대한 비전 그리고 하나님의 은혜로 인한 타락하고 무질서한 삶의 변화 등을 인식하고 있는 "상처입은 양심"이 놓여 있다. 「천로역정」은 비유신학이다.[389] 그것은 독자로 하여금 자신이 이미 알고 있는 경험으로부터 시작하여 그러한 경험들을 조명하고 변화시키는 하나님의 은혜로 나아가도록 해 주는 그러한 방식으로 일상적인 인간 경험에 관하여 말하고 있다. 「천로역정」을 만들어 내고 하나님 아래서의 인간 존재의 실체를 드러낸 기독교적 상상력은 비유형태의 신학을 낳았다. 칼빈과 바르트의 신학이 여러 면에서 참되고 유익한 것처럼 이 신학은 다른 면에서 또한 아주 참되고 유익하다. 기독교적 상상력의 소산으로서 「천로역정」보다 뛰어난 작품은 아직껏 나타나지 않고 있다.

3. 건축

프로테스탄트는 교회를 일차적으로 하나님의 백성으로 규정하지, 어떤 제도나 건물로 규정짓는 것은 분명히 아니다. 교회는 하나님의 말씀이 올바르게 선포되고 전해지며, 성례전이 정당하게 시행되

---

389) On Parabolic theology see Sallie TeSelle, *Speaking in Parables : A Study in Metaphor and Theology*(Philadelphia : Fortress Press, 1975).

고 받아들여지는 그곳에 존재한다. 거룩한 장소란 없으며 하나님의 임재는 어떤 유한하고 일정한 대상, 심지어는 성례전의 떡과 포도주 그리고 물과도 어떤 관련성을 가지지 않는다. 이런 신학적 확신들은, 개혁주의 공동체가 건축양식에 대해 가장 직접적으로 연관되어 있는 교회당 건물의 성격에 대한 이해를 결정짓도록 했다.

처음에 개혁주의 신자들은 과거부터 전해 내려오던 대성당과 교회당의 구조를 다시 만들어야만 했다. 때로는 성상과 색 유리창 등 중세예배에서 사용되던 자질구레한 것들이 그들의 지나친 열정 때문에 제거되거나 파괴되었다.[390] 보다 더 중요한 것은, 오래된 예배당들의 공간이 교회와 예배의 성격에 대한 새로운 이해에 맞게 다시 배치되었다는 것이다. 이것은, 성상을 모시는 자리가 폐쇄되고, 회중이 강단과 성만찬상 주위에 모일 수 있는 형태로 좌석이 배치되었다는 것을 의미한다. 그 배치는 예배자들로 하여금 공동체로 모이고, 선포된 하나님의 말씀을 듣고, 성례전 의식을 눈으로 보며, 교회의 예배에 참여하는 것을 돕기 위한 것이었음이 중요하다. 제네바에서는 강단과 성만찬상을 중심으로 서로 다른 각도로 회중이 자리잡았다.[391] 하나님의 백성으로서의 교회를 강조한 개혁주의 공동체에 있어서 교회당 건물들은 더욱 더 효율적인 것으로 바뀌었다. 교회당 건물들의 일차적인 기능은 예배의 신앙과 순종의 공동체인 회중의 필요에 이바지하는 것이었다. 더구나 개혁주의자들에게는 거룩한

---

390) Cf. Erwin Panofsky, "Comments on Art and Reformation."
391) 참고, 개혁주의 공동체에 있어서 상징의 중요성에 관한 언급으로는 Donald J. Bruggink and Carl Proppers, *Christ and Architecture : Building Presbyterian/Reformed Churches*(Grand Rapids : Eerdmans, 1965), p. 82를 보라.

장소나 거룩한 물건이 없으므로, 교회당 건물은 사용되는 경우 외에는 문을 닫을 수 있었다. 중세예배에서 사용되던 상징물들의 파괴나 제거는 개혁주의자들이 상징들을 경시했다는 것을 의미하지는 않는다. 그들은 상징들을 매우 중요시했으며, 그 때문에 그들은 예배의 상징들과 배열을 다른 것으로 바꾸었다. 그들은 예배 때의 회중들의 자리를 자신들의 신학에 적합하게 배치하고 강단과 성서와 성만찬상을 가운데 두어 주의가 산만해지지 않도록 하는 데 신경을 썼다.

칼빈 자신은 교회당 건물에 관해서 거의 말을 하지 않았다. 그가 항상 강조한 단순성, 진정성, 명료성 등은 모든 건축물, 특히 교회당 건물에 적용될 수 있다. 하나님께서 자신의 말씀을 통해 공동기도와 예배를 제정하셨으므로 공동예배를 편리하게 드릴 수 있는 교회당 건물들이 있어야 한다. 교회당 건물에 대한 잘못된 태도나 잘못된 사용은 없어져야 한다.

> 우리는…그것들을 -몇 세기 전 사람들이 생각했던 것같이- 하나님이 보다 가깝게 우리의 말에 귀를 기울일 수 있는 하나님 고유의 거처로 생각하거나, 그것들을 어떤 신비한 거룩함이나 보다 거룩한 기도를 드릴 수 있는 그 어떤 것으로 꾸미는 것을 경계해야 한다. 왜냐하면 우리 자신이 하나님의 참된 성전이기 때문이다. 만약 그의 거룩한 성전에서 하나님을 부르고 싶다면 우리는 우리 자신 속에서 기도해야 한다.[392]

성령의 참 성전이 인간의 마음과 하나님의 백성인 교회 속에 있음

---

[392] *LCC*, XXI: 893(Ⅲ, xx, 30).

에도 불구하고, (장소로서의) 성전들과 외부적 종교의식들을 강조하는 자들의 거짓된 확신을 칼빈은 거듭 정죄하였다. 교회당 건물은 기독교 공동체가 하나님의 백성으로서 하나님의 말씀을 듣고, 성례전을 시행하고, 신앙을 고백하며, 하나님의 성호를 찬양하기 위해 모이는 장소로서의 기능에 적합해야 한다.

  초기 개혁주의 공동체들이 처음으로 교회당을 짓게 되었을 때, 그들은 건축 자료들을 제한하였다. 이러한 역사적 사실은 개혁주의 교회의 건축양식을 결정하였으나, 개혁주의 공동체들은 자신의 신학적 신념에 따라 자신의 필요에 적합한 교회당을 건축할 수 있었을 것이다. 프랑스의 초기 개혁주의 교회당들은 정방형, 직사각형, 팔각형, 계란형 그리고 타원형 등으로 설계되었다. 이 모든 설계들은 "하나님의 말씀에 의해 부활의 기쁨 속에서 거룩한 테이블 주위로 공동체를 모을 수 있도록" 고안된 것이었다.[393] 앙드레 빌레(André Biéler)는 이렇게 기록하고 있다.

> 종교개혁과 더불어 그리스도의 신비는 그대로 유지되고 있었으나, 경건은 그 의미가 바뀌었다. 두려움은 사라지고 기쁨으로 대체되었다. 십자가와 회개가 강조되는 것이 아니라, 부활과 새로운 삶이 강조되었다.[394] 종교개혁 이전 시대의 대체적인 분위기였던 죽음과 고통의 자리를 부활하신 그리스도의 궁극적 승리와 죄 용서의 자유가 차지함으로써 사람들은 십자가를 기독교 특유의 상징으로 보는 것을 단념하게 되었다. 예를 들면, 교회의 뾰족 탑에 걸려 있던 십자가는 새 여명을 알리

---

393) Biéler, *op. cit.*, p. 62.
394) *Ibid.*

는 수탉으로 대체되었다.[395]

칼 바르트는 이러한 초기 설계의 의도를 다음과 같이 신학적으로 찬성하고 있다.

> 1. 내 생각에 "원형공간"(Zentralraumprinzip)의 원리는 옳은 것 같다. 왜냐하면 그 원리는, 교회당 건물은 하나님의 말씀을 선포하고, 소집된 공동체가 기도할 수 있도록 설계되어야 함을 보여 주기 때문이다. 나는 이런 정신이 계속 널리 보급되길 바란다.
> 2. 중심에는 무엇이 놓여져야 하는가? 내 생각에는, 약간 높긴 하나 "제단"과는 분명히 다른 소박한 목재의 "테이블"이 놓여져야 할 것 같다. 나는 이것이 이상적인 해결책이라 생각한다. 이 테이블은 설교단, 성만찬상, 세례반 등으로 사용하기에 적합해야 한다(설교단, 성만찬상 및 세례반을 분리시키는 것은 아무리 잘 배치할지라도 주위를 산만하게 만들고 혼란을 야기할 뿐이다. 그러한 분리는 신학적으로 정당화되지 못한다).[396]

바르트는 자신의 신념을 그 고유의 열정을 가지고 진술하였으며, 그의 예배 규정을 보면 그는 진정한 개혁주의자였다. 그러나 그가 계속 단언하듯이 하나의 표준적인 예배 배열이나 순서는 존재하지 않는다.

---

395) *Ibid*.
396) *Ibid*, p. 92. Cf. Leith, *Creeds of the Churches*, **Second Helvetic Confession, Chapters 22, 28, pp. 176-179**.

파리 근처의 샤렌톤(Charenton)에 있는 교회당은 개혁주의 건축양식의 모델이 되었다. 그 교회당은 1623년 브로세(Salomon de Brosse)가 5,000명을 수용할 수 있도록 설계한 것이었다.

> 샤렌톤 교회당은 단순한 직사각형의 모양에 4면에 2층 좌석이 있다. 이것은 로마 제국의 세속적인 바실리카풍을 본뜬 것으로서 … 기능상의 혼동은 없었다. 그 교회당은 설교 장소로서 소박한 위엄이 나타나도록 설계되었다. 회랑에는 도리아식의 기둥이 세워졌고 천정은 목재를 사용해 둥근 모양으로 하였다. 단 위에 있는 강단 앞에는 성례전과 임직식을 위한 난간있는 약간 높은 단이 놓여 있었다. 샤렌톤 교회당이 그 당시에 개혁주의 교회당 건물의 논리적 모델로서 칭찬을 받고 그것을 본따 국내외에서 교회당을 지은 것은 결코 놀라운 일이 아니다.[397]

샤렌톤 교회당은 "조명이 훌륭하고 장엄하며 단순한" 교회당으로 기술되고 있다.[398] 그곳에는 강단, 테이블 그리고 벽에 조각된 성서 본문들과 십계명 외에 다른 상징들은 없었다.[399]

뉴 잉글랜드의 집회소 또한 건축양식에 있어서 개혁주의 신학의 고전적인 표현으로 기록된다. 청교도의 교회당들은 기하학적인 면에서 합리적으로 설계되어 단순하게 건축되었다.[400] 그것들은 특히

---

[397] Andrew Landale Drummond, *The Church Architecture of Protestantism*(Ediburgh : T. & T. Clark, 1934), p. 33. Cf. André Biéler, *op.cit.*, p. 64.
[398] Biéler, *op.cit.*, p. 64.
[399] Drummond, *op.cit.*, p. 33.
[400] André Biéler의 시각에서 보고 원형 디자인과는 다르게 지은 이 교회들은 "강의실"처럼 되는 경향이 있었다.

하나님의 말씀을 선포하고 그것을 듣기에 적합하였다. 그 창들은 투명한 유리로 되어 있었는데, 틸리히는 그 유리를 통해 이성의 밝은 빛이 비춰진다고 말했다.

> 교회당에서의 조명은 매우 재미있게 발전했다. 색유리를 통해 들어오는 빛은 서서히 햇빛으로 피체되었다. 햇빛은 신적 광명의 발산이 아니라, 사람들이 그것에 비추어 읽을 수 있고 회중이 서로를 알아볼 수 있는 이성의 빛이었다.[401]

신학과 성직자의 차이는, 천정을 높이하고 예배와 경건을 위해 실내를 배치하여 신비를 간직한 고딕 양식의 대성당에 영향을 받은 건물들과는 다른 뉴 잉글랜드 교회의 건축양식을 낳았다. 건축양식은 역사의 우연적 사실들과 또한 신학에 의해 결정되었다. 뉴 잉글랜드의 교회가 건축에서 기독교적 상상력의 가능성을 유감없이 발휘한 것은 아니지만, 건축에 개혁주의 신앙을 구현한 고전적인 본보기라는 이름에 걸맞는 명료성을 가지고 개혁주의 신학의 특정한 측면들을 표현하고 있다.

---

401) "Theology and Architecture" in *Architectural Forum*(December 1955), p. 134. Cf. Patrils Reuterswärd, "What Color Is Divine Light" in *Light*, ed. by Thomas B. Hess and John Ashbery(New York : Collier, 1969), pp. 101-124.

4. 음악

쯔빙글리와 칼빈은 다같이 음악을 매우 신중하게 생각하였다. 그 결과, 쯔빙글리는 교회 예배에서 음악을 배제시켰으며, 칼빈은 예배에서 음악의 사용을 엄격히 제한하였다. 쯔빙글리는 음악에서 두각을 드러냈던, "국내의 음악발전에 있어서 가장 열정적인 대표자들 가운데 한 사람이었다."[402] 그러나 쯔빙글리는 음악가가 아닌 말씀의 종으로서 예배에서 음악을 배제했다. 그는 다음에 입각하여 움직였다.

> 예배에서 음악을 배제하는 것은 그에게 있어서 불가피한 것이었다. 즉 하나님은 음악을 사용한 예배를 명하지 않으셨으며, 예수는 예배의식으로부터의 자유의 원리를 선포했다. 음악, 즉 성가나 악기가 아무리 종교적으로 고무되고 예술적으로 아름답고 훌륭하게 연주될지라도, 성서는 음악의 존재를 불가능한 것으로 규정하고 있으므로 예배에서 반드시 금지되어야 한다.[403]

쯔빙글리와 같은 음악적 재능을 갖지는 못했으나 쯔빙글리와 마찬가지로 음악을 하나님의 은사로 인정하였던 칼빈은, 음악이 인간의 마음을 감동시키는 "신비하고 거의 믿을 수 없을 만한 능력"을 가지고 있음을 알았다. "나의 모든 말이 멜로디와 곁들여질 경우 마음 속에 훨씬 더 깊이 아로새겨진다."[404] 주지하다시피, 칼빈은 음악과

---

402) Garside, *Zwingli and the Arts*, p. 182.
403) *Ibid*. p. 47.
404) "Preface to the *Psalter*(1543)"; *Opera Selecta*, 2:17.

노랫말이 예배에 사용될 수는 있으나 음악이 말씀을 흐리게 해서는 안된다는 제약하에 음악을 옹호하였다. 그 결과, 칼빈은 시편을 시로 바꾸어 곡조를 붙인 찬송집의 출판을 후원하였다.

제네바 찬송집은 개혁주의 신학을 음악에서 구현한 뛰어난 본보기다. 그 찬송집은, 시편 찬송이 공기도(公祈禱)에서 신자들의 냉랭한 마음을 풀어줄 것이라는 바람을 표현하고 있는 1537년의 제네바 조항에 그 기원을 두고 있다. 제네바에서 스트라스부르그로 망명한 후 칼빈 탄생 400주년 기념식 때 에밀 두메르그는 1562년에 완성된 제네바 찬송집이 지니고 있는 위대한 유용성을 이렇게 묘사하였다.

> 1562년의 찬송집은 1539년의 찬송집에서 조금씩 자라난 것이다. 그것은 출판된 그 해에 25판이 나왔으며, 4년이 지났을 때에는 62판이 출판되었다. 전기 작가들은 400판이 나왔다고도 말하고 있으며, 판이 거듭됨에 따라 번역판도 증가하였다. 칼빈의 찬송집은 영어, 화란어, 덴마크어, 폴란드어, 보헤미아어, 이탈리아어, 스페인어, 포루투갈어, 말레이어, 타밀어, 라틴어, 히브리어, 슬라브어, 젠트어 등으로 번역되었다. 2세기가 지나가기도 전에 네덜란드 한 나라에서만 30판 이상이 출판되었으며, "칼빈주의 노래하는 요정"이라 불리기에 손색이 없는 훌륭한 성가의 나라인 독일도 네덜란드에 뒤지지 않았다.[405]

시편은 개혁주의 신앙을 매우 적절히 표현하고 있다. 시편들은 하나님께 대한 신자의 신뢰와 하나님의 섭리에 대한 확신을 심오하게

---

405) Doumergue, "Music in the Work of Calvin."

표현하고 있다. 개혁주의 공동체가 엄청나게 많은 정적들의 위협을 받아 운명의 신들과 역사적 필연성과 더불어 싸우고 있을 때, 시편 찬송은 살아계신 하나님이 세상을 다스리신다는 것을 강력하게 천명하였다.

칼빈이 예배에서 기악의 사용을 반대한 것은, 그가 가사에 대한 지식을 강조한 것과 16세기에 올갠이 예배의 목적과는 무관하게 사용되고 있었던 사실에 비추어 이해되어야 한다.[406] 칼빈은, 음악은 말씀과 예배에 적합해야 한다고 주장했다. 그러나 그가 4부합창 그 자체를 반대했다거나 예배에 그것을 사용하는 것을 반대했다는 주장은 두메르그에 의해 반박되었다.[407] 칼빈과 쯔빙글리는 모두 심리적·미적 고려사항을 지침으로 삼은 것이 아니라, 성서적·신학적 원리를 지침으로 삼고 있었다. 쯔빙글리와 마찬가지로 칼빈도 음악을 하나님의 은사로 인정하였다. 그러나 특히 칼빈은 너무 바빠서 교회에서의 음악 사용 외에는 음악에 많은 시간을 할애할 수 없었다. 그럼에도 불구하고, 칼빈과 그의 동료들은 찬송집을 출판하는 일에 많은 관심을 보였다. 찬송집이 완성되자, 그것은 놀라운 방법으로 개혁주의 신앙을 표현하고 고무시켰다. 그러므로 그 찬송집은 개혁주의 신학을 음악으로 구현한 훌륭한 사례이다.

---

[406] Percy A. Scholes, *The Puritans and Music in England and New England*(London : Oxford University Press, 1934), pp. 332-344.
[407] Doumergue, *Jean Calvin*, Vol. 2: *les premiers essais*, pp. 519-522.

5. 정치질서

칼빈주의 신학이 정치질서에 미친 영향은 정치학 역사에 잘 기록되어 있다. 어떤 판단에 의거할 것 같으면, "16세기 정치사상사에 이어서 칼빈보다 중요한 인물은 없다."[408] 칼빈의 절대적인 관심사는 국가가 아닌 교회 정치이기는 했으나, 그가 삶의 정치적 질서에 관심을 기울였다는 데에는 의심의 여지가 없다. 국가와 칼빈과의 관계는 우연적인 것이었다. 교회의 자유에 대한 관심 때문에, 그는 우호적이기는 하지만 자기들의 권위에 대해 자만한 제네바 시의회와 계속 깊이 관련을 맺었으며, 제네바 이외의 장소에서는 개혁주의 교회에 대하여 반대적인 통치자들을 다루어야 했다. 칼빈의 일차적 관심사는 교회이지 국가의 질서를 세우는 것이 아니었다. 그러나 그는, 국가는 신적 목적에 이바지하기 위해 신에 의해 제정되었다고 믿었다. 이러한 의미에 있어서 국가는 그의 주요 관심사 가운데 하나였다. 그럼에도 불구하고, 그가 정치이론에 미친 가장 중요한 영향은, 그의 신학과 그의 성직자 의식에서 유래된 것이지, 정치질서 자체가 지닌 문제점들을 해결하려는 노력에서 유래된 것이 아니다.

정치질서에 관한 칼빈의 사상은 다양하게 해석되어 왔다.[409] 그의 정치이론에 관한 논쟁은 다음 물음에 초점이 맞춰지고 있다. 칼빈주

---

408) J. W. Allen, *A History of Political Thought in the Sixteenth Century*, 2nd ed.(London : Methuen & Co., Ltd, 1941), p. 49.
409) Robert M. Kingdon and Robert K. Linder, eds. *Calvin and Calvinism, Sources of Democracy?*(Lexington : D. C. Heath & Co., 1970). An excellent anthology with competent introductions. Cf. George L. Hunt, ed., *Calvinism and the Political Order*(Philadelphia : Westminster Press, 1965).

의가 정치적 민주주의 발전에 이바지하였는가? 그 애매성은, 부분적으로는 "민주주의"란 용어 사용에 있어서의 의미론적 차이, 즉 그러한 물음을 제기하고 있는 오늘날의 상황과 16세기의 상황의 차이에 있고, 또 부분적으로는 칼빈의 저작들에서 특히 그에게는 별로 문제되지 않았던 이 물음에 관한 뚜렷한 초점이 결여되어 있다는 데 있다.

「기독교강요」의 유명한 구절에서 칼빈은 최선의 통치 형태에 관해서는 쉽게 답할 수 없다고 하나, 귀족형태에 의한 통치(즉, 칼빈이 아리스토텔레스적 의미로 "귀족정치"란 용어를 사용하고 있으므로 최고 적임자에 의한 통치[410]) 혹은 귀족정치와 민주주의의 조화에 의한 통치를 말하고 있다. 그는 전제정치나 자유방임에 대해서는 반대하고 자유와 질서가 균형잡히기를 원했다.

> 만일 우리 각자의 정치체제를 그 현실적 상황을 도외시하고 서로 비교한다면, 어느 체제가 그 효용에 있어서 보다 우수한가를 가려내는 것은 쉬운 일이 아니다. 그만큼 여러 체제들은 비슷한 조건에서 서로 겨루고 있는 것이다. 제왕정치에서 폭군정치로 탁락하기는 쉽다. 그러나 그에 못지않게 최고 적임자들에 의한 정치는 소수의 파당에 의한 통치로 타락하기 쉽다. 그러나 그 중에서도, 대중통치에서 선동정치로 타락하기란 가장 쉬운 것이다. 그러므로 철학자들이 논의한 세 가지 통치 형태를 그것 자체로서 고찰한다면, 나는 귀족정치나 혹은 귀족정치와 민주정치를 적당하게 조화시킨 것이 다른 모든 체제보다 훨씬 훌륭하다는 사

---

410) Kingdon and Linder, *op.cit.*, p. 25.

실을 결코 부정할 수 없다. 그러나 그 체제가 그 자체로서 훌륭하다는 것은 아니다. 이는 왕들 자신을 잘 제어하여 자신의 의지를 정의와 공정으로부터 결코 이탈하지 않도록 하며, 한편으로는 깊은 예지와 날카로운 통찰력을 지님으로써 어느 정도가 충분한지를 분별할 수 있는 사람이 대단히 드물기 때문이다. 그러므로 인간에게는 결점이나 부족함이 있기 때문에 서로 돕고 서로 가르치고 권고할 수 있도록 다수가 통치하는 것이 보다 안전하며 보다 참기 쉬운 것이다. 그러나 부당한 짓을 행하는 사람이 있으면, 그의 탐욕에 제약을 가할 수 있는 다수의 감시인을 둘 수 있다.[411]

정치적 사실들에 대한 칼빈의 사상을 해석하는 문제는, 칼빈의 저작에서 국가에 복종할 것을 강조하는 수많은 진술들과 저항권뿐 아니라 저항의 의무를 주장하는 진술들 사이의 관계를 설정하는 데 있어서의 어려움에서도 나타난다. "주권자에 대한 신민들의 첫 번째 의무는 주권자들의 직무를 매우 존귀한 것으로 여기는 것이다."[412] 하나님이 제정하신 기관으로서의 국가에 대한 긍정적인 태도는 기독교적 경건의 일부이며, 국가에 대한 복종은 기독교인의 의무이다. "주권자에게 대항하는 것은 또한 하나님께 대항하는 것이다."[413] 더구나, 불의한 통치자나 부당한 법에 대해서도 복종이 요구되었다. 칼빈은 대중혁명 혹은 오늘날 참여 민주주의라고 불리는 것의 옹호자는 아니었다.

---

411) *LCC*, XXI : 1493-94(Ⅵ, xx, 8).
412) *LCC*, XXI : 1509(Ⅵ, xx, 22).
413) *LCC*, XXI : 1511(Ⅵ, xx, 23).

그러나 통치자의 부패에 대한 관용에는 한계가 있다. 우선 통치자는 모든 인간과 모든 국가의 통치자인 하나님께 대하여 책임을 질 수 있어야 한다. "군주들은 듣고 두려워할지어다."[414] 그뿐 아니라, 칼빈은 하급 통치자를 통해 질서있게 통치자에게 이의를 제기하는 것을 허용했다. 하급 통치자들은 하나님이 백성들의 옹호자로 세웠기 때문에 통치자의 불의에 대한 저항에 앞장서야 한다. 이러한 하급 통치자들은 스파르타 왕정시대나 고대의 다른 사례들에 있어서의 감독관의 역할에 기초한 것으로, 칼빈의 추종자들이 통치자에 대한 저항을 주장할 때 널리 사용되었다.

칼빈은 통치자에게 복종하기 위하여 하나님께 불복종해서는 안된다는 점을 분명히 했다. 문제는 이러한 견해에 있어서, 칼빈은 하나님의 율법에 대한 자신의 해설에서 주장하는 것보다 더 좁은 범위의 행동으로 불순종을 제한하고 있다는 것이다. 하나님께 대한 순종이 위태롭게 될 경우 기독교인은 저항할 의무를 가진다는 것을 칼빈은 크게 강조하고 있다. 다니엘 6장에 관한 설교에서 그는 이렇게 말한다.

> 사도 바울의 말처럼, 우리에게 육체적 부담을 지우거나 폭정이나 잔인하게 지배하는 군주나 상급자들에게는 복종할 필요가 있을 것이다. 그러나 그들이 하나님께 대항하여 스스로를 높일 경우에는 그들을 쓸모없는 헌신짝같이 여기고 버릴 필요가 있다. 그 이유는 무엇인가? 오늘날과 같이 부패하게 된 토대가 바로 거기에 있기 때문이다. 세상을 통치하는 모습을 살펴 보면, 군주들 편의 지나친 부절제, 즉 그들은 자신의

---

414) *LCC*, XXI : 1518(Ⅵ, xx, 31)

신민들에게 부담을 주고 있으며, 또 이미 자기들이 누구인가를 망각할 정도로 야망과 탐욕에 눈이 멀어 있다. 다시 말해서, 세상이 마치 그만을 위해 창조되었다고 생각할 정도로 야망과 탐욕에 눈이 멀어 있으며, 일말의 자비심도 보이지 않고 인간을 능욕하고 있음을 알 수 있다. 그러나 이 모든 것에도 불구하고, 신민들은 겸손해야 할 필요가 있으며, 군주들이 그렇게 행하는 것은 그들의 죄 때문임을 알아야 하며, 그들에게 인내심을 주고 나아가 그들의 의무를 깨달을 수 있게 해 달라고 하나님께 기도해야 한다. 그러나 신민들이 하나님을 섬기고 영화롭게 하는 것을 금하고 우상숭배를 명하며 하나님 섬기는 것에 반대되는 가증한 것을 섬기도록 강요하고 스스로도 그러할 경우 그들은 군주라 불리거나 그 권위를 지닐 자격이 없다.[415]

다니엘 6:22에 관한 주석에서 칼빈은 이렇게 쓰고 있다.

왕들이 그들의 권위를 획득하려면, 먼저 하나님께 대한 경외심이 선행되어야 한다. 왜냐하면 어떤 사람이 하나님 경외하기를 거부하고 지상의 군주를 숭배하려 할 경우 그것은 완전히 자연의 질서를 뒤바꾸는 것이며 그도 그렇게 행하게 될 것이기 때문이다. 그러므로 먼저 하나님을 경외하라. 하나님이 홀로 영광을 받으실 경우에만 지상의 군주는 그들의 권위를 얻게 될 것이다 … 왜냐하면 지상의 군주들이 하나님께 대항하여 스스로를 높일 경우 그들의 모든 권세는 박탈당하고 인간이라 불리기에도 합당하지 않게 될 것이다. 그들이 매우 난폭하여 하나님으로

---
415) Semon on Daniel, *CR*. XLI:415-416.

부터 그 권세들을 빼앗으려 하고, 즉 하늘에 있는 보좌에서 하나님을 끌어내리려 할 때마다, 우리는 그들에게 복종하지 말고 철저히 저항해야 [conspuere in ipsorum capita, 문자적인 의미로는 그들의 머리에 침을 뱉어야] 한다.[416]

칼빈은 또한 교회가 자신의 일을 결정할 수 있는 교회의 자유를 주장했다. 제네바에서의 그의 사역의 대부분은 교회 자체의 예배와 치리, 특히 성만찬에 참여할 자격을 결정할 수 있는 교회의 자유를 획득하기 위한 투쟁에 집중되었다. 이 자유에의 투쟁으로 인해 그는 1538년 제네바로부터의 추방을 감내했으며, 또 1541년부터 1555년에 이르는 기간에는 자신의 명예와 생명을 내걸었다. 그러나 그는 Corpus Christianum(교회와 국가가 다같이 기독교적으로 헌신함으로써 일하는 기독교 사회)의 이상을 포기하지 않았으며, 교회의 치리와 안녕을 유지하기 위하여 그의 교리가 인정하는 것 이상의 힘을 통치자에게 허용하였다. 칼빈은 교회와 국가의 고유한 기능들에 관하여 아주 명료하게 구분하지는 못했으며, 권위에 대한 자부심을 가진 시행정부의 압력을 계속 받고 있었다. 그는 다원화된 세속사회에서의 자발적인 교회에 대해서는 상상도 할 수 없었을 것이며, 그와 다른 역사적 상황에 처해 있었던 그의 신학적 후계자들이 그것을 인정하는 것처럼 그것을 인정하지는 못했을 것이다. 그러나 아모스 7장에 대한 강좌에서, 그는 독일과 영국, 특히 헨리 8세 치하에서의

---

[416] John Calvin, *Commentaries on the Book of the Prophet Daniel*, ed., and trans. by Thomas Myers(Grand Rapids : Eerdmans, 1948), vol. 1; 6:22, pp. 378-382.

영국의 교회 국가체제는 통치자들에게 너무 많은 권력을 부여한다는 이유로 분명하게 부인하고 있다는 점을 유의하는 것이 중요하다. 주지하는 바와 같이, 교회의 업무에 있어서 그는 귀족정치와 민주정치가 결합된 통치를 주장하였다.[417]

칼빈이 정치 이론에 대해 가장 크게 공헌한 것은 구체적인 어떤 제안에서가 아니라 그의 신학에서 나타난다. 하나님 앞에서 모든 인간이 평등하다는 하나님의 주되심에 대한 주장과 모든 인간이 죄악되다는 주장이 정치적 행위로 옮겨질 경우에는 통제되고 균형잡힌 정치질서를 만드는 강한 동기가 되었다. 또한 인간존재의 유래를 하나님의 의지에 두며, 일반인들의 구체적이고 역사적인 삶을 신적 목적을 가진 것으로 여겨 위엄을 부여한 예정론과 창조론은 정치적 질서 형성에 기여하였다. 개혁주의 신학의 진정한 정치적 의의는 교회의 예배와 신앙적 헌신 속에서 발견되어야 한다.

칼빈의 정치이론은 포넷(Ponet), 존 낙스(John Knox), 부가난(Buchanan), 하트만(Hotman), 베자(Beza), 모르네이(Mornay), 알투시우스(Althusius) 등 그에게서 영향을 받은 다수의 저술가들에 의해 발전되었다.[418] 이들 중 대부분의 사람들은 그들의 통치자에게 반대적이었고, 저항에 관한 칼빈의 가르침을 발전시켰으며 그 중 일

---

[417] 칼빈이 제네바의 자유 교회와 싸운 내용에 대한 기록은 전기, 특히 오래되긴 했지만 뛰어난 작품인 Williston Walker의 *John Calvin; The Orgainiser of Reformed Protestantism 1509-1564*(New York : G. P. Putnams Sons, 1906)을 보라. 제네바에 정치질서의 모델을 정착시키고 버지니아의 민주주의 제도의 정착에 큰 영향을 끼친 Edwin Sandys(1561-1629)는 미국에 칼빈주의적 영향력을 행사한 좋은 실례이다.

[418] 뛰어난 개관서로는 "The Political Theories of Calvinists Before the Puritan Exodus to America", in Collected Paphers of Herbert D. Foster(Privately Printed, 1929), pp. 77-105를 보라.

부는 폭군을 살해하기까지 했다. 소수의 사람들은 칼빈의 보수적 복종의 원리보다는 급진적 저항의 원리의 발전에 더 기여하였다.

칼빈보다 격정적이었던 낙스는, 하나님께 대한 보다 고상한 충성이라는 이름으로 통치자들에게 저항적인 언사를 서슴지 않았다. 낙스 자신이 스코틀랜드 여왕 메리와의 면담을 기록하고 있는데 그의 답변이 실제의 말보다 더 대담하다 할지라도, 그것은 낙스가 기독교인과 정치질서에 관하여 어떤 생각을 갖고 있었는지를 보여 준다.

"그대가 나의 결혼에 무슨 참견을 하고 있는가? 다시 말해, 그대는 이 공화국에서 어떤 신분을 가지고 있는가?" 하고 그녀는 물었다.

"이 공화국에서 태어난 일개 신민입니다. 여왕 폐하, 저는 백작도, 영주도, 남작도 아닙니다만, (폐하의 눈에는 아무 보잘것없이 보일지라도)하나님께서는 이 공화국의 유익한 구성원으로 만들어 주셨습니다. 폐하, 귀족들과 마찬가지로, 제가 그러한 것들을 예견할 수 있다면 그대가가 아무리 클지라도 그에 대해 경고하는 것이 제 소임이라고 생각됩니다. 이는 제 소명과 양심이 제게 솔직해질 것을 명하고 있기 때문입니다. 제가 공공장소에서 말한 내용을 폐하께 말씀드리겠습니다. 이 나라의 귀족들이 폐하의 신앙없는 남편과의 결혼에 동의하는 그 행위는 마치 그리스도를 저버리고 그리스도의 진리를 망각하고 이 나라의 자유를 저버리는 것과 같은 일이며 결국에 가서는 폐하 자신에게도 위안을 주지 못하게 될 것입니다."라고 그는 말했다.[419]

---

419) *John Knox's History of the Reformation in Scotland*, ed., William Croft Dickinson, vol. 2(New York : Philosophical Library, 1950), p. 83. Hugh Watt, *John Knox in Controversy*(London : Thomas Nelson and Sons, Ltd., 1950), pp. 69-106. Cf. Duncan

16, 17세기의 개혁주의 공동체, 특히 칼빈주의에 속한 공동체는 민주적 사회나 종교적 관용을 실현하는 일에 착수하지 않았다. 그러나 개혁주의 공동체와 심지어는 칼빈주의까지도 잉글랜드의 청교도를 형성함으로써 진보적 정치 민주주의와 종교의 자유와 교회생활의 교파적 형태에 크게 기여했다고 주장할 수 있다. 이러한 공헌은 우선 그 신학에 근거하고 있다.

> 청교도 운동은 종교적 자유를 궁극적으로 발전시키는 데 크게 기여하였다. 생활에서 하나님의 직접적인 인도하심에 대해 깊은 확신을 지니고 종교적 압제에 대해 강하게 맞서 개인의 판단권을 확보하기 위해 굳세게 저항하고, 개인적 신앙과 예배에 대한 세속권력의 간섭을 배제하여 이 땅에 하나님의 나라를 건설하려는 목적을 가지고 있던 청교도는, 포괄적인 통일성을 추구하여 잉글랜드의 다른 종교적 영역에서는 크게 성공을 거두었던 정부의 정책에 영향을 받지 않은 채 남아 있게 되었다. 청교도는 자신의 독특성을 성공적으로 유지함으로써 결국에는 그 나라의 종교생활에서 자신의 입장을 권리로 확보할 수 있는 절충을 얻어낼 수 있었다.[420]

하나님의 주권, 최악의 행위에서와 마찬가지로 최선의 행위에 있어서도 모든 인간의 죄악됨, 그리고 믿음으로 말미암는 은혜에 의

Shaw, ed., *John Knox, A Quartercentenary Reappraisal*(Edinburgh : St. Andrew Press, 1975), p. 27.
420) W. K. Jordan, *The Development of Religious Toleration in England*(Cambridge : Harvard University Press, 1932-1940).

한 칭의의 필요성 등에 대한 칼빈주의자들의 강조는 민주적 생활양식을 지지하는 교리였다. 라인홀드 니버가 말하고 있듯이, "인간이 지닌 정의의 능력은 민주주의를 가능하게 한다. 그러나 인간이 지닌 불의에의 성향은 민주주의를 필요로 한다."[421]

기독교적 공동체에 있어서의 다양성과 17세기 잉글랜드에서의 다양한 공동체의 통합 실패라는 역사적 사실 때문에, 종교의 자유와 교회생활의 교파적 형태의 수용에 있어서 교리와 이론은 현실에 순응하지 않으면 안되었다. 더구나 개혁주의 교회들, 특히 회중교회뿐 아니라 장로교에서도 교인들은 교회 업무에 있어서 민주적 대의정치의 의미를 배우고 있었다. 교회에서의 민주적인 생활이 국가에서의 민주적인 생활보다 앞섰다.

칼빈은 자유롭고 다원화된 세속 사회에서의 자발적인 교회를 상상조차 하지 못했을 것이다. 그러므로 그것을 주장하지 못한 것은 말할 나위도 없다. 그러나 그의 신학에 있어서 기본적인 강조점들은, 그가 아무리 상상할 수 없었고 의도하지 않았다 할지라도 교회생활의 교파적 형태와 종교의 자유에 기여하였다.[422]

---

421) Reinhold Niebuhr, *The Children of Light and the Children of Darkness : A Vindication of Democracy and a Critique of Its Traditional Defence*(New York : Charles Scribner's Sons, 1944), p. xi.
422) 19세기의 신학과 정치의 상호작용에 관한 개관을 위해서는 James Hastings Nichols, *Democracy and the Churches*(Philadelphia : Westminster Press, 1951)을 보라.

6. 경제질서

칼 마르크스는 사람의 경제적 위치와 생계를 영위하는 방법이 그 사람의 종교적 신념을 결정한다고 주장했다. 마르크스와는 달리, 막스 베버(Max Weber, 1864-1920)는 종교가 경제생활을 형성하며, 특히 개혁주의 신학과 윤리는 북유럽과 미국의 자본주의 발전의 중요한 요소였다고 결론짓고 있다. 그의 유명한 저서 「프로테스탄트 윤리와 자본주의 정신」(*The Protestant Ethic and the Spirit of Capitalism*, 1904-1905)은 일반적인 사상과 학문적 논의에서 칼빈주의와 자본주의를 연결시킨다.[423] 베버는 한쪽으로만 치우친 유물론적 해석을 다른 한쪽으로 치우친 영적·원인론적 해석으로 대체시키려는 의도를 갖고 있지는 않았다. 그는 양쪽 모두로부터 영향을 받는다는 것을 알고 있었으나, 개혁주의 신학 및 윤리와 자본주의의 연관성이 역사적 우연성보다 더 큰 요인이라고 주장했다. 개혁주의 신학과 윤리가 자본주의적 사회발전에 있어서 하나의 요소이기는 하나 유일한 요소가 아닌 것은 분명하다.

베버의 논제는 폭넓게 논쟁이 되어 왔다.[424] 많은 사람들은 칼빈주의와 자본주의의 관련성에 대한 그의 이해뿐 아니라, 칼빈주의의 성격 그 자체에 대한 그의 이해에 대해서도 비판하였다. 베버가, 칼빈주의는 자본주의 발전에 있어서 유일한 요소이며 그 관계는 불가피

---

423) Max Weber, *The Protestant Ethic and the Spirit of Capitalism*, trans, Talcott parsons(New York : Charles Scribner's Sons, 1958).
424) 그 논쟁에 관한 좋은 개관으로는 *Protestantism and Capitalism : The Weber Thesis and Its Critics*, ed., Robert W. Green(Boston : D. G. Heath and Company, 1959)을 보라.

하거나 필연적인 것이라고 주장하지 않았다는 점에 유의해야 한다. 더구나, 개혁주의 신학에 대한 베버의 이해가 반드시 벤쟈민 프랭클린(Benjamin Franklin)과 리챠드 백스터(Richard Baxter)의 저서에서 인용한 것을 의존한 것만은 아니다. 베버의 주장은, 예정론이 삶에 활력을 불어넣었고 열정과 추진력을 더해 주었다는 것과 또한 수도원과 수도사를 연상시키는 개개인의 훈련된 삶을 사는 (세상 속에서의) 금욕주의라는 관점에서 칼빈이 기독교인의 삶을 이해했다는 그의 이해에 기초하고 있다. 칼빈은 또한 잘 균형잡힌 단순한 생활과 열심히 일하는 것을 크게 강조하였다.[425] 그의 모든 신학은, 삶은 하나님의 영광을 위해 영위되어야 하며 또 삶은 육체적 필요의 충족에 의해 충족되는 것이 아님을 주장했다. 그뿐 아니라, 칼빈은 세상에 대해서 긍정적인 태도, 즉 역사 발전에 대해 긍정적인 태도를 지니고 있었으며 생활에 질서를 부여하기 위해서 이성을 사용하려 하였다. 개혁주의 신학과 윤리의 이 모든 추진력들은 당연히 경제질서에 영향을 미치고 또 그것을 형성하게 하였다. 그것들은 자본주의 사회의 발전에 있어서 중요한 요소들인 사회의 "합리화", "관료화" 및 "평민화"를 뒷받침해 주었다. 그것들이 반드시 잘 발전된 자본주의를 만들어 낸 것은 아니다. 그러나 개혁주의 신학과 윤리는, 자본주의의 발전과 동일시되어 온 개인과 공동체의 생활 형성에 있어서 중요한 요소였다는 것을 보여 주는 증거가 상당히 많다.

  개혁주의 신학과 자본주의의 관계 문제는, 자본주의가 가져다 주

---

425) 노동에 대한 칼빈의 강조를 알기 위해서는 CR 23:72; 28:189, 379, 380; 52:163을 보라.

는 정서와 그 체계와 부절제로 인하여 혼란을 겪고 있다. 개혁주의 신학과 윤리의 영향은 미국 남부의 산록지대에 살고 있는 장로교인들의(Scotch-Irish) 문화의 비교적 단순한 발전에서도 볼 수 있다. 남캐롤라이나의 산록지방에 정착한 스코틀랜드 출신의 아일랜드인들은 몹시 가난했다. 다시 말해서, 미국 서남부 지방(Deep South)에서 파송된 회중교회 성직자들이 가난 때문에 생겨난 그들의 생활 모습을 무지나 부도덕성 때문으로 오해할 만큼 가난했다.[426] 그들은 단칸방 오두막의 흙바닥에서 잠을 잤으나 스스로의 힘으로 교회당과 학교를 세우기 시작했다. 그들은 자신과 자기 가족을 책임진다는 고도의 책임감과 정직으로 문화를 발전시켰다. 그들은 자기 이웃을 돕기는 하였으나 사랑을 요청하지는 않았다. 그 문화가 발전하게 되자, 내노라 하는 사람들마저도 단순성을 소중히 여겼으며, 현란한 것과 눈에 띄는 것과 인간이 고안해 낸 것들을 배척하였다. 본래부터 빈곤한 데다가 남북전쟁이 참화를 몰고 왔음에도 불구하고 이런 단순하지만 놀라운 문화적 업적이 이뤄졌다. 이러한 업적들을 이룩해 내는 데 있어서 필수적인 요소는 종교개혁과 청교도 운동의 유산이었다.

스코틀랜드계 아일랜드 출신의 장로교인들의 업적은 노예제도와 인종차별 등의 악습을 맹목적으로 받아들임으로써 손상을 입었다. 그러나 이러한 맹목성 때문에 그들의 실제적인 업적이 가려져서

---

426) Richard J. Hooker, ed., *The Carolina Backcountry on the Eve of the Revolution : The Journal and Other Writings of Charles Woodmason, Anglican Itinerant*(Chapel Hill : Published for Institute of Early American History and Culture at Williamsburg, Va. by University of North, Carolina Press, 1953).

는 안된다. 캐롤라이나 산록지대의 스코틀랜드계 아일랜드인 장로교인들은 극소수의 노예를 소유하고 있었으나 노예제도를 반대했는데, 특히 1830년 이후에 그러했다. 노예제도에 반대하여 중서부지방으로 이주한 남부 캐롤라이나의 장로교 언약론자들(Presbyterian Covenanters)의 용기있는 행위는 종교적인 차원에서 시대의 압력에 저항한 사람들의 좋은 본보기가 될 만하다. 개혁주의 신학과 남부 여러 주에서 시행되고 있던 노예제도 그리고 남아프리카 공화국의 인종차별 정책과의 관계는 해결하기 어려운 많은 문제들을 안고 있다.[427] 이 두 경우에 내포되어 있는 문제들은 외적인 비판으로 쉽사리 해결될 수 있는 단순한 것이 아니다. 그러나 각각의 사례는 경제적 이해관계가 신학을 부패시키고 신앙이 이데올로기로 변질되기가 얼마나 쉬운가를 잘 말해 주고 있다.

7. 학문

저명한 루터교 신학자인 칼 홀(Karl Holl)은, 프로테스탄트는 종교의 그 기원 때문에 불가피하게 문화에 관심을 가질 수밖에 없다고 기록하였다.

> 왜냐하면 그것은 직접 성령을 받음으로써 하나님께 대한 확신을 바라

---

[427] 노예제도에 대한 장로교의 자세를 알기 위해서는 *The Collected Writings of James Henley Thornwell*, ed., John B. Adger and John L. Girardeau, Vol. Ⅳ(Richmond, Va : Presbyterian Committee of Publications, 1873), pp. 379-436을 보라.

는 그런 감정적 차원의 운동이 아니었기 때문이다. 오히려 종교적 경험 그 자체에는 개인에게 성서를 가르쳐 줌으로써 역사적으로 주어진 어떤 것을 검토하는, 논리적인 지식이 포함되어 있었다. 그뿐 아니라, 만인제사장의 권리들을 행사하는, 즉 최고의 윤리적·종교적 문제들에 대한 독립적인 판단을 유지할 수 있는 위치에 우리가 어떻게 설 수 있겠는가? 이러한 목적을 위해 우리가 교육을 받지 않는다면? 이러한 목적들을 위해서는 원하는 사람들의 교육뿐 아니라, 지식인들에 대한 보편적 교육도 필요했다.[428]

그래서 1523년부터 루터는 신학 교육을 강화시켰다. 일부 경건한 사람들에게는 읽고 쓰는 능력이 선택적인 문제였으나 프로테스탄트에게는 필수적으로 중요한 것이었다.

칼빈은 성서를 연구하기 위해서뿐 아니라, 하나님의 창조질서를 연구하기 위해서도 교육의 중요성을 강조했다. 그에게 있어서, 인문과학 연구는 기독교인의 순종의 행위였다. 칼빈이 제네바에서 이룩한 가장 의의있는 업적 가운데 하나는 1559년에 학교(Academy)를 설립한 것이다. 이 학교의 설립으로 인해 전 유럽의 학생들이 제네바로 모여들었다. 학교의 활동은 기독교적 관심사라고 그 성격을 밝히고 있다.

개혁주의 공동체가 있는 곳에는 교회들에 의해 학교들이 견고히 세워졌다. 뉴 잉글랜드 청교도들이 하버드 대학을 설립하면서 천명

---

[428] Karl Holl, *The Cultural Significance of the Reformation*, pp. 109-110. Used by permission of The New American Library, Inc.

한 유명한 선언은 개혁주의 전통의 기념비라 할 수 있다.

> 하나님이 우리를 뉴 잉글랜드까지 무사히 인도하셔서 우리가 우리의 집을 세우고, 일용품을 얻게 되고, 하나님을 예배하기 위한 좋은 장소에 교회당을 세우고 시의회를 구성하고 난 후에 우리가 갈망하고 또 보살펴야 할 그 다음 일들 가운데 하나가 학문을 증진시키고 또 그것을 널리 보급하는 일이었다. 왜냐하면 현재 활동하고 있는 목사들이 눈을 감고 난 후에 무식한 목사가 교회를 책임질 것을 염려하기 때문이다. 우리가 이 위대한 사업에 대해 생각하고 상의하고 있을 때, 하나님은 한 사람의 인물 하바드씨(그곳에서 우리들과 함께 지내던, 경건한 신사이며 학문을 사랑하는)의 마음을 감동시키셨다.…[429]

남북전쟁 이전에 장로교에서는 49개, 회중교회에서는 21개, 독일 개혁주의에서는 4개, 화란 개혁주의에서는 1개의 대학을 세웠다.[430] 이러한 기록들은 당시의 부족한 자금 사정을 비춰 볼 때 더욱 주목할 만한 것이다. 교인들과 시민들을 교육시키기 위한 인문대학은 개혁주의 전통의 고귀하고 주목할 만한 구체적 표현이었다.

최근의 연구들은 현대 과학의 발전에 대해 기독교 신앙, 특히 신론과 창조론이 지니는 의의를 밝혀주고 있다.[431] 또한 개혁주의 전

---

[429] Robert Mather, "New England's First Fruits" in *The American Puritans : Their Prose and Poetry*. ed., Perry Miller(Garden City : Doubbleday & Co., Inc., 1956), p. 323.

[430] Donald G. Tewksbury, *The Founding of American Colleges and Universities Before the Civil War*(New York : Bureau of Publications, Columbia University, 1932), p. 90.

[431] Alfied North Whitehead, *Science and the Modern World*(New York : Mentor Books, 1953), p. 13. R. Hooykass, *Religion and the Rise of Modern Science*(Edinburgh : Scottish Academic Press, 1972), pp. 9-26.

통이 과학의 발전에 대해 개방적이고 또 그것을 후원하였다는 것도 주목할 만하다. 칼빈은 이 땅의 일에 몰두하다가 하나님 나라에서 떨어질까 염려하였으나, 천문학자들이나 자연의 질서를 연구하는 사람들의 활동은 높이 평가하였다.[432] 17세기 런던에 왕실학술원(Royal Society)을 설립한 사람들 가운데는 청교도들이 눈에 띄게 많았다.[433] 주로 기독교 전통과 고전 사상의 유산에 의해 형성된 서구문화에서 과학혁명이 일어났다는 것은 역사적 사실이다. 개혁주의 전통의 매우 헌신적인 구성원들, 칼빈주의자들 그리고 청교도들 모두가 이 17, 18세기의 과학적 업적에 참여하였는데, 그들은 모두 기독교인으로서의 자신의 소명을 이행함으로써 그러한 결과를 낳았다. 개혁주의 신학은 지나친 호기심이나 사변은 배척하지만 실용적 차원에서는 학문을 후원하고 육성한다.

---

432) John Calvin, *Commentaries on The First Book of Moses Called Genesis*, John King, trans. and ed.,(Grand Rapids : Eerdmans, 1948), vol. 1, 1:16, pp. 86-87. Cf. A. Leccrf, "De l'impulsion donnée par le Calvinisme da l'étude des sciences physiques et naturelles", *Bulletin de la Societé de l'Histore du Protestanitisme Francais*, LXXIV(1953):192-201.
Hooykass, pp. 105 ff. Edward Rosen, "Calvin's Attitude toward Copernicus", *Journal of the History of Ideas 21*(July-Sept, 1960), 431-41. Edward Rosen, "A Reply to Dr. Ratner : Calvin's Attitude toward Copericus", *Journal of the History of Ideas 22*(July-Sept, 1961) : 368-88. John Dillenberger, *Protestant Thought and Natural Science*(Garden City : Doubleday & Co., Inc., 1960). pp. 28 ff.
433) Alfred Rupert Hall, *The Scientific Revolution 1500-1800*(Boston : The Beacon Press, 1956), pp. 192-193. Dillenberger, *op.cit*, pp. 140 ff. Hooykass, *op.cit*, pp. 135 ff.
For a more modest estimate of the Puritan contribution to science, see Richard L. Greaves, "Puritanism and Science : The Anatomy of a Controversy", *Journal of the History of Ideas*, vol. 30. no. 3(July-Sept. 1969), pp. 345-368.

위대한 개혁주의 신학자들과 성직자들은 본래 문화를 풍요하게 하려는 의도로 시작하지는 않았다. 그들의 활동은 하나님의 말씀을 해석하고 적용하는 것이었으며 교회생활을 지도하는 것이었다. 그러나 이러한 기능을 성실하고 유능하게 이행하는 가운데 그들은 문화형성에 크게 이바지하였다. 이 장에 열거된 개혁주의 신앙과 실천의 특정한 문화적 표현들은 또한 가정, 가족생활, 공동체 생활 그리고 개인적 경건의 여러 형태에도 포함되어 있는 널리 느낄 수 있는 영향력의 사례들이다. 칼 마르크스는 신학뿐 아니라 문화형성에 있어서의 "이해관계" 특히 경제적 이해관계의 역할을 올바로 강조했다. 그러나 금세기 초에 막스 베버, 에른스트 트뢸취, 칼 홀 등이 주장했듯이 종교 특히 프로테스탄트도 역시 문화를 형성하였다. 실제로, 미국의 사회적, 정치적, 문화적 생활의 매우 중요한 속성들 가운데 많은 것들은 프로테스탄트 종교개혁, 특히 잉글랜드의 청교도 운동을 포함한 개혁주의 전통을 제외하고는 생각할 수 없다.

INTRODUCTION TO THE REFORMED TRADITION

8 전망

8
전망

    1933년 알프레드 노스 화이트헤드(Alfred North Whitehead)는, 그 때까지는 "모든 세대가 실제로 그 앞 세대의 생활을 지배해 온 제반 여건 속에서 생활할 것"이라고 생각해 왔으나, 그 이전 세대의 전통들은 이미 사라져 버렸다고 했다. "우리는 이런 생각이 잘못된 것으로 판단되는 인류역사상 최초의 시대에 살고 있다."고 그는 결론을 내렸다.[434] 이러한 판단은 이미 입증되었으며, 처음 기록될 때보다 그것은 오늘날의 상황을 훨씬 더 잘 묘사하고 있다. 각 개인과 사회가 방향감각 상실로 어리둥절할 만큼 변화는 크게 가속화되었다.[435] 뿐만 아니라, 그 변화의 성격은 기독교 공동체에 또 다른 문제들을 제기하고 있다. 사회는 점점 세속화되어 가고 있으며, 세속 사회 속에서 기독교적인 경험과 인간적 경험 사이의 간격이 점점 커져가고 있다.[436] 그러므로 역사에 관한 연구는 미래에 관한 물음으로써 끝맺음해야 할 것이다.

---

434) Alfred North Whitehead, *Adventures of Ideas*(New York : New American Library, 1955), p. 99.
435) Alvin Toffler, *Future Shock*(New York : Bantam Books, 1971), pp. 19 ff.
436) Leslie Dewart, *The Future of Belief : Theism in a World Come of Age*(New York : Herder & Herder, 1966), pp. 7 ff.

모든 세대는 그 세대의 독특성을 과장하고 싶어한다. 현 세대도 물론 그러하다. 교회는 문화의 탄생과 쇠퇴를 겪으며 존재해 왔다. 바르트는, 교회가 안고 있는 큰 문제점은 이단과 메시지의 타락이지, 이교나 불신이 아니라고 경고하였다.[437] 실제로 바르트는 기독교 신앙이 현대인보다는 계몽주의 시대의 사람들에게 더 어려운 것이었을지도 모른다고 주장하였다.[438] 여하튼 종교가 존속하고 있고 신흥종교가 생겨나며 특히 문화에 대한 거부적 현상은, 현대인들이 1950년대와 1960년대의 선언들이 주장하는 것만큼 현대적이거나 세속적이지는 않다는 것을 보여 주는 증거이다.[439] 더구나 사회학자들은, 세속주의가 뒤집힐 수 있다는 증거를 발견하였다.[440] 그럼에도 불구하고, 과장된 현대의 개념이 줄어든다 해도, 여러 가지 변화들은 어떠한 전통에라도 충분히 도전할 수 있게 되었고 특정한 문제들을 충분히 살펴 볼 만큼 현명하게 되었다는 것이 분명하다.

1. 하나님의 자유

개혁주의 전통의 미래에 관한 연구라면, 제일 먼저 하나님의 자유

---

437) Barth, *Church Dogmatics*, 1, 1, 36.
438) *Ibid*, 1, 1, 29.
439) Theodore Roszak, *The Marking of a Counter Culture*(Garden City : Doubleday & Co., 1969), pp. 205 ff.
440) Peter Berger, *Pyramids of Sacrifice* (New York : Basic Books, Inc., 1974), 22-23.
　　Peter Berger et al. *The Homeless Mind ; Modernization and Consciousness*(New York : Random House, 1973), pp. 201 ff. Jacques Ellul, *The New Demons* (New York : Seabury, 1975), p. 219.

를 다루어야 한다. 왜냐하면 개혁주의 전통 그 자체가 이 교리를 신앙의 핵심으로 만들었기 때문이다. 하나님은 어떠한 전통에도 매여 있지 않으며, 자기의 유산에 호소함으로써 스스로를 정당화하는 어떤 전통의 미래도 보장하지 않는다. 일찍이 세례 요한은 위대한 전통을 소유하고 있는 사람들에게 이 진리를 매우 분명하게 표현하였다. "속으로 아브라함이 우리 조상이라고 생각하지 말라. 내가 너희에게 이르노니 하나님이 능히 이 돌들로도 아브라함의 자손이 되게 하시리라"(마 3:9). 개혁주의 전통의 관점에서 보는 미래에 대한 바른 태도는 미래를 보장하려는 프로메테우스적인 노력이 아니라, 하나님께 대한 신뢰와 이 세상 모든 사건 속에서 그의 뜻에 충성하는 것이다. 미래는 하나님께 달려 있는 것이지 인간의 수중에 있는 것이 아니다.

역사적으로 볼 때, 미래, 적어도 장기적인 미래를 보장할 수 있는 사람은 없다. 미래를 만들어 나가는 데에는 너무나 많은 요소들이 투입되므로 인간의 노력으로는 그것을 제어할 수 없다. 인간과 인간의 조직이 세우는 최선의 계획이 있다 할지라도, 그것을 방해하는 물리적·역사적 제반 환경이 주어져 있다. 또한 인간에게는 인간의 자유가 지닌 신비와 아울러 생화학적, 유전적 성질을 지닌 몸도 있다. 미래를 제어하기가 어려운 것은, 부분적으로는 정복당하기를 거부하는 인간이 처한 상황의 복잡성 때문에, 또 부분적으로는 자연의 예측불허적인 요소와 인간이 지닌 자유의 신비 때문이다.

언젠가 한 교회사가는 강력한 이단을 소멸시키기에 성공한 종교회의의 칙령이 하나도 없었다고 갈파하였는데,[441] 이것은 또한 참된 교리는 종교회의에서 확립될 수 없다는 것으로 주장될 수도 있다. 한 전통의 미래 역시 인간의 지혜나 활동으로 계획되거나 보장되거나 만들어질 수는 없다. 미래에 대한 최선의 계획은 인간의 죄와 무지로 말미암아 무너지고 말았다. 생물학적 생명만을 유지하는 인공호흡기처럼, 심리학과 집단역학(group dynamics) 등의 기술과 방법은 단지 잠시 동안만 영적 생명의 겉모습을 유지시킬 수 있을 뿐이다. 살아있는 전통은 기독교 공동체 안에서 성령과 인간의 영이 상호작용할 때만 자라나게 된다. 미래는 무엇보다도 하나님의 은사이며 기도와 희망의 대상이다. 하나님의 자유는 보수와 진보 모두의 교만, 실제로는 모든 인간의 교만에 대한 경고이다.

하나님의 자유는 인간이 나태해지는 구실이 될 수 없다. 모든 종교적 헌신과 책임있는 위탁의 행위는 역사진행에서 중요하다. 그러나 하나님의 자유는 미래에 대해 지나치게 높은 계획이나 의도를 인간이 갖는 것에 대해 경고한다. 하나님의 약속에 대해 권리를 요구할 수도, 기도할 수도 그리고 순종할 수도 없는 처지에 그의 백성을 세워 놓을 만한 자유가 하나님께는 있을지도 모른다. 영문 밖에 있는 사람들이(히 13:12-13) 위대한 전통에 충실하지 못한 사람들보다 더 잘될지도 모른다. 하나님의 선택을 단정할 만한 사람은 아무도 없다. 미래에 대한 인간의 희망과 계획은 겸손하게 기도로써 하나님께 바쳐져야 한다. 그런데 지금까지 주님께서 그의 백성을 도왔

---

[441] 공동체와 교리의 상호작용에 대한 뛰어난 논의로는 Albert C. Outler, *The Christian Tradition and the Unity We Seck*, 특히 3장을 보라.

다는 것은 개혁주의 공동체의 경험으로 확증된 신앙이다. 여기에 그들은 자신의 에벤에셀(삼상 7:12)을 세운다. 불확실한 미래에 직면한 그들의 희망은 아브라함과 이삭과 야곱의 하나님, 베드로와 요한과 바울의 하나님, 어거스틴과 칼빈과 쟌 달브레와 위더스푼의 하나님, 다시 말해서 예부터 전해 내려온 전통의 하나님 안에 있다. "다음에는 명성높은 사람들과 우리의 역대 선조들을 칭송하자"(집회서 44:1). 이 옛 사람의 지혜는 개혁주의 관행에 적합하기는 하나 정경은 아니다. 그것은 성경에서 입증되고 있으며 또한 "이 돌들로도 아브라함의 자손이 되게"(마 3:9) 할 수 있는 하나님의 자유에 의해 균형잡혀야 한다.

2. 하나님의 임재와 능력의 실재성

개혁주의 전통의 활력과 추진력은 하나님의 임재를 능력, 에너지 및 의도성 등으로 생생하게 인식하는 것에 그 뿌리를 두어 왔다. 현대 생활의 특징들 가운데 하나는 하나님의 임재를 상실한 것이다. 문화와 교회에 나타난 급진적인 변화는, 웨스트민스터 회의의 (1643-1647) 회원들이 의회에서 행한 설교들과 베트남 전쟁기간 중 미국교회에서 행해진 설교들을 비교해 보면 알 수 있다. 청교도들은 남북전쟁의 경과, 특히 군사적 승리나 패배를 인간 역사 속에서 하나님이 목적을 가지고 행한 행위와 연관시켰다. 미국의 많은 설교가 베트남 전쟁의 과정을 하나님의 목적적인 행위와 직접 연관시키지는 않을 것이다. 현대인들은 자연에서 하나님의 의도적 행위를 밝혀내는 일에는 훨씬 더 주저한다. 많은 사람들은 하나님을 의식적으로 언급하지 않으며 살아 나간다. 그 결과로 나타난 것이 신적 임재가 불투명해진 문화이다.

종교성 없는 기독교를 주장하거나, 신의 필요성을 못 느끼며 인간의 성숙함을 주장하는 사람들이 현대인의 세속성에 대해 과신하고 있었다는 사실은, 생소한 형태의 종교가 부흥하고 있다는 점에서도 충분히 시사되고 있다. 사신신학(死神神學)을 주장하는 사람들 역시 인간 존재를 둘러싸고 있는 신비, 심지어는 대부분의 현대인들이 대학 캠퍼스에서까지 다양하게 인식하고 있는 신비를 인식하지 못했다.[442] 그러나 현대인이 자연과 역사에서 하나님의 목적 행위를 경험하거나 그 행위가 무엇을 의미하는지를 분명하게 개념화하는 일은 쉬운 것이 아니다. 그러므로 일부 불경한 신학자들에게 있어서 종교는 자연과 역사를 제대로 알지 못하는 인간과 하나님의 대화가 되고 말았다. 개혁주의 전통이 기독교 신앙을 이런 식으로 해석하는 것에 만족한다면, 그것은 그 특성을 상실하게 되는 위기이다. 실제로 개혁주의 전통은 하나님에 대한 생생한 인식과 자연과 역사에서의 신적 목적 행위에 대한 생생한 인식을 분리하지 못한다.

오늘날 전체 기독교 공동체와 특히 개혁주의 공동체가 해야 할 가장 주요한 신학적 과제 가운데 하나는, 그 전통과 현대의 경험적 사실들을 올바로 평가하는 방식으로 "하나님의 행위"를 명료하게 개

---

442) Reinhold Niebuhr, "Faith as the Sense of Meaning in Human Existence", *Faith and Politics*, ed, Ronald H. Stone(New York : George Braziller, 1968), pp. 3 ff.

념화하는 것이다. 16세기의 칼빈에게 적합했던 개념적 도구들은, 지난 4세기 동안에 이루어진 과학혁명과 그 업적들에 의해 형성된 문화를 소유한 사람들에게는 적합하지 않다. 신학활동은 신앙을 명료하게 하고 신앙을 강화시키는 데 기여할 수 있다. 이러한 신학활동을 떠나서는 어떠한 신앙부흥도 유지될 수 없을 것이다.

그러나 하나님의 임재는 인간의 업적이 아니다. 그것은 항상 하나님의 은사이다. 인간적 차원에서 보더라도, 자연이나 역사의 어떤 사실에서 하나님의 목적 행위와 그의 임재를 생생하게 인식한다는 것은, 신학활동보다는 신자가 참여하는 공동체의 경건성과 헌신과 예배 등에 더 의존한다. 비록 신학활동이 후자에게 꼭 필요한 것이라 할지라도 그러하다. 오늘날 사람들이 하나님의 능력과 임재를 보다 용이하게 경험할 수 있는 교육과 경건의 활동이 있기는 하지만, 궁극적으로 하나님의 임재는 신비이며 은혜로운 선물이다.

3. 하나님의 말씀으로서의 성서

하나님을 에너지, 의지 및 의도 등으로 생생하게 인식하는 것 다음으로, 개혁주의 공동체는 성서를 하나님의 말씀과 기독교 신앙 및 삶의 규범으로 인식함으로써 형성되어 왔다. 이러한 인식 역시 세속 사회의 여러 가지 유혹에 쉽사리 침식당해 왔다. 역사적-비평적 연구방법론의 적용은 성서의 의미를 조명해 주었고 신앙을 깊게 해 주는 수단이 됨과 동시에, 성서를 어떤 특정한 인간적 상황에서 나온 다른 책들과 같은 것으로 간주할 가능성을 열어 놓았다. 성서를 진지하게 받아들이는 기독교 공동체 내에서조차도 성서를 경건한 삶의 위해 사용하는 것과 연구용으로 사용하는 것을 분리하였으며, 때로는 후자가 전자로 대체되기도 하였다.[443] 그러나 현대 세계에서의 기독교인의 생활은 연구를 위해서와 경건한 삶을 위해서 성서를 사용하는 것, 즉 역사물로서의 성서와 하나님의 말씀으로서의 성서의 통합에 의존하고 있다.

지금은 첨예하게 대두된 성서의 문제는, 칼빈의 말씀과 성령의 불가분리의 교리를 통해 해결되었다.[444] 성서가 하나님의 말씀이라는 확신은, 교회의 권위에서 비롯되는 것도 아니며 또 성서 속에서 발견될 수 있는 특성을 인간이 분별해 냄으로써 생겨나는 것도 아니다. 어떤 학문적 업적도 성서를 인간적 약점과 시공간의 상대성을 지닌 인간의 다른 책 이상의 것이라고 입증할 수는 없다. 성서를 하나님의 말씀으로 경험하는 것은 궁극적으로 "성령의 증거"에 의존한다.[445] 이 점에서 개혁주의 전통을 부흥시키는 것은 계획을 세우거나 요구할 성질의 것이 아님이 다시 분명해진다. 그것은 자비로운 은사에 의존하며 또 성서를 읽을 때 이뤄지는 하나님의 영과 인간의 영의 상호작용에 의존한다.

최선의 학문적 도구들을 사용하여 이뤄지는 성서연구는 반드시 필요하다. 왜냐하면 하나님께서 자기 백성들에게 마음을 다하여 그

---

443) Cf. David H. Kelsey, *The Uses of Scripture in Recent Theology*(Philadelphia : Fortress Press, 1975), pp. 183 ff.
444) *LCC*, XX:74-81(Ⅰ, vii).
445) *LCC*, XX:78-80(Ⅰ, vii, 4-5).

를 사랑하라고 명령했기 때문이다. 더구나 이것은 역시 개혁주의 전통의 분명하고도 필수적인 부분이다. 그러나 성서가 하나님의 말씀이라는 경험을 회복하는 일은 성령의 선물이며, 또한 그것은 인간적인 면에서는 일반적으로 예배, 기도 및 순종 등의 공동체에 참여하는 것과 관계되어 있다.

4. 선포되고 기록된 말씀에 대한 강조

개혁주의 전통은, 사상과 감정과 의도를 전달하기 위해 말과 문자를 많이 사용한 언어적인 종교이다. 현대 문명비평가들은 언어의 능력이 쇠퇴하는 것에 대해 경고하고, 텔레비전·예술 및 인간관계 등에서의 새로운 의사전달 형태들의 효율성을 강조하였다.[446] 만약 이러한 비판적 판단이 옳다면, 개혁주의 전통은 전통적인 능력을 상실하게 될 것이다.

그러나 말해지거나 기록된 언어가 그 능력을 상실했음을 보여 줄 만큼 설득력 있는 증거는 아직 없다. 언어는 아직도 인간이 이룬 최고·최상의 업적들 가운데 하나이다. 그것은 보완될 수는 있으나 다른 것으로 대체될 수는 없을 것이다. 만약 그렇게 된다면 인간 정신은 황폐해질 것이다.[447] 불행하게도 말해지거나 기록된 말이 소멸될

---

446) Cf. Herbert Marshall McLuhan, *Understanding Media : The Extensions of Man*(New York : McGraw Hill, 1964), pp. 77-88.
447) Mario Andrew Pei, *The Story of Language*, rev. ed.(Philadelphia: J. B. Lippincott, 1965). pp. 199-291. Rollo May, *Man's Search for Himself*(New York : W. W. Norton & Co., 1953), pp. 64 ff.

것이라는 등의 예언이 실현되고 있다. 말하고 쓰고 읽는 데 능력을 발휘하는 사람이 실제 삶에 있어서는 능력을 발휘하지 못하는 경우가 점점 늘어가고 있음을 보여 주는 사례가 많다. 이것은 프로테스탄트와 개혁주의 공동체에게는 하나의 문제가 되고 있으며 또 하나의 도전이 되고 있다.

지금까지의 기독교 역사에 있어서는 말해지거나 기록된 언어가 신앙전달에 필요불가결한 것이었다. 말씀 선포와 성서 읽기의 중요성을 경시한 기독교 공동체들은 또 다른 형태의 경건과 또 다른 형태의 생활 스타일을 만들어 냈다.[448] 어떤 형태가 보다 고상한 기독교적 경건인가 하는 것에 관한 가치판단들은 임의적으로 확정지을 수 있는 것이 아니다. 기독교적 경건에는 한 가지 형태만 있는 것은 아니다. 그러나 언어를 강조한 개혁주의 전통은, 인간이 지닌 가장 고상한 능력들, 즉 하나님을 섬기는 데 있어서는 이성, 스스로 사고하고 행위할 수 있는 능력, 실재와 환상을 식별할 수 있는 비판적 분별력, 자기를 초월할 수 있고 자기비판을 가할 수 있는 능력 등을 통해 기독교 신앙을 표현하는 기독교적 삶의 형태를 낳은 것이 분명하다. 신앙을 개념화시키고 전달하는 일에서와 교회의 예배에서 언어를 경시하는 기독교인은 또한 경건의 결과들도 선택해야만 한다.

개혁주의가 언어를 강조하는 그 초점은 설교이다. 설교를 비판하는 사람들은 그 중요성이 줄어들고 있다고 말했다.[449] 그 예언이 성

---

448) E. g., Eastern Orthodoxy, Father Florovsky once chided the writer for making literacy an aid to Christian piety.

449) Theodore Wedel, "Is Preaching Outmoded?" in *Religion in Life* vol. 24, no. 4(Autumn 1965), pp. 534-547. Cf. Don Browning, "Should Preaching Be Abolished?" in *Encounter*(Winter 1974), pp. 1-7.

취되지는 않았으나, 이 분야에서도 쇠퇴하리라는 예언들이 말씀 선포 기술의 쇠퇴를 자극하고 있다. 이것은 커다란 손실이다. 왜냐하면 수백만의 미국인들이 주일마다 일과 휴식과 레크레이션을 멈추고 예배에 참석하여 설교, 즉 빈약한 설교를 자주 듣는다는 것은 심각한 일이기 때문이다. 이것은 우리 사회에서 그 유례를 찾아볼 수 없는 현상이다. 스포츠, 오락, 정치 및 사업에서도 그런 현상을 찾아볼 수 없다. 엄격히 인간적인 차원에서 볼 때, 그것은 사람들의 마음을 빼앗기 위한 싸움에서 다른 선교 단체들이 무엇인가를 제시할 수 있는 좋은 기회이다. 설교에 필적할 만한 유일한 것은, 공동체로 모이기를 요구하지 않는 텔레비전뿐이다. 기독교 공동체가 설교의 중요성을 과소평가할 때, 그것은 그 자체가 지니고 있는 최대의 기회를 잃어버리는 것이다.

설교의 효율성을 측량하기란 쉽지 않다. 그러나 여러 해를 통해서 볼 때 설교의 질이 그 지역 회중의 질을 상당할 정도로 결정하고 있다는 것은 증명될 수 있는 사실이다.[450]

설교는 독특한 행위이다. 그것은 강의, 토론, 혹은 명상 등과 동일시되어서는 안된다. 설교에 있어서는, 교회에 의해 부르심을 받아 훈련을 받고 자격을 부여받은 보통 사람이 하나님의 이름으로 하나님의 백성들과 대면하여 하나님의 말씀을 선포한다. 비판자들은 설

---

450) 최근 장로교 신자들이 회중 교회로 옮겨 가는 일을 살펴 볼 때, 그 주요 요인은 항상 목사들의 지도력 때문이며, 또 그 지도력의 주요한 요소는 설교였다. 저자의 경험과 관찰을 통해 보다 심각하게 본 것은, 책임 있는 설교는 그 회중의 특히 기성세대의 삶을 항상 만들어 나간다는 것이다.

교를 환상이나 가상으로 생각하고 부인할는지 모르나, 그 독특성은 부인될 수 없다. 그것은 교회의 신앙과 예배라는 울타리 속에서만 의미를 지닌다. 그것은 하나님의 말씀을 해석할 수 있는 능력, 인격적 건실성 및 신앙적 헌신 등의 가장 엄격한 표준 아래서 이뤄질 경우에만 책임있게 된다. 그것은 지적, 인격적 성실성이 결여될 경우에는 쉽사리 부패하게 된다.

개혁주의 전통의 힘은 언어사용 능력에 적잖게 들어 있다. 이러한 강조점은 이성과 언어를 사용하며 또 자기를 초월할 수 있는 독특한 인간의 능력에 호소해 왔다. 이러한 강조점을 보완해야 할 필요가 있다고는 하더라도 언어사용 능력의 쇠퇴를 묵인하는 것은 정당화될 수 없다. 설교가 교회생활과 문화에 있어서 더할 나위 없는 기회를 제공해 주며, 또 언어가 인간의 삶을 형성하는 능력이 있음을 보여 주는 적절한 증거가 있다.

5. 기독교 공동체의 비전

개혁주의 전통과 거룩한 공동체의 비전과의 관계는 이 개론적 저술에서 분명하게 지적되어 왔다. 1640년대와 1650년대의 청교도 공화국이 실패한 후에 출판된 「천로역정」의 경우나 20세기의 전체주의 국가 내의 일부 공동체와 같은 예외들이 있기는 하다.[451] 역사적

---

451) Cf. Charles C. West, *Communism and the Theologians : Study of an Encounter* (Philadelphia : Westminster Press, 1958), pp. 282-283.

발전으로 말미암아 과거 형태의 이런 비전은 쓸모없는 것이 되고 말았다. 다원화되고 세속화된 사회가 출현하고, 인간의 모든 업적이 지닌 역사적 상대성과 구원받은 사람들의 삶 속에도 계속해서 죄가 존재한다는 사실을 더욱 크게 인식하게 됨으로써, 그러한 공동체가 바람직할 뿐 아니라 가능하기도 하다는 생각은 사라져 버렸다. 종교적으로 동질적인 사회는, 적어도 개혁주의 신앙이 전통적으로 강했던 곳에서는 그 가능성이 점점 희박해져 갔다.[452] 과거의 종교적 압제와 20세기의 정치적 압제로 말미암아 입은 피해는, 인간의 양심과 자유를 희생시킴으로써 종교적 목적을 달성하려는 생각에 대해 충분한 경고가 된다. 미래의 사회형태는 인간의 자유와 양심이라는 필수적인 것들을 제대로 다룰 수 있어야 한다. 비록 역사가 오랜 국가와 마찬가지로 신생 국가에서도 자유에 제약을 가하는 것으로 보아 그와 같은 기대가 이뤄질 가능성이 희박하기는 하지만, 종교와 언론의 자유라는 미국의 유산은 역사에서 그 유례를 거의 찾아볼 수 없을 만한 매우 귀중한 자산이다.

  개혁주의 전통은 기독교 생활을 개인적인 경건의 관점에서만 이해하거나 기독교 공동체를 보다 큰 공동체와 분리해서 이해하는 것과는 근본적으로 양립 불가능하므로 거룩한 공동체와 기독교 공화국에 대한 비전은 새로운 상황에 맞게 수정되어야 할 필요가 있다. 보다 큰 공동체 내에서 성실하게 생활하는 개혁주의 공동체가 고유의 상실성을 손상시키거나 모든 사람의 자유와 양심을 부당하게 다루지 않고 보다 큰 공동체를 형성하는 것은 아직도 가능하다. 그 최

---

452) Berger et al., *The Homeless Mind, Modernization and Consciousness*, pp. 79 ff.

선의 순간에서조차 개혁주의 공동체는 경건한 여론을 형성하고 미래를 만들어 나가기 위해 선포된 말씀의 능력과 기독교 공동체 생활의 증거에 기꺼이 의존해 왔다. 이러한 증거의 기회는 자유롭고 다원화된 사회에도 열려 있다. 자유롭고 다원화된 사회에서 거룩한 공동체의 비전을 가지거나 그것을 어느 정도 실현시킬 수 있다고 기대하는 것이 너무 지나친 것은 아니다.

6. 훈련의 가능성

도덕적, 신학적 헌신으로 인한 합리적으로 균형잡힌 삶은 처음부터 개혁주의 전통의 표지 가운데 하나였다. 유예된 만족의 교리(the doctrine of delayed satisfaction)는 보다 크고 보다 중요한 장기적인 목적을 이루기 위해 일시적인 욕망을 부인할 수 있게 해 주는 이론적 근거를 제공한다. 프로테스탄트의 만인제사장의 교리는 스스로 생각하고 스스로 행위할 수 있는 능력을 발전시킨다. 하나님 앞에서 복종하는 삶을 살고 자신에 대해 책임을 지는 사람은, 개혁주의 기독교인들에게는 오랫동안 불변하는 기독교인상(基督敎人像)이었다.

현대 문화의 많은 요소들은 개인적인 책임감과 개인적 훈련을 경시하게 하였다. 새로운 자연주의는, 부분적으로는 모든 자발성과 자연스러움을 상실하여 지나치게 합리적이고 규율화된 삶에 대한 반동으로 자발성을 강조하였다.[453] 자아와 자의식, 즉 인간의 잠재성과 인간 실현에 대한 지나친 관심은 자기 실현 이상의 그 무엇에 의한 삶의 훈련을 어렵게 만들었다. 오늘날 그룹 다이나믹스(집단역학)의 방법은 이전보다 사람을 더 쉽게 조종할 수 있게 했으며, 공동체는 사생활과 개성을 파괴할 수 있는 새로운 방법을 갖게 되었다. 사회에 대중매체가 널리 보급되자, 이전에는 불가능했던 틀에 박힌 인격의 대량생산이 가능하게 되었다.

과거에는 개인 생활에 있어서뿐 아니라, 학문, 기업 및 교회 등에서 위대한 업적을 낳게 해 준 개인적 훈련의 가능성이 이제는 더욱 더 개인의 선택의 문제가 되었다. 과거의 이러한 훈련을 유지시키던 압력과 제재가 이미 사라졌으며, 특히 2차 대전과 월남 전쟁 종료 사이의 기간을 특징짓던 물질적으로 풍요하고 비교적 평화로운 시기에 그러했다. 문화적, 정치적 상황의 변화는 다시 한 번 훈련을 바람직한 덕목으로 만들 가능성이 있다. 여하튼 현재로서는 훈련은 선택의 문제이며 그것이 빠진다면 개혁주의적 방식의 기독교인으로 된다는 것은 불가능하게 된다.

7. 단순한 생활

단순성은 개혁주의 생활양식의 표지이다. 이것은 칼빈의 저작물과 생애에서 뚜렷하게 나타난다. 이것은 교회의 일에 있어서 허식과

---

453) Daniel Yankelovich, "The New Naturalism", *Saturday Review*(April 1, 1972), 32-37.

겉치장에 이의를 제기한 교회정치 및 교회관을 다룬 저작물들의 주요관심사였다. 그것은 단순성과 진정성을 생활양식의 독특한 특징으로 삼은 스코틀랜드계 아일랜드 출신 미국 정착민들의 특징이었다. 허식적인 것, 인위적인 것, 꾸며낸 것 그리고 과장된 것 등에 대한 반대가 개혁주의 생활양식을 지배하게 되었다.

개혁주의 전통이 번창했던 곳에 현대 생활이 유입되어 인위적으로 욕구와 허식적인 생활방식을 조장함으로써 개혁주의의 전통적 강조점을 크게 위협하고 있다. 그러나 기아, 빈곤 및 천연자원의 공급 부족 등이 낳은 현대 생활의 윤리적 문제들은 개인적 욕망과 자아에 대한 기대에 제약을 가하고 있다. 단순한 삶을 배우는 일은 개혁주의 전통일 뿐 아니라 문화의 명령이다. 그러나 가난한 사람이나 부자를 막론하고 그것은 그리 쉬운 일이 아니다.

삶의 단순성은 삶의 성실성과 깊은 관계가 있다. 예수는 "오직 너희 말은 옳다 옳다 아니라 아니라 하라 이에서 지나는 것은 악으로부터 나느니라"(마 5:37)고 말씀하셨다. 언어에서의 문제는 인간의 모든 존재 영역에서도 그러하다. 기독교인의 생활방식은 실제적인 내용을 감추는 장식과 겉치레를 피하고, 있는 그대로를 드러내는 진정성과 단순성과 정직성을 고수한다. 에너지의 공급이 제한되어 있는 세상에서 허식과 과장은 에너지의 낭비일 뿐 아니라, 진실을 애매모호하게 하기도 한다. 인위적인 것을 조장시키는 방법이 크게 발전하고 풍요로워진 세상에서 소박한 삶을 살며 기독교인의 자세를 갖는다는 것은 쉬운 일이 아니다. 그러나 불가능하지도 않다.

예수 그리스도의 십자가는, 기독교 신앙과 헌신이 이 땅에서의 성공을 보장해 주지 않는다는 사실을 보여 주기에 충분한 증거이다. 어거스틴은, 인간의 안전은 어떤 인간의 사업에서 발전되는 것이 아니라 교회나 국가와도 동일시될 수 없는 하나님의 나라에서 발견된다는 사실을 선언하기 위해 「하나님의 도성」(*City of God*)을 썼다. 개혁주의 전통은 천지를 만드신 창조주의 주권을 확신한다. 미래는 개혁주의 전통에 달려 있지 않다.

그러나 하나님은 역사 속에서 자신의 목적을 이뤄 나가고 있으며, 그리고 역사에서 발생한 일은 역사를 완성하고 심판할 영혼을 위해 중요하다는 것 역시 또 하나의 신앙 조항이다. 이러한 맥락에서 개혁주의 전통이 미래에 관하여 관심을 갖는 것은 적절하며 또 필요한 일이다. 개혁주의 전통의 미래에 대해 문제의식을 갖는다는 것은 기독교 공동체의 미래에 대해 문제의식을 갖는 것과 같은 것이다. 모든 기독교인에게 당면한 커다란 문제는 이제까지 "믿고 가르침 받고 고백되어 온" 기독교 신앙과 오늘날 경험되고 있는 생활 사이의 간격이다. 다른 시대에는 커다란 사회 변화가 중요한 문제였으나 오늘날에는 이것이 중요한 문제이다. 본 장에서는 개혁주의 전통이 기독교 공동체로 존재해 나가는 방식의 여섯 가지 특징 혹은 강조점이 특별히 긴장괴고 침식당하고 있다는 점을 지적했다. 이러한 긴장 요소들은 전적으로 그 전통이 지닌 약점에만 기인하는 것이 아니다. 부분적으로 적응력과 창조력의 결핍을 말해 주며, 부분적으로는 문화의 허약함에 대항하는 그 전통의 힘을 보여 준다. 그러나 여하튼 새로운 문화적 상황에서 그 전통을 진정으로 생활화하거나 표현하기 위해서는 상상력이 필요하다.

현대가 안고 있는 신앙의 위기는 과거의 신앙이나 관행을 단순히 반복한다고 해서 해결될 성질의 것이 아니다. 보편적 교회와 개혁주의 공동체에 이바지할 수 있는 최선의 길은 과거에 그 전통에 바쳤던 것과 동일한 지적 노력, 도덕적 건실성, 비전 및 상상력 등을 오늘날 다시 회복하는 것이다. 과거의 지혜를 단순하게 반복하기를 거부하기보다는 현재 당면한 문제에 과거의 것을 융합시키는 것이 구조적 해결책을 보다 손쉽게 발견할 수 있는 길이다. 인간의 지혜, 계획, 신학 작업 및 성직자의 자세 등으로써 많은 문제들이 해결될 수 있다. 역사적, 인간적 차원에서 볼 때 개혁주의 전통, 실제로 말해서 기독교 전통의 미래는 전적으로 인간의 활동, 다시 말하면 그것은 인간의 충성심과 열정에 달려 있다. 그러나 궁극적으로 그 전통이 훌륭하게 존속할 수 있느냐의 여부는 신자들의 회심과 교회생활에 있어서의 성령의 능력에 달려 있다. 이러한 회심과 능력은 우리가 간구해야 할 성령의 은사이다.

미래는 광신이나 감사하지 않는 마음이나 주제넘음이 없이 맞이해야 한다. 광신은 미래를 자신의 손아귀에 빠지게 만들며, 그것은 하나님을 의지하지 않는 것이기 때문이다. 감사하지 않는 마음은 전통의 지혜를 저버린다. 왜냐하면 전통은 그대로 반복될 수는 없기 때문이다. 주제넘음은 개인의 책임감을 상실하게 한다. 왜냐하면 그것은, 하나님의 목적에 봉사하며 또 그것을 성취하도록 자기를 선택하셨다는 사실을 망각하게 하기 때문이다. 신앙은 미래를 위하여 하나님을 섬기고 하나님을 의뢰한다.

1560년 스코틀랜드 신앙고백은, 20세기 마지막 4반세기를 사는 프로테스탄트 공동체에게는 생소한 내용과 생소한 어휘로 이루어진 기도로 끝을 맺고 있다. 그 어휘는 바뀌었으나 그 기도의 내용은 개혁주의 비전에 충실하므로 본서의 결론으로 가름하려 한다.

오 주여, 일어나사 당신의 대적을 흩으시고 당신의 거룩한 이름을 미워하는 자들로 도망하게 하소서. 주의 종들이 당신의 말씀을 담대히 전할 수 있도록 힘을 주시고, 모든 열방으로 하여금 당신의 참된 지식을 신실히 지켜나가게 하소서.

부록

A : 대표적인 개혁주의 조직신학서들

〈고전 개혁주의 신학〉

Ulrich Zwingli;「참 종교와 거짓 종교」(*The True and False Religion*, 1525)

Heinrich Bullinger; 50여 편의 경건하고 학문적인 설교들, 기독교의 기본적이고도 주요한 요점들에 따라 10편씩 5부분으로 나뉘어져 있음, 1549.

John Calvin;「기독교강요」(*Institutes of Christian Religion*, 1536, 1559)

〈17세기〉

■ 대륙

Johannes Wollebius;「기독교 신학 개요」(*Campendium of Christian Theology*, 1626).

Francis Turretin; *Institutio Theogiae Elencticae*, 1688.

■ 청교도

Dudley Fenner,「거룩한 신학」(*Sacra Theologica*, 1585)

William Perkins;「황금의 사슬」(*A Golden Chaine*, 1590)

William Ames;「신학의 정수」(*The Marrow of Theology*, 1623)

〈18세기〉

Benedict Pictet;「기독교 신학」(*Christian Theology*, 1696, 영어번역, 1834

Samuel Willard : *A Compleat Body of Divinity*, 1726

〈19, 20세기의 신학 형태〉

−보수적−

■ 미국

Charles Hodge; 「조직 신학」(Systematic Theology, 1871)

A. A. Hodge; 「신학 개관」(Outline of Theology, 1860)

Robert Lewis Dabney; 「조직 및 논쟁 신학」(Systematic and Polemic Theology, 1878)

Henry B. Smith; 「기독교 신학체」(System of Christian Theology, 1884)

William Shedd; 「교의 신학」(Dogmatic Theology, 1888)

Augustus Hopkins Strong; 「조직신학」(Systematic Theology, 1906)

Louis Berkhof; 「개혁주의 교의학」(Reformed Dogmatics, 1932)

■ 네덜란드[1]

Herman Bavinck; 「개혁주의 교의학」(Gereformeerde Dogmatics, 1895-1901), 「우리들의 바른 신앙」(Our Reasonable Faith, 1909)

Gerrit Cornelius Berkouwer; 「교의학 연구」(Studies in Dogmatics, 1861

■ 독일

Heinrich L. Heppe; 「개혁주의 교의학」(Reformed Dogmatics, 1861)

■ 프랑스

Auguste Lecerf; 「개혁주의 교의학 입문」(An Introduction to Reformed Dogmatics, 1931, 영역, 1949)

−자유주의적−

Friedrich Schleiermacher, 「기독교 신앙」(The Christian Faith, 1821, 제2판 1830, −Schleiermacher는 개혁주의자로 자처하였다. 그의 이러한 판단은 의문시되고 있다. 여하튼 모든 신학자들은 그에게 주목해야 한다. Briam Gerrish는 그의 책 Tradition and the Modern World (1978)에서

---

[1] John Hesselink, "Contemporary Protestant Dutch Theology", Reformed Review, vol. 26, no, 2(Winter 1973), pp. 67-89. 본서에서 제대로 취급하지 못한 개혁주의 신학의 전통을 뛰어나게 개관한 책이다.

그가 개혁주의에 속한다고 그럴 듯하게 주장한다.)

Alexander Schweizer;

William A. Brown; 「기독교 신학 개요」(Christian Theology in Outline, 1906)

⟨신 개혁주의 신학, 1918년 이후⟩

Karl Barth; 「교회 교의학」(Church Dogmatics, 1932-1967)

Emil Brunner; 「교의학」(Dogmatics, 1946-1960)

Otto Weber; Grundlagen der Dogmatik, 1955

[대표적인 교리문답들]

교리문답은 항상 조직신학을 기독교 신앙의 기본 교육을 위해 문답형식으로 표현한다.

제네바(Geneva) 교리문답(Calvin, 1542)

엠덴(Emden) 교리문답(1555)

하이델베르그(Heidelberg) 교리문답(Zacharias Ursinus와 Caspar Olevianus, 1563)

크레이그(Craig) 교리문답(1581)

취리히(Zurich) 교리문답(1609)

간추린 교리 교육법(Brief Method of Catechising, 제8판, 1631, William Gouge)

기독교 진리의 소요리문답(Short Catechism Containing the Principles of Religion, John Ball, 제18판 1637)

신 교리문답(The New Catechism, 1644)

기독교 진리의 요약(Endeavour of Making the Principles of Christian Religion, Herbert Palmer, 제 6판 1645)- 사도신경, 10계명, 주기도문 및 성례전 등을 평이하고 쉽게 진술함.

소요리문답(The Shorter Catechism, Westminster 회의, 1648)

대요리문답(The Lager Catechism, Westminster 회의, 1648)
교리에 기초한 기독교 교육(The Principle of Christian Religion with a Brief Method of the Doctrine There of, James Ussher, 1654)
스코틀랜드 교회의 기초 교리문답(Draft Catechism of the Church of Scotland, 1954)

B : 개혁주의 신학자들이 저술한 대표적인 성서연구서들

William Robertson Smith(1856-1894) : Article on Bible in Ninth Edition of *Encyclopaedia Britannica, The Prophets of Israel*, 1882
Lectures on the Religion of the Semites, 1889

A. B. Davdson(1831-1902) : *The Theology of the Old Testament*, 1904

Charles A. Briggs(1841-1913) : *A Critical and Exegetical Commentary on the Book of Psalms*, 1906
An Editor of the *International Critical Commentary*

Adolf Schlatter(1852-1938) : *The Theology of the New Testament and Dogmatics*, 1909(E. T. 1973)

James Moffatt(1870-1944) : *Introduction to the Literature of the New Testament*, 1911
A New Translation of the Bible, 1935(O. T. 1924-1925; N. T. 1913)

Karl Barth(1886-1968) : *The Epistle to the Romans,* 2nd edition, 1922(E. T. 1933)

J. Gresham Machen(1881-1937) : *New Testament Greek For Beginners*, 1923
The Virgin Birth of Christ, 1930

T. W. Manson(1893-1958) : *The Testing of Jesus*, 1931

Walther Eichrodt(1890-1978) : *Theology of the Old Testament*, 1933-

1939

(E. T. 1961-1967)

C. H. Dodd(1884-1973) ; *The Bible Today*, 1947

Theodorus Christian Vriezen(1899-1981) : *An Outline of Old Testament Theology*, 1949(E. T. 1958)

Oscar Cullmann(1902-1999) : *Christ and Time*, 1947(E. T. 1950)

George Ernest Wright(1909-1974) : *God Who Acts : Biblica Theology as Recital*, 1952

John Bright(1908-1995) : *A History of Israel*, 1959(rev. ed. 1972)

The Authority of the Old Testament, 1967

Walther Zimmerli(1907-1983) : *Old Testament Theology in Outline*, 1972(E. T. 1977)

Eduard Schweizer(1913-2006) : *Jesus*, 1968(E. T. 1971)

Hans-Joachim Kraus(1918-2000) : *Die Biblische Theologie Ihre Geschichte und Problematik*, 1970

C : 16, 17세기의 대표적인 개혁주의 신앙고백들

1. 초기 명제들
    - 쯔빙글리의 67개조항(Zwinglis Sixty-Seven Articles, 1523)
    - 베르네의 명제(Theses of Berne, 1528)
    - 리베의 명제(Theses of Rive, 1535)
    - 로잔의 명제(Theses of Lausanne, 1566)
2. 취리히와 바젤의 신앙고백들
    - 찰스 5세(Charles Ⅴ)의 신앙고백(Zwingli, 1530)
    - 프란시스 1세(Francis Ⅰ)의 신앙고백(Zwingli, 1531)
    - 바젤 제1신앙고백(1534)

- 스위스 제1신앙고백(1536)
- 스위스 제2신앙고백(1566)

3. 제네바, 프랑스 및 네덜란드의 신앙고백들
   - 제네바 신앙고백(1537)
   - 제네바 협정문(Consensus of Geneva, 1552)
   - 갈리칸(Gallican) 신앙고백(1559)
   - 벨기에 신앙고백(1561)

4. 취리히 협정문(The Zurich Consensus, Tigurinus, 1549)—제네바와 취리히의 견해를 대표하는 사람들이 성만찬에 관해 협력적으로 작성한 진술.

5. 라인강 지역
   - 테트라폴리탄(Tetrapolitan) 신앙고백(1530)
   - 하이델베르그 교리문답(1563)

6. 유럽의 다른 신앙고백들
   - 첸지(Czenger) 신앙고백(헝가리, 1557 혹은 1558)
   - 센도미르(Sendomir) 협정문(1570)
   - 지기스문트(Sigismund) 신앙고백(1614)

7. 영어로 작성된 신앙고백들
   - 스코틀랜드 신앙고백(1560)
   - 39개 조항(1563, 예정론과 성만찬에 관한 항목들이 개혁주의적임)
   - 에이레 신조1615)

8. 17세기의 신앙고백들
   - 도르트 신조(1619
   - 웨스트민스터 신앙고백(1647)
   - 토온선언(Declaration of Thorn, 1645)
   - 스위스 협정신조(Helvetic Consensus Formula, 1675)
   - 런던 신앙고백(1677, 1689)

D : 대표적인 개혁주의 신학서들

(아래의 목록은 기독교 신앙에 대한 포괄적이고 균형잡힌 진술을 시도하는 조직신학들과는 달리 하나의 주제 혹은 문제에 초점을 맞추고 있는 신학서들을 포함하고 있다. 바르트는 그것들을 완결성을 강조하고 "정규적" 혹은 "학교" 교의학과는 대조적으로 "비정규" 교의학이라고 칭했다. *Church Dogmatic* 1/1, pp. 316-318)

아래에 열거된 대부분의 신학서들은 개혁주의 전통의 주류에 속한 것이며 그것들은 모두 그 전통과 얼마간의 접촉점을 갖고 있다. 이 신학서들은, 어떤 경우에는 시대배열의 혼란을 지니고 있기는 하지만 가장 적절한 시기에 속하도록 분류했다.

⟨1517-1564⟩

Marin Bucer(1491-1551) : *De Regno Christi*(1550)

Peter Martyr(1500-1562) : *The Common Places*(E. T. 1583)

⟨1564-1775⟩

Theodore Beza(1519-1605) : *Confession de la foy Chrestienne*(1558)

Girolamo Zanchi(1516-1590) : *The Doctrine of Absolote Predestination* (1562)

Jacob Arminius(1560-1609) : *The Declaration of Sentiments*(1608)

Moise Amyraut(1596-1664) : *Brief Traitté de la Prédestination*(1634)

Gisbert Voetius(1589-1676) : *Selectae Disputiones Theologicae*(1648-1669)

John Owen(1616-1683) : Works

Johnnes Cocceius(1603-1669) : *Summa doctrinae de foedere et testamento Dei*(1648)

⟨1738-1880⟩

NEW ENGLAND THEOLOGY

Jonathan Edwards(1703-1758) : The Works of President Edwards

Samuel Hopkins(1721-1803) : *System of Doctrines*(1793)

Nathaniel Taylor(1786-1855) : *Lectures ofn the Moral Government of God*(1859)

CONSERVATIVE

James Henley Thornwell(1812-1862) : Collected Works

William Cunningham(1805-1861) : *Historical Theology*(1862)

James Orr(1844-1913) : *The Christian View of God and the World*(1890, 1891)

Abram Kuyper(1837-1920) : *Calvinism*(1899)

Benjamin Warfield(1851-1921) : *Calvin and Calvinism*

LIBERAL

John W. Nevin(1803-1886) : *The Mystical Presence*(1846)*

Horace Bushnell(1802-1876) : *God in Christ*(1849)

John McLeod Campbell(1800-1872) : *The Nature of the Atonement*(1856)

Andrew Martin Fairbairn(1838-1912) : *The Philosophy of the christian Religion*(1902)

James Denney(1856-1917) : *The Christian Doctirne of Reconciliation*

Hugh Ross Mackintosh(1870-1936) : *The Person of Jesus Christ*(1912)

John Oman(1860-1939) : *Grace and Personality*(1917)

John Baillie(1886-1960) : *The Interpretation of Religion*(1929)

Henry P. Van Dusen(1897-1975) : *The Plain Man Seeks for God*(1933)

Robert L. Calhoun(1896-1963) : *God and the Common Life*(1935)

*Liberal in sense of opening up new perspectives

〈1918-1955〉

P. T. Forsyth(1848-1921) : *The Person and Place of Jesus Christ*(1909)

George Hendry(1904-1993) : *God the Creator*(1935, 1937)

Hendrik Kraemer(1888-1965) : *The Christian Massage in a Non-Christian World*(1938)

Reinhold Niebuhr(1892-1971) : *The Nature and Destiny of Man*(1941, 1943)

Robert l. Calhoun, et al. : "The Relation of the Church to the War"(1943)

Donald Baillie(1887-1954) : *God was in Christ*(1948)

Josef L. Hromadka(1889-1969) : *Theology Between Yesterday and Tommorrow*(1957)

H. Richard Niebuhr(1894-1962) : *Radical Monotheism and Western Culture*(1960)

A. A. van Ruler(1908-1970) : *The Christian Church and the Old Testament* (1955, E. T. 1972)

〔An ecumenical document that bears imprint of the committee,

Robert L. Calhoun; it can be found in John Leith, *Creeds of the Churches* (Richmond : John Knox Press, 1974, pp. 522-554.

〈1955-1976〉

Paul Lehmann(1906-1994) : *Ethics in a Christian Context*(1963)

Helmut Gollwitzer(1908-1993) : *The Existence of God*(1963, E. T. 1965)

Jürgen Motmann(1926-) : *Theology of Hope*(1964, E. T. 1967)

Thomas F. Torrance(1913-2007) : *Theology in Reconstruction*(1965)

James Gustafson(1925-) : *Ethics in a Theological Perspective*(1981)

IN NEW CULTURAL CONTEXTS

Ruben A. Alves(1933-2014) : *A Theology of Human Hope*(1972)

Allan aubrey Boesak(1946-　) : *Black Theology, Black Power*(1978)

Choan-Seng Song(1929-　) : *Third Eye-Theology:Theology in Formation in Asian Settings*(1979)

E. 개혁주의 교회정치에 관한 저술들

Ⅰ. 대륙의 교회정치들

1. John Calvin, *Institntes of the Christian Religion*, Book Ⅳ.
   "제네바에서의 교회 조직과 예배에 관한 논문들"(1537), *Library of Christian Classics*(Philadelphia : Westminster Press, 1954), Vol. 22, pp. 45-55.
   "교회조직제 초고"(Geneva, 1541), *Library of Christian Classics*, Vol. 22, pp. 15072. 1537년의 논문들과 1541년 및 1561년의 교회직제에 관한 비판적 텍스트들은 Joannis Cavini Opera, ed Petrus Barth, Guilelmus Baum, and Dora Scheuner(Munich : Chr. Kaiser, 1926 and 1952), Vols. 1 and 2 등에서 볼 수 있다.

2. 프랑스 개혁주의 교회의 정치와 그 외의 대륙의 정치들에 대해서는 *Becenntniss Chriften and Kirchenordnungen der nach Gottes Wort reformierten Kirche*, ed. Wilhelm Niesel(Zurich : Evangelischer Verlag, A.G. Zollikon)에서 찾아 볼 수 있다.
   포괄적인 글모음으로서는 Aemilius Ludwig Richter, *Die Evangelishen Kirchenordnungen des sechszehnten Jahrunderts*(Nieuwkoop : B. De Graff, 1967), Vols. 1 and 2를 보라.

II. 장로교 정치제도(영어)

1. First Book of Discipline. 이에 관해서는 David Laing의 *The works of John Knox*, Vol. 2(Edingurgh: Woodrow Society, 1848)에서 볼 수 있으며, 현대 영어로 된 것으로는 William Croft Dickinson, ed., *John Knox's History of the Reformation*(New York: Philosophical Library, 1950), Vol. 2가 있다. 비판적 관점에서 쓴 것으로는 James K. Cameron, ed., *First Book of Discipline: With Introduction and Commentary*(Ediburgh : St. Andrew's Press, 1972)를 보라.

2. The Second of Discipline. Stuart Robinson, *The Church of God*(Philadelphia and Louisville : 1858)의 부록에 이에 관련된 내용이 나타난다.

3. The Book of Discipline of the Elizabethan Presbyterians. 이 내용은 Charles A. Briggs, *American Presbyterianism*(New York : Charles Scribner's Sons, 1885)의 부록에 실려 있다.

4. Form of Presbyterial Church Government. 이에 관해서는 Stuart Robinson, *The Church of God*(Philadelphia : Joseph M. Wilson, 1858) 의 부록에 나타난다.
   The Confession, the Larger Catechism, the Directory of Public Worship, the Form of Presbyteral Church Government(Edinburgh and London : William Blackwood & Sons, Std., 1954).

5. 미국 장로교 정치제도에 대한 논쟁에 관해서는 다음 책들을 참고하라.
   The Southern Presbyterian Review(이 책에는 19세기 논쟁기간에 쓰여진 교회정치에 관한 여러 논문들이 수록되어 있다).

Charles Hodge, *Discussions in Church Polity*, ed., William Durant(New York : charles Scribner's, 1878).

Thomas Ephraim Peck, *Notes on Ecclesiology*(Richmond, Va : Presbyterian Committee of Publication, 1892).

Thomas Smyth, *Ecclesiastical Republicanism*(New York : R. Carter, 1843).

6. 미국 장로교에서 사용되는 *The Form of Government* 와 *The Rules of Discipline*는 1789년 당시부터 오늘날까지 계속되는 여러 판에 나타난다.

Ⅲ. 회중교회 정치형태

Robert M. Kingdon, *Geneva and the Consolidation of the French Protestant Movement, 1564-1572*(Madison : The University of Wisconsin Press, 1967).

Williston Walker, *The Creeds and Platforms of Congregationalism*(Boston : The Pilgrim Press, 1960).

F. 16, 17세기의 대표적인 개혁주의 예배의식서 및 예배규칙서

The Zurich Liturgy : *Liturgy of the Word*, 1525(Zwingli)
  Acton or Use of the Lord's Supper, 1525
William Farel : *The Manner Observed in Preaching*, 1524(?)
Basel Liturgy : *Form and Manner of the Lord's Supper*, 1525(Oecolampadius)

The Strassburg Liturgy : *Psalter, with complete Church Practice*, 1524-1539(Bucer)

John Calvin : *The Form of Church Prayers*, 1540, 1542, 1545

John Knox : *The Form of Prayers*, 1556(Book of Common Order)

John a Lasco : *Whole Form and Method of Chruch Service in the Strangers Church*, 1550 and 1555(Rorma ac Ratio)

Liturgy of the Palatinate, 1563

Liturgy of the Reformed Dutch Chruch, 1566

The Middleburg Liturgy : A Book of the Form of Common Prayers, 1586

The Westminster Directory, 1644

The Savoy Liturgy, 1661

Texts may be found in Bard Thompson, *Liturgies of the Western Chruch*(New York : World Publishing co., 1961) ; "The Palatinate Liturgy, trans. Bard Thompson, *Theology and Life*, vol. 6, no. 1(Spring 1963), pp. 49-67.